戦後教科書運動史

俵義文
TAWARA YOSHIFUMI

HEIBONSHA

戦後教科書運動史●目次

第七章 八〇年代初めの第二次教科書「偏向」攻撃

第一三章 道徳の教科化と子ども不在の新学習指導要領……359

第一四章 日本の教科書制度は何が問題か……389

はじめに

私が教科書問題に関心・興味をもつようになり、それをライフワークとするようになったのには、次のような事情ときっかけがあった。

その第一は、一九六四年（昭和三九）に大学卒業後、就職した出版社が教科書を発行する会社（新興出版社啓林館）だったことであり、なおかつ、就職した翌年の六五年に、高等学校教科書『新日本史』（三省堂）の著者だった歴史学者の家永三郎によって、国・文部省が行っている教科書検定が憲法と教育基本法に違反すると提訴した教科書裁判が起こされたことである。

この「家永教科書裁判」を支援する運動が研究者、教員、市民などによって展開され、教科書会社など出版社で働く労働者も「教科書検定訴訟を支援する出版労働者の会」を結成して活動した。私もこの会の発足に参加し、幹事に就任して取り組みをはじめた。そして一九七〇年、東京地方裁判所で原告家永が全面勝訴した判決（杉本判決）が出された。

本書刊行の二〇二〇年は、「杉本判決」から五〇周年の節目の年にあたる。

その後、私は一九八七年（昭和六二）七月に、日本出版労働組合連合会（出版労連）の中央執行委員・書記次長に就任して教科書問題を担当し、この裁判支援のために結成された全国組織「教科書検定訴訟を支援する全国連絡会（「教科書全国連」）の役員（常任委員）にもなった。それ以降、教科書とその検定問題に深くかかわるようになり、教科書問題の専門家とみられるようになった。この時から教科書問題は私のライフワークになったのである。

日本の教科書問題は、検定の対象となる教科書の記述の内容が重要な要素であり、とりわけ社会科では歴史の事実、すなわち明治維新以降の日本による侵略戦争の加害などについての歴史認識が問われる。したがって、私は日本軍「慰安婦」などの戦後補償問題や歴史認識問題、東アジア諸国の市民との連帯活動にも取り組むことになった。

第二には、教科書と教員の関係に気づいたことである。一九七〇年代のことであるが、勤めていた新興出版社啓林館が、幼稚園・保育園の教材として月刊の絵本を発刊し、私はこの絵本の宣伝のために地方の代理店の担当者に同行した。その担当者は、幼稚園・保育園の教員・保育者に私のことを、実際は違うのであるが「この絵本の編集者です」と紹介した。すると、私を絵本の専門家だと誤解した教員や保育者は、「よい絵本とはどのようなものか？」「絵本の与え方はどのようにすればよいのか？」など、いろいろと質問をしてきた。私は逆に、絵本は幼稚園・保育園で毎日使う「主要な教材」の一つであるから、皆さんは、大学や短大、専門学校で絵本について教わっているのではないかと聞いてみた。答えは「ノー」だった。

このことから私は、小・中学校や高校の主要な教材とされている教科書についても同様なことがあるのではないかと考え、知り合いの教員たちに、教科書の歴史や教科書がつくられるしくみ、教科書検定などについて大学の教職課程で学んだかと聞いてみた。答えは、そんな講義はなかった、ということだった。つまり、日本の学校では、毎日使っている教科書について、教員たちはほとんど基本的な知識がないまま教えてきたのである。そのことが、教科書についての教員の関心が低かった原因の一つであると思われる（主要な原因は、教科書の採択＝選択から教員が排除されていることにある）。

私は、知り合いの大学の教員たちに、教職課程では、教科書についての講座を設置してほしいと提案してきたが、なかなか実現しなかった。一方、新しい歴史教科書をつくる会（「つくる会」）の歴史歪曲・改憲推進の中学校用歴史教科書と公民教科書（扶桑社版）が発行され、その採択が二〇〇一年（平成一三）に行われることになった。

当時、私は「つくる会」の教科書採択阻止の取り組みを担うことが期待されていた全国組織「子どもと教科書全国ネット21」の事務局長をボランティアで務めていた。しかしそれでは採択阻止の十分な活動ができないと考え、専従の事務局長となる決意を固めた。幸い、「教科書全国連」の常任委員としてともに活動していた浪本勝年教授の紹介で立正大学に、同じく梅原利夫教授の紹介で和光大学にそれぞれ非常勤講師の仕事が決まり、思い切って二〇〇〇年三月に定年まで二年を残して早期退職した。そして二〇〇〇年以降、両大学の教職課程の学生に教科書をテーマにした講義（教職特講）をすることになった。本書は、その講義で学生たちに伝えてきたことを軸に、これまでに刊行した自著の内容も生かして、戦後の「教科書運動史」という形で新たに執筆・構成したものである。

明治維新を起点としてアジア太平洋戦争の敗戦から今日までの、国・文部省（文科省）による検定や教科書への「偏向」攻撃、それに対する家永教科書裁判をはじめとする各界・各層の反撃のたたかい、さらに教科書と深くかかわる教育基本法改悪や道徳の教科化、学習指導要領、教科書発行のシステムなど、教科書をめぐる諸問題を幅広く取り上げることを心がけた。巻末の第一四章と第一五章では、日本の教科書制度の問題点とそれに対する私たちの提言をまとめている。

本書は、教科書問題に興味をもつ読者、とりわけ全国の教職員やこれから教員をめざす学生、教科書を使用する児童・生徒を子どもにもつ保護者、さらに、教科書をはじめとする出版やメディアに携わる人たちに広く読んでいただきたいと願っている。そして、本書が国民の教科書に対する関心を高める一助になればとてもうれしく思う。

本書では文献の引用にあたっては、カタカナはひらがなに、旧仮名づかいは新仮名づかいに、旧漢字は新字にあらためている。また、人名について本文中の敬称はすべて省略させていただき、肩書はすべて記述当時のものであることをご了解願いたい。

第一章　戦前・戦中の教科書とその役割

本書の書名を『戦後教科書運動史』としながら、戦前・戦中の教科書問題からはじめるのは、戦後の教科書制度の歩みとそれにかかわる運動を理解するには、戦前までの教科書制度と教科書の歴史・内容について、知っておく必要があるためである。では、日本で国民国家の成立とともに近代的な教育制度が確立された明治維新以降、アジア太平洋戦争敗戦までの経過をみてみよう。

1　明治維新後の教科書

日本の教科書（広くは教育）の内容や教科書制度は、日本が起こした戦争と深く結びついて変遷してきた。戦前はもちろん戦後についてもそれはいえることであるが、ここでは、まず戦前について紹介する。

日本は一八七五年（明治八）の江華島事件以降、朝鮮半島への侵略を開始したが、その過程で文部省の教科書への統制が次々に強化された。検定制度は一八八六年（明治一九）につくられ、日露戦争の直前の一九〇三年（明治三六）に小学校教科書が国定化され、アジア太平洋戦争開戦二年後の一九四三年（昭和一八）に至って、中等学校までが国定教科書になった（実際には発行に至る前に敗戦となり、発行されぬままに終わった）。

世界史は教えなくてよい

一八六八年（明治元）の明治維新後、政府は欧米諸国に追いつくために急速に近代化政策を推し進めたが、その政策の重要な一つが富国強兵策であった。その実現に向けて、国民皆兵のための基礎教育と欧米の先端科学技術を導入するための教育近代化が必要だった。政府は、明治維新から三年後の一八七一年（明治四）に文部省を設置し、翌一八七二年には「学制」を定めて、すべての国民に普通教育を受けさせる学校制度をつくった。

そこで使われた教科書は、江戸時代の寺子屋で使われていた「往来物」（その多くは手紙の文例集）と呼ばれる「教科書」では西洋諸国の新知識を急速に普及することができないために、主として欧米の教科書を翻訳・翻案したものが広く使われ、「翻訳教科書時代」と呼ばれている。学校制度がはじまった当初の教科書は自由発行・自由採択だった。

その後、一八七九年に「学制」を改正して「教育令」が制定された。これには自由主義的内容が盛り込まれていたので「自由教育令」とも呼ばれる。ところが、一八七七年（明治一〇）の西南戦争前後から、国会開設、立憲体制の樹立、地租軽減などを要求する自由民権運動が高まり、これを恐れた政府・文部省は、一八八〇（明治一三）～八一年に「改正教育令」（一八七九年に定めた教育令を国家統制を強化したものに改正）「小学校教則綱領」「小学教員心得」を制定し、中央集権的な教育政策を強行した。一八八一年の小学校教則綱領（以下、「教則綱領」）は今日の学習指導要領のように教育内容を文部省が初めて規定したものである。この「教則綱領」で文部省が重視したのは、歴史（国史）と修身であった。「教則綱領」は修身科について、「格言・事実等に就て児童の徳性を涵養すべし、又兼て作法を授けんことを要す」とし、歴史科については「殊に尊王愛国の志気を養成」と記した。

「教則綱領」は、小学校の歴史教育では世界史は教えなくてよい、日本史だけに限るとしている。それまでは、小学校の歴史でも外国の歴史（万国史）を教えていたが、その万国史は取り上げるな、日本史だけを教えろというのが「教則綱領」である。東京都立大学総長を務めた教育学者の山住正己は、その意図について次のように指摘している。

日本史だけに限ったのは、歴史教育の目的を、忠君愛国の精神を育てるところに置いたからです。忠君愛国の精神を育てるためには、諸外国の歴史などは要らないという考え方が、ここにはっきり出ていました。

先進諸国を取り上げるとどうなるか、たとえばアメリカ史といえば、その独立を取り上げないわけにいきません。独立を語れば独立宣言の精神に当然ふれることになります。フランス史も無視できないし、アメリカ独立につづくフランス革命は必ず取り上げなければならぬ出来事であり、しかもこの革命を単なる暴動と記すことはできず、やはり自由・平等・博愛というフランス革命の精神を無視できません。

アメリカ独立、フランス革命など近代を招きよせた動きは、当時、昂揚していた自由民権運動を抑えるのに懸命であった政府にとって、まことに目障りな歴史上の出来事でした。そこで日本史に限る、と規定したのが小学校教則綱領です。そして、この小学校教則綱領で初めて何を教育内容として取り上げるべきかが、文部省によって示され（歴史教育では――引用者）、その内容の第一が、「建国の体制」であり、これは記紀（古事記と日本書紀――引用者）の建国神話を歴史として扱えということです。第二が「神武の即位」です。「神武の即位」の前の「建国の体制」ですから、これは当然、建国神話ということになります（山住正己『戦争と教育』岩波セミナーブックス、一九九七年）。

修身教育の重視と検定制度の導入

「改正教育令」では、それまでの「教育令」では教科配列の末尾におかれていた「修身」をその冒頭において最重視した。修身は「学制」では小学校低学年の授業で全課程を通じて週に二・五時限しかなかったが、「教則綱領」では、修身授業を小学校初等科（四年間）は毎週六時限、高等科（四年間）では毎週三時限の全学年の授業となった。

こうした中央集権的な教育統制は教科書制度や内容の面でも統制強化となってあらわれる。一八八〇年（明治一三）一二月、文部省は、「国安を妨害し風俗を紊乱するが如き事項を掲載」または「教育上弊害ある」書籍のリストを発表し、教科書として採用しないよう指示した。

指示された書籍の中で最も多かったのは、近代の民主主義精神を紹介したものであった。具体的には、箕作麟祥『泰西 勧善訓蒙』、名和謙次編『修身訓蒙』、福沢諭吉『通俗国権論』『通俗民権論』、加藤弘之『立憲政体略』などがあげられる。翌八一年にはそれまでの自由採択制を廃止し、使用する教科書を文部省に届け出る「開申制」（届出制）にした。八三年にはさらに進んで、文部省の許可がなければ教科書として使用できない認可制にして、教科書の統制を一段と強化した。

認可制は小学校教科書にかぎらず、公立中学校・師範学校の教科書にもおよんだ。さらに三年後の一八八六年には、教科書は文部省が検定を行う検定制度に移行した。検定制度への移行によって、教科書がまずあってそれを文部省が許可し、教員がそれを教える形から、文部省が教える内容を規定し、それに則した教科書が編集される形になった。こうして、学校制度がはじまってから、わずか一四年で教科書の国家管理（統制）体制がつくられた。

一八九三年（明治二六）に文部大臣に就任した井上毅は、文部省図書課に対して検定不許可標準七項目を内示している。その七項目は、「（一）国体にそむき、憲法・国法に反するもの、（二）教育勅語の趣旨にあわないもの、（三）政論にかかわり、あるいは国交上の誹毀《ひき》（他者をそしること―引用者）にふれるもの、（四）理論偏僻《へんぺき》にわたるもの、（五）いちじるしい疎漏《そろう》・誤謬があるもの、（六）教則や教科書の体裁にあわないもの、教科の程度に応じないもの、（七）文章が難渋・拙劣・粗雑で、教科に適しないもの、という内容であった」（以上、中村紀久二『教科書の社会史』岩波新書、一九九二年を参照）。

2　教育勅語の発布と国定教科書への移行

一八八九年（明治二二）、天皇は「神聖にして侵すべからず」とその絶対的な地位を宣言した大日本帝国憲法が発布され、翌九〇年一〇月三〇日に天皇の名で教育勅語（正式名称は「教育ニ関スル勅語」）が発布された。

教育勅語は、天皇制国家における天皇の下僕である臣民（国民ではない）の「天皇に忠節を誓う臣民道徳」を指示したもので、「一旦緩急《いったんかんきゅう》あれば義勇公に奉じ　以《もっ》て天壌無窮《てんじょうむきゅう》の皇運を扶翼《ふよく》すべし」とあり、戦争になれば天皇のために命を投げ出す忠実な臣下になれ、と教えていた。忠君愛国が最高の道徳だというのがその教えだった。

教育勅語発布の一年後には小学校教則大綱で「修身」（今日の道徳にあたる）は教育勅語の趣旨に基づいて教えることを定めた。その後、日露戦争前夜の一九〇三年（明治三六）

に政府・文部省は、小学校教科書を国定にした（実施は一九〇四年）。中等学校は検定制度が維持されたが、日本がアジア太平洋戦争をはじめた二年後の一九四三年（昭和一八）に国定になっている。

国定教科書「修身」の四・五・六年生用には最初のページに教育勅語が掲載され、子どもたちに勅語を暗記・暗唱するよう指導し、勅語の謄本は全国の学校に配られ、「御真影」（天皇・皇后の写真）と一緒に校内の奉安殿にまつられた。この勅語と筆頭教科の修身を中心とした教育によって、子どもたちは「軍国少年」「軍国少女」として育てられ、非常時には命を投げ出せという勅語の教えのとおりに戦場に駆り出されていくのである。

教科書をめぐる汚職事件と国定化

教科書を国定にする直接的な理由とされたのは教科書採択にまつわる汚職事件（教科書疑獄事件）である。当時の教科書制度では、府県統一採択であり、文部省の検定済み教科書の中から府県単位の教科用図書審査委員会が統一審査をして採択することになっていた。いったん採択されれば四年間は変更されないので、教科書会社にとっては、自社の教科書が採択されるか否かは重大な問題であった。そのため、教科書会社と審査委員との間に贈収賄のスキャンダルが絶えず、たびたび新聞紙上をにぎわしていた、とされている。検定制度がはじまった翌々年の一八八八年（明治二一）には、早くも東京府で小学読本教科書の採択をめぐって疑惑がおこっている。

一八九〇年代になるとこのような汚職事件を理由に、政府内部・国会議員や民間でも教科書国定化の議論が活発になり、一八九六年（明治二九）に貴族院は小学校修身教科書の国定化を建議・可決し、翌九七年には小学校読本と修身教科書の国費編纂を建議した。衆議院も、一八九九年に修身教科書の国定化、一九〇一年に小学校のすべての教科書の国定化を建議した。また、一九〇〇年の地方官会議でも、教科書は文部省が作成し、全国一律にするように建議している。

大疑獄事件

一九〇二年（明治三五）一二月一七日の早朝、司法当局は贈収賄の容疑で教科書会社の金港堂、普及社、集英堂その他二十余か所をいっせいに家宅捜査し、金港堂社長と視学官二名を拘引した。その後も連日のように検挙をつづけ、検挙者は宮城・栃木・島根・宮崎の県知事、代議士や師範学校校長・視学官など二百余名におよぶ大疑獄事件になった。

この疑獄事件進行中の一九〇三年一月九日に教科書を国定化する小学校令改正案が閣議決定され、そして〇四年、ロシアに宣戦布告した直後の四月から全国の小学校で、まず修身・読本（国語）・日本歴史（後に国史となる）・地理の国定教科書が使われはじめた。

ところが、小学校令改正案は一か月以上前から起案がはじまっていたといわれ、教育史研究者の中には疑獄事件は教科書国定化のために「しくまれた」という見方がある。教科書国定化の真のねらいは、「忠君愛国の精神を啓発する」ために国が教育内容を統一化することにあったといえる。そのことは、国定化を主張した議員や内務官僚たちが、最重要教科とされた修身教科書をまず国定化しようとしていたことにあらわれている。

3　国定教科書の内容と果たした役割

「国定教科書」と普通いわれるが、法令上は「国定教科書」という用語は存在しない。国立教育研究所に勤めた後、教科書研究センター附属教科書図書館の主任研究員を長く務めていた中村紀久二は、「しいて定義すると」、「国定教科書とは、国が各学校で教師・児童の使用する教科書を国もしくは国が指定する機関著作のものに限定し、その使用を強制するものをいう」となろうかと述べている（前掲『教科書の社会史』）。

修身が筆頭教科に

教科書の国定化にともなって、教科書を金科玉条とする国家主義・軍国主義的な教育が行われることになり、一九〇四年以降、敗戦後の一九四九年（昭和二四）に再び検定教科書が使用されはじめるまで、四十余年の間、全国一律の画一的な国定教科書での教育が行われたのである。

国定教科書は第一期から第五期まで発行・使用されてきた。それを国語読本で示したのが**表1**である。国定教科書は、それぞれの期の『尋常小学校国語読本』巻一の巻頭の語句によって呼ばれている。国定第一期はイエスシ読本、第二期はハタタコ読本、第三期はハ

表1　戦前の国定教科書（国語）の変遷

使用者の入学年度	国語読本巻頭の語句	表紙の色	教科書の性格	初巻定価
一九〇四年（明治三七）〜	イエ　スシ	黒色	資本主義興隆期における比較的近代的だが、国民統一を期する教科書	巻一＝六銭五厘
一九〇九年（明治四二）				
一九一〇年（明治四三）〜	ハタ　タコ　コマ	黒色	日露戦争後、天皇を頂点・中心とした家族国家倫理に基づく教科書	巻一＝六銭
一九一七年（大正　六）				
一九一八年（大正　七）〜	ハナ　ハト　マメ　マス	灰白色	第一次世界大戦後、大正デモクラシーと国体思想が混合した教科書	巻一＝六銭
一九三二年（昭和　七）				
一九三三年（昭和　八）〜	サイタ　サイタ　サクラガ　サイタ	薄茶色	ファシズム台頭期、国体（天皇が統治する国家）を明確にうち出した教科書	巻一＝七銭
一九四〇年（昭和一五）				
一九四一年（昭和一六）〜	アカイ　アカイ　アサヒ　アサヒ		太平洋戦争下、天皇のために死ぬことを求めた国民学校教科書	ヨミカタ一＝一九銭
一九四五年（昭和二〇）				

＊浪本勝年「日本における教科書採択制度の歴史的変遷」『立正大学心理学研究年報』第三号、および中村紀久二『教科書の社会史』岩波新書の表を参考にして作成した。

ナハト読本、第四期はサクラ読本、第五期はアカイ読本、というようにである。

改正教育令以後、戦前・戦中は、各教科の中でも、修身・読本（国語）・日本歴史（後に国史）・地理が主要教科とされ、その中でも修身が筆頭教科に位置づけられていた。教育勅語発布後は、修身は勅語を具体化する教科と位置づけられ、修身によって他の主要教科、さらには全教科を統制するしくみができあがり、筆頭教科としての修身が全教科を統制する役割を果たしていた。

この位置づけは当然、国定教科書の構成にも適用され、日本は天皇を中心とした「神の国」という国体観や天皇への忠義心や国家意識の形成にふかく関係する修身・読本（国語）・国史・地理の教科書が、一九〇三年の国定制度発足当初から主要教科として絶対性をもっていた。

こうして、一九四五年（昭和二〇）の敗戦までの六〇年近く（その内の四〇年間は国定）、日本の教科書は強い国家統制の下におかれ、教科書は国民教化の道具として「教化書」にされていた。

国定の教科書に　殺されしは　幾千万　自国の民衆《たみ》も　アジアの民衆も

このうたは、一九八〇年（昭和五五）にはじまった第二次教科書偏向攻撃を背景に、文部省が日本のアジア侵略戦争の事実を歪める検定を行い、一九八二年に外交問題化したときに、家永教科書裁判に長くかかわり支援した神戸の歌人の三木原千加が詠み、「朝日歌壇」（『朝日新聞』一九八一年七月二六日）に掲載されたものである。

このうたには国定教科書が果たした役割がよくあらわされている。戦前・戦中の子どもたちは、教育勅語と国定教科書によって、一人残らず「天皇の赤子」たる「軍国少年・軍国少女」として育てられ、天皇のために喜んで戦争に行って死ぬこと、他国民を殺害することが人間として最も尊い最高の道徳であると教育されていたのである。

日本は「神の国」に

また、日本がアジア太平洋戦争をはじめた一九四一年（昭和一六）に小学校は国民学校になり、その年から使用された国定教科書第五期の修身『ヨイコドモ　下』（国民学校二年生用）では次のように教えていた（以下の戦前教科書の原文は旧仮名づかいであるが、読みやすくするために、常用漢字と新仮名づかいに直している。また低学年用のカタカナはひらがなに直した）。

この教科書の表紙をめくると見開きで神武天皇が大和を平定するいくさの絵がある。神武が丘の上に立ち、手にもった弓には金色のトビがとまり、神武軍の矢に追われて大和の兵が敗走している図である。この教科書の「十七　天皇陛下」には次のような記述がある。

天皇陛下のおおさめになるわが日本は、世界中で一番りっぱな国です。天皇陛下をいただいている日本国民は、ほんとうにしあわせです。

私たちのそせんは、だいだいの天皇にちゅうぎをつくしました。私たちも、みんな天皇陛下にちゅうぎをつくさなければなりません。


「十八　きげん節」には、紀元節の由来が書かれて、次のように前述の挿絵の内容が説明されている。これは、教育勅語の教えを具体化したものだといえる。


じんむ天皇は、はじめひゅうがの高ちほの宮においでになりました。そのころ遠いところには、長すねひことか、やそたけるとかいう心がけのよくないものがいて、かってなふるまいをしていました。天皇は、広く日本ぜんたいに、みめぐみをたれようとおぼしめして、よくないものをおうちになりました。

天皇は、ごじぶんでみいくさびとをおつれになって、いくさの苦しみをごいっしょになさいました。みいくさびとは、天皇のおんために命をささげ、みをすててつかえました。

ある時、金色のトビがとんで来て、天皇のお弓の先に止り、いなずまのような光をはなちました。長すねひこらは、この光に目がくらんでしまいました。
それからまもなく、天皇はみくらいにおつきになりましたが、その日がちょうど二月十一日にあたるので、きげん節のおいわいがあります。

「十九　日本の国」にはよく知られている次の記述がある。

日本よい国、きよい国。世界に一つの神の国。
日本よい国、強い国。世界にかがやくえらい国。

最後の節にあたる「二十　よい子ども」では次のように子どもたちに天皇への忠義を尽くす決意を語らせている。

私たちは、先生からいろいろなお話を聞きました。天皇陛下のありがたいことがわかりました。天皇陛下をいただく日本の国は、世界中で一番とうとい国であることを知りました。私たちは、天皇陛下にちゅうぎをつくし、このよい国を、みんなでいっそうよい国にしなければならないと思います。

そして、文章に添えて、世界の真ん中で光り輝いている日本列島と日本の統治下にあった朝鮮半島、台湾などのイラストがあり、子どもたちが日本は「世界の中心であり、世界中で一番尊い国だ」とイメージするように洗脳するものであった。

物語を真理・真実として教える

国定教科書は、日本が天皇を中心とした「神の国」「強い国」であるとし、「神の国」の「物語」を真実の歴史であるかのように教え込むものだった。

「日本は神の国」というのはその後も国定教科書に繰り返し出てくる。一九四二年（昭和一七）発行の国民学校（小学校）四年生用『初等科修身二』には「六　日本は神の国」という章がある。そこには、北畠親房が後醍醐天皇の命で「東国の賊軍をこらしめるために出かけ」た陣中で「国史の本」を書いたことを述べ、次のように教えている。

親房は、その本の初めに、こう書きました。

「大日本は、神の国である。神が、この国をお開きになり、天照大神《あまてらすおおみかみ》が、天皇の御位を、ながくさかえますように、お伝えになった。これは、わが国だけにあったことで、ほかの国には、まったくないことである。だからこそ、わが国のことを、神の国というのである。」

天照大神の仰せによって、神のお血すじをおうけになった天皇が、日本をお治めになります。臣民《しんみん》は祖先《そせん》のこころざしをうけついで、ひたすら、天皇の大みわざをおたすけ申しあげてまいりました。かように、国の初めから、君と臣との分がさだまっているということが、日本の国の一番尊いところであります。

外国の歴史《れきし》を見ますと、一つの国が起るかと思えば、やがてほろび、そのあとに、また別の国が起るというようなことを、何度もくり返しています。日本のように、一つの国が、天地のつづくかぎりさかえるということは、決して見られないのでありま す。

親房は、このことを、その国史の本に書きました。

親房の本は、六百年前に、人々の心をふるい立たせたばかりでなく、今の人々をも、力強く教えみちびいてくれるのであります。

親房は、この本の中に、

「忠義をつくし、命をすてるのは、臣民の道である。」

といっていますが、これは、私たちの忘れてはならないことばであります。

国定教科書がつくり上げた臣民

一九四三年（昭和一八）発行の国民学校（小学校）五年生用国定教科書『初等科修身三』

の「二十　昔から今まで」には、「国史が文字でしるされる前、国史がことばでかたり伝えられる前から、神の国日本は続いていています」とも書かれている。同年発行の国民学校六年生用国定教科書『初等科国史　下』の最後の章「第十五　昭和の大御代」は次のように述べている。

……今やその大業を完成するために、あらゆる困難をしのいで、大東亜戦争を行っているのです。皇国の興隆、東亜の安定は、この一戦とともに開けてゆくのであります。
昭和十四年五月二十二日、かしこくも天皇陛下は、全国青少年学徒の代表を、宮城前で御親閲《ごしんえつ》になり、特に勅語をたまわって、日本の将来をになう、りっぱな人物になるようにと、おさとしになりました。

このように記した後で、楠木正成がその子正行《まさつら》をさとした言葉「敵寄せ来らば、命にかけて忠を全うすべし」を引用し、最後に、「私たちは、一生けんめいに勉強して、正行のような、りっぱな臣民となり、天皇陛下の御ために、おつくし申しあげなければなりません」と結んでいる。これこそ天皇のために忠義をつくし、喜んで死ぬことが「立派な臣民」であるとの教えである。
さらに、五年生用国定教科書『初等科修身三』では、アジア太平洋戦争で日本が南太平洋の島々を侵略し占領したことについて、「国生み伝説」が史実であるとして、この占領を「新しい日本の国生み」と教えている。

今、日本はアメリカやイギリス、そのほかの国々を相手として、戦争をしています。昭和十六年十二月八日、宣戦《せんせん》のみことのりをいただいてから、皇国の臣民は、一すじに大御心を奉体し、君のため国のためにつくそうと、かたく決心したのであります。
太平洋や南の海には、すでに新しい日本の国生みが行われました。神代の昔、大八州の国生みがあったと同じように、この話は、末長くかたり伝えられるものです。ちょうど私たちが、神武天皇の御代を仰いだり、明治の御代のみさかえをことほいだりするように、のちの世の人々が、昭和の御代の御光りを仰ぎ見る日が参ります。私たちは、これからも日々のおこないをつつしんで、りっぱな国史をつくりあげるようにつとめましょう。

国定教科書の引用が長くなったが、これを見れば、国定教科書が何を教え、子どもたちをどこに導いて行こうとしたかがよくわかると思う。こうした教育、とりわけ国定教科書が果たした役割について、教科書検定は憲法違反であるとして教科書裁判を起こした家永三郎は、著作『一歴史学者の歩み』（岩波現代文庫、二〇〇三年）の中で次のように述べている。

……敗戦前の日本国民は、政府の政策にしたがって画一化された非科学的で反民主主義的かつ好戦主義的な精神で貫かれた教科書で教育を受けてきた。あの不義無謀の戦争に多くの国民が協力し、ばく大な犠牲をはらう悲劇に追いこまれたのも、一つには戦前の国家権力が全国民を学校教育、特に教科書を通して魂ぐるみ丸がかえにしてきたことによるところが大きいと言ってさしつかえない。（中略）教育が人間形成のためのはたらきかけであるからには、権力の教育統制は、国民が権力からどのような人間になるかを強制されることを意味するのではないか。

家永教科書裁判については第五章以降で詳述するが、家永は、こうした思いが提訴の理由になったことをつづけて述べている。

私は、戦争中何一つ抵抗らしいこともできず、空しく祖国の破滅を傍観し、多くの同世代の同胞の死を見送るほかなかった意気地のない人間であった。たとい私ごときが抵抗を試みたとて何の効果もなかったにちがいないにせよ、やはり私には心の傷となってのこっている。私は数百万の同胞の死を無意味なものに終らせたくない。（中略）国民が教育内容の権力統制のいかにすさまじいものであるか、それを放任することのいかに恐ろしい結果につらなるかを理解してくれれば、法廷内の勝敗など問題ではない、というのが私の訴訟にふみ切った根本の動機であった。

繰り返しになるが、教育勅語と国定教科書が子どもたちを「軍国少年・軍国少女」に育て上げ、日本のアジア侵略を遂行するために、天皇・国家に進んで命を投げだす臣民をつくり上げたのである。その臣民たちは、前述の三木原千加のうたのように、アジア各地で民衆への加害を行ったが、同時に多くは戦場で野たれ死んでいったのであった。

第二章　戦後改革の中の教科書

1　敗戦直後の教育と教科書

一九四五年（昭和二〇）八月一五日、日本はポツダム宣言を受諾して全面降伏し、アジア太平洋戦争は終わった。日本の敗戦によって大日本帝国は崩壊し、米軍中心の連合国軍が日本を占領、連合国軍最高司令官総司令部（GHQ、初代最高司令官はアメリカ軍のダグラス・マッカーサー元帥）は、日本の戦後改革の指令を次々に出した。GHQの指令は日本の軍国主義の除去と民主化をめざしたものであった。しかし、GHQの民主化政策は、次に述べるような、天皇制を残したことをはじめ、当時の日本の支配層の戦争責任の無反省による抵抗によってスムーズには進まず、さらに冷戦のはじまりという国際情勢によって、不十分なものになった。

政府の侵略戦争への無反省と国体護持

昭和天皇は八月一五日にラジオで放送された「終戦の詔書」（いわゆる玉音放送）で、米・英に宣戦布告した戦争は、日本の自存とアジアの安定を願ったものであり、他国の主権を奪ったり、領土を侵すなどということは、自分の考えではないと述べた。さらに、敗戦後も神州（神の国）の不滅を信じて、国体（天皇制）を発展させることを臣民（国民）に求めていた（小森陽一『天皇の玉音放送』五月書房、二〇〇三年参照）。

ポツダム宣言受諾直後に任命された皇族出身の東久邇宮稔彦首相は、八月二八日の記者会見で、「国体護持ということは理屈や感情を超越した固いわれわれの信仰である。（中略）ことここに至ったのはもちろん、政府の政策がよくなかったからでもあるが、また国民の道義のすたれたのもこの原因の一つである。この際私は軍官民、国民全体が徹底的に反省し懺悔しなければならぬと思う。全国民総懺悔することがわが国再建の第一歩であり、わが国内団結の第一歩と信ずる」（『朝日新聞』一九四五年八月三〇日）と、「一億総懺悔」論を主張した。

さらに、九月五日の国会での施政方針演説では、「……前線も銃後も、軍も官も民も、国民悉く、静に反省する所がなければならない、我々は今こそ総懺悔し、神前に、一切の邪心を洗い浄め、過去をもって将来の誡めとなし、心を新にして、戦の日にも増して、挙国一家、（中略）来るべき苦難の途を踏み越えて、帝国将来の進運を開くべきである」（『朝日新聞』一九四五年九月六日）と述べ、国内の戦争責任の追及に蓋をしてしまった。そして、次の幣原内閣は一一月の閣議決定で、「大東亜戦争」は周囲の情勢からやむをえず「自衛権」を「発動」したものだったとした。

昭和天皇の「他国の主権を奪ったり、領土を侵すなどということは、自分の考えではない」というのは事実を歪める虚構である。中国東北部に傀儡国「満州国」をつくり、中国全土・東南アジア諸国・太平洋地域を侵略した事実は、大元帥・昭和天皇の了解のもとに行われた。そして、日本は、一九四三年（昭和一八）五月三一日に「大東亜政略指導大綱」を天皇が臨席する御前会議で決定したが、そこには旧イギリス領・オランダ領の大部分である「マライ」（現マレーシア・シンガポール）と「スマトラ」「ジャワ」「ボルネオ」「セレベス」（現インドネシア・マレーシアなど）を「帝国領土」（日本の領土）とすることが記載されている。昭和天皇はこの決定の現場にいたのだから、知らなかったとはいえない。

このような昭和天皇をはじめ当時の政治指導者たちには、侵略戦争や植民地支配への反省や責任の自覚は全くなく、中国・朝鮮・東南アジアなどの人びとに対する加害についての反省もなかったのである。さらに、マッカーサーは占領政策に昭和天皇を利用するために、本国政府や連合国の意向を無視して昭和天皇の戦争責任を免罪した。こうして、昭和天皇をはじめとした戦争責任の追及がきわめて不十分なものになり、このことが戦後の教科書の内容をめぐって、検定問題をはじめ今日までつづく教科書論争の大きな要因になっている。

敗戦を迎えた四五年八月一五日、当時の太田耕造文部大臣は、「（敗戦は）皇国教学の神髄を未だしきもの有りしに由ることを反省し……（各位は）国体護持の一念に徹し教育に従事する者をして克く学徒を薫化啓導」せよ、という訓令を発している。そして文部省は、九月一五日に出した「新日本建設の教育方針」で「今後の教育は益々国体の護持に努むる」としている。

このように、敗戦直後の段階では、文部省はいまだに「国体護持」に執着していた。国体とは万世一系の天皇制を柱とした国のあり方のことであり、日本は天皇を中心とした「神の国」だということを意味していた。これは、天皇の「終戦の詔書」にある「国体を発展させよ」（「国体の精華を発揚し」）というメッセージに基づくものであり、戦争と戦前の教育に対する反省の意識がほとんどないものであった。

墨ぬり教科書から新たな教科書制度のスタートへ

日本の敗戦から半月後に学校は二学期がはじまった。文部省は、国定教科書をそのまま使うわけにはいかないため、それまでの教科書の軍国主義的・超国家主義的な内容に墨をぬって使うように指示した。教員たちは、毎時間、子どもたちに墨を磨らせて不適切な部分に墨をぬらせた。いわゆる「墨ぬり教科書」である。墨をぬったのは、修身、国史（歴史）地理、国語だけでなく、算数の教科書でも戦車や鉄砲、軍艦、戦闘機などの絵を使った教材も墨ぬりの対象だった。中には何ページにもわたって墨で真っ黒になった教科書も少なくなかった。

昨日まで「正しいこと」「真理・真実」だとして教えていたこと、教わっていたことが「間違い」だとして墨をぬる行為は、多くの教員や子どもにとっては衝撃的なことであり、教育現場には大きな混乱をもたらした。しかし、ここから教科書の見直しがはじまり、戦後の教科書制度が新しくスタートすることになった。

米国政府は九月二二日、「降伏後に於ける米国の初期の対日方針」を出し、「理論上及実践上の軍国主義及極端なる国家主義（準軍事訓練を含む）は教育制度より除去せらるべし」とした。つづいて出されたGHQの次のような「教育に関する四大指令」によって、教育に関する占領政策が具体化された。

一、日本教育制度に対する管理政策（軍国主義的・超国家主義的教育を禁止）（一〇月二二日）

二、教育関係の軍国主義者・超国家主義者の追放、調査機構の設置（一〇月三〇日）

三、国家神道、神社神道に対する政府の保証、支援、保全、監督並に弘布の廃止（一二月一五日）

四、修身、日本歴史及び地理の授業停止と教科書回収（一二月三一日）

これらの指令によって、前述のように戦後においても「国体護持」の教育を存続・推進しようとした政府・文部省の意図は厳しく監督・統制されることになった。

アメリカ教育使節団の来日と「日本教育家の委員会」

一九四六年（昭和二一）三月五日・六日、戦後日本の教育改革のための助言と協議を目的に第一次アメリカ教育使節団が来日し、三月三一日にGHQ最高司令官に「報告書」を提出した。「報告書」は、戦後の教育改革（教育の民主化）の基本的構想を全面的に示す内容になっていた。

「報告書」は、過去の軍国主義と国家主義の教育や官僚統制の排除、および教員の教育の自由、学問研究の自由の重要性を強調し、「子供の持つ測り知れない資質は、自由主義という日光の下でのみ豊かな実を結ぶ」とし、個人の価値と尊厳（＝基本的人権）の認識をその基本とする教育制度を確立することを提起した。さらに、「学校の仕事が、規定された学科課程と、各教科毎に認定されたただ一冊の教科書（国定教科書のこと―引用者）とに限定されていたのでは、これらの目的はとげられようがない。民主政治における教育の成功は、画一と標準化とを以てしては測られないのである」とした。

そうした教育を進めるために、六・三制を導入すること、中央集権的教育行政（制度）を否定し、教育委員会制度を実現して「教育の地方分権化」を実現することなど、教育改革の基本方向を勧告した。

アメリカ教育使節団の来日に先立つ四六年一月、GHQは、使節団に協力するための

「日本教育家の委員会」（委員長・南原繁東京大学法学部長、後に同大学総長）を設置させた。同委員会は、教育の現状や問題点を報告するなど使節団に協力しながら、使節団の報告書よりも前に、独自の教育改革案をまとめて、文部大臣と使節団に提出した。この委員会の改革案は、使節団の「報告書」の内容と共通するものが多く含まれていた。四六年八月一〇日、日本教育家の委員会を拡充して教育刷新委員会（四九年より教育刷新審議会）が発足し、教育の根本方針とりわけ教育理念を明確にし、教育基本法制定を提案する「建議」を一二月二七日に内閣総理大臣に提出した。

次々と発行された歴史教科書

こうした動きを受けて文部省は、四六年五月一五日、「新教育指針」第一分冊を発行した（六月三〇日第二分冊、一一月一五日第三分冊、四七年二月一五日第四分冊）。その内容は、日本教育家の委員会報告書、憲法改正案、アメリカ教育使節団報告書などに貫く教育の非軍国主義化と非国家主義化を実現するための新教育の理念と方法の解説であり、戦前の教育の反省の上に立って、人間の「個性の尊重」（個人の尊厳）を新教育の重点とし、教育制度の民主化、教員の民主的修養の必要性を提唱していた。

使節団「報告書」は、教科書については、中央官庁が教授の内容や方法、教科書を規定すべきでないと、戦前の教育制度・国定教科書制度を批判し、次のように述べている。

日本の教育に用いられる教科書は、実質上文部省の独占となっている。小学校用の教科書については、文部省が直接これを作成、規定し、中等学校用教科書については、これを作成させ、検定を受けさせることになっている。われわれが調査して知りえた限りでは、教師は、教科書の作成にあたっても選択にあたっても、充分にその意見を徴されてはいない。前節で論じたカリキュラムに関する原則が、健全で正当なものであるとすれば、さらにそこから、教科書の作成および出版は自由な競争にまかせるべきである、という原則が生まれてくる。

このように、使節団は教科書の自由出版・自由採択を示唆していた。一方、日本政府・文部省は、検定・認定と国定（文部省著作教科書）の並立を考え、戦後国定教科書（文部省著作教科書）が何種類もつくられた。『国史』教科書が使用停止になったために、文部省は歴史教科書を次々に発行した。小学校用『くにのあゆみ 上・下』（一九四六年）、中学校用『日本の歴史 上・下』（一九四六年）、師範学校用『日本歴史 上・下』（一九四六、四七年）である。これらの歴史教科書は、戦前・戦中の国定教科書『国史』とは違い、日本の歴史を神話からではなく考古学などに基づいて記述し、紀年法も「昭和一六年（一九四一年）」などと表記し、国定日本史教科書として初めて西暦が併記されるようになった。

また、小学校用『くにのあゆみ 下』には「わが軍は……中華民国の都南京《なんきん》をあらし」、中学校用『日本の歴史 下』には「わが軍は南京を占領したとき同地で行った残虐行為が」、師範学校用『日本歴史 下』には「中国側の抗戦は南京における日本軍の残虐行為を契機に」など、きわめて不十分ながら南京大虐殺（南京事件）が記述されていたのは注目すべきことである。

さらに、文部省は一九四七年（昭和二二）、「国民主権」「基本的人権の尊重」「戦争放棄・戦力不保持」を強調する『あたらしい憲法のはなし』を刊行し、小学校高学年・中学校低学年で使われ、社会科教育でも活用された。また、民主主義を学ぶための中学・高校用『民主主義』（上・一九四八年、下・一九四九年）が刊行された。

戦後、教科書出版社（中教出版）で教科書を編集し、その後、歴史教育者協議会事務局長を務め、家永教科書裁判の支援運動でも大きな役割を果たした徳武敏夫は、これらの戦後国定教科書について次のように述べている。

> 敗戦後の混乱の中ではあったが、これらの教科書は、平和と民主主義を実現しようという教師たちの授業を通して、当時の若者たちに日本の未来に対する希望を持たせたのであった（徳武敏夫『家永裁判運動小史』新日本新書、一九九九年）。

2　憲法・教育基本法の制定と教育改革

一九四六年（昭和二一）一一月三日、侵略戦争の反省の上に立って、国民主権・基本的人権の尊重・平和主義を基調とする日本国憲法が制定され、翌四七年五月三日に施行された。同時に、四七年三月三一日、憲法と一体のものとして教育基本法が施行された。

憲法は二六条で教育を受ける権利を規定し、国家・社会および保護者が子どもに教育を受けさせる義務を課し、義務教育は無償とすることを定めた。二六条は、二五条の生存権、一三条の幸福追求権、一九条の思想・良心の自由権、二三条の学問の自由権などと深く結びつき、そして何よりも、九条の平和な社会を築くための基礎を教育の中で実現することを規定している。

「国民の教育権」を明確に

憲法とほぼ同時に施行された、教育における憲法といえる教育基本法は、「個人の尊厳を重んじ、真理と平和を希求する人間の育成を期するとともに、普遍的にしてしかも個性ゆたかな文化の創造をめざす教育を普及徹底しなければならない」（前文）と前置きし、教育の目的について「人格の完成をめざし、平和的な国家及び社会の形成者として、真理と正義を愛し、個人の価値をたっとび、……国民の育成を期して行われなければならない」（第一条）とした。

ノーベル賞作家の大江健三郎は、教育基本法の前文にある「真理と平和を希求する」と憲法九条の「国際平和を誠実に希求し」の「希求」ということばに注目して、「（戦後日本の国民の）思いが言葉の選び方にあらわれている」と指摘している（大江健三郎ほか『憲法九条、いまこそ旬』岩波ブックレット、二〇〇四年）。

この憲法・教育基本法は、戦前・戦中の「国家教育権」を否定し、子どもの学習権を基礎とした「国民の教育権」を明確にした点でもきわめて重要である。

憲法・教育基本法に基づいて、憲法の「理想の実現」（教育基本法・前文）をめざす教育をあらゆる場面で追求する戦後の教育改革が本格的にはじまった。子どもたちを軍国少年・軍国少女に育て上げた、戦前・戦中の教育勅語と国定教科書体制、中央集権的教育制度を根本から改革しようとするものであった。教育基本法と同時に、それを具体化する学校教育法も制定された。

教育基本法の制定にかかわった南原繁は、当時、「（教育基本法によって）新しく定められた教育理念に、いささかの誤りもない。今後、いかなる反動の嵐の時代が訪れようとも、何人も教育基本法の精神を根本的に書き換えることはできないであろう。なぜならば、それは真理であり、これを否定するのは歴史の流れをせき止めようとするに等しい」と述べている（「日本における教育改革」『南原繁著作集』第八巻 岩波書店、一九七三年）。南原繁の述べた内容については第一一章でも紹介する。

文部省の学習指導要領試案

文部省は一九四七年に学習指導要領（試案）を発表し、教育のあり方を示した。そこでは、戦前・戦中の教育が、教育内容を中央で決め、すべての子どもに一様にあてはめた画一的なもので、創意工夫の余地がなかったことを反省し、学習指導要領という「骨組みに従いながらも、その地域の社会の特性や、学校の施設の実情や、さらに児童の特性に応じて、それぞれの現場でそれらの実情にぴったりした内容を考え、その方法を工夫してこそよく行くのであって、ただあてがわれた型のとおりにやるのでは、かえって目的を達するに遠くなる」としていた（学習指導要領一般論）。このように、その後の教育実践でより豊かに発展させるという意味で「試案」としたのである。

さらに、学習指導要領の社会科編には、「今後の教育、特に社会科は、民主主義社会の建設にふさわしい社会人を育て上げようとするのであるから、教師は……民主主義社会とはいかなるものであるかということ、すなわち民主主義社会の基底に存する原理について十分な理解を持たなければならない」と書かれていた（一九四七年学習指導要領社会科編Ⅰ・試案）。憲法教育を重視した内容になっていたことも特筆に値する。

3 教育勅語の排除・失効決議

大日本帝国憲法（明治憲法）発布の翌一八九〇年（明治二三）に明治天皇の名で発布された教育勅語は、敗戦でアジア太平洋戦争が終結するまで日本の教育の柱とされてきたが、戦後、その扱いが問題となった。

一九四七年（昭和二二）に新憲法・教育基本法が施行され、翌四八年六月一九日、国会で教育勅語の排除（衆議院）、失効確認（参議院）決議が行われた。衆議院の排除決議は、教育勅語などの「根本理念が主権在君並びに神話的国体観に基いている事実は、明らかに基本的人権を損い、且つ国際信義に対して疑点を残すもととなる」とし、「政府は直ちにこれらの詔勅の謄本を回収し、排除の措置を完了すべきである」とした。

参議院の失効確認決議は、新憲法・教育基本法制定で「（戦前の）教育の誤りを徹底的に払拭」し「民主主義的教育理念をおごそかに宣明した」結果、教育勅語は廃止され効力を失っていると強調している。

自民党の政治家たちや右翼勢力は、教育勅語の親孝行や兄弟仲良く、夫婦相和しなどの徳目は今日でも通用する普遍的なものだと主張し、だから、「教育勅語は現在でも通用する」「学校で教材として教えてよい」と閣議決定し、道徳教育の最良の教材だと述べている。しかし、はたしてそうだろうか。前述した内容と構造からみても、教育勅語は戦後制定された日本国憲法や教育基本法とは相いれない。排除決議の趣旨説明で松本淳造衆議院文教委員長は、「勅語という枠の中にある以上、勅語そのものがもつ根本原理をわれわれとしては現在認めることができない」と述べている。勅語全体の構造を抜きに部分だけを取り出して「いいところもある」「普遍的」なものとするのは誤りである。

教育勅語がいう親子・夫婦・兄弟などは、明治憲法と旧民法下での家族関係であり、父親や夫への絶対服従、長子相続の原則における関係である。どんなに暴力的な父親や夫にも黙って従え、長男には逆らうなという絶対服従の「道徳」なのであり、日本国憲法の下では相いれない徳目なのである。教育勅語の徳目は決して「普遍的」なものではない。

4　国定教科書制度から教科書検定制度へ

文部省は、一九四七年三月、ＧＨＱのＣＩＥ（民間情報教育局）の勧告に基づいて諮問機関として教科書制度改善協議会を設置した。同協議会は、四七年九月、教科書の編修、発行、採択、供給の各制度のあり方について文部大臣に答申し、文部省は、四七年一二月に教科用図書委員会を発足させ、四八年二月に「教科用図書検定要領」を告示した。同委員会は、四八年二月、四九年度より教科書検定制度を開始し、五〇年度に国定制度を全廃すると決定した。これによって、検定と国定の併用を企図していた文部省のもくろみは消え去った。

こうして戦後の検定制度は、憲法と教育基本法を基礎に、学校教育法、教科書制度改善協議会答申、教科用図書委員会の設置、教科書の発行に関する臨時措置法（四八年七月公布、教科書発行法）・同施行規則（八月）などによって発足した。

大きな転換を生んだ教科書発行法

教科書発行法は、教科書の発行・展示会・採択・供給などについて定めた法律である。この中で教科書は、小・中・高校ともに「教育課程の構成に応じて組織排列された教科の主たる教材として、教授の用に供せられる」もの（同法二条）と定義づけられた。これは、戦前の国定制度では唯一絶対の教材とされたことからの大きな転換であった。この定義は、前述の学習指導要領などにみられる新しい教育観などに基づいて、教科書に対する考え方が大きく変わったことをあらわしている。

一九四八年（昭和二三）四月三〇日、文部省は教科用図書検定規則などを制定した。この規則の第一条には、「教科用図書の検定は、その図書が教育基本法及び学校教育法の趣旨に合し、教科用に適することを認めるもの」と規定していた。同時に発表された「教科用図書検定の一般的基準について」の「絶対的条件」では、「わが国の教育の目的は教育基本法に示されているのであるが、その教育で使われる教科書もまたこの目的に反するところがあってはならないのである。たとえば、平和の精神を害するものとか、真理を歪めるような点のあるものとか……は、教科書として不適格と断ぜざるを得ない」としていた。

また、四九年二月に告示された教科用図書検定基準は、四八年の「教科用図書検定の一般的基準について」とほぼ同じ内容で、強制力や法的拘束力をもつものではなく、あくまで教科書作成の参考基準・要望基準とされていた。

一九四七年に学校教育法が制定されたが、そこでは教科書検定は翌年発足する都道府県教育委員会が行うこととされていた。四八年七月一五日に教育委員会法が公布され、公選の教育委員会が発足した。教育委員会法でも、都道府県教育委員会が行う事務として「文部大臣の定める基準に従い、都道府県内のすべての学校の教科用図書の検定を行うこと」(同法五〇条二)が定められ、教科書検定は都道府県教育委員会の権限とされていた。ただし当面の措置として文部省が検定を行ったが、その後、文部省による検定が制度化された(後述)。

民間での義務教育教科書づくりはじまる

教科書の採択にあたっては、文部省も教師の選択権や意見の尊重を認めていた。そのことを明らかにする当時の文部省関係の文書をいくつか紹介する（浪本勝年「日本における教科書採択制度の歴史的変遷」『立正大学心理学研究年報』第三号、二〇一二年に基づく）。

教科書の採択は、文部省著作教科書・検定教科書のいずれを問わず、教師たちの意見を十分とりいれた後に、学校責任者（地方教育委員会ができた場合には、地方教育委員会を含む）が教育上最も適当と考えられるものを自由に選ぶことが建前である（文部省『教科書検定に関する新制度の解説』一九四八年四月）。

展示会においては、文部省著作教科書も検定教科書も全く同じ条件の下におかれ、学校責任者は、自由な立場で教科書を採択することができるのである。このように教科書の採択は、あくまでも民主的精神に基いて行われるものであるから、いやしくも他よりの干渉や一方的傾向の押しつけ等に左右されることがあってはならない（文部省「昭和二四年度使用教科用図書展示会実施要綱」一九四八年四月）。

教科書の採択が、直接それを使用する教員の意見を聞かないままに行われることは、教育の実際に即して行うべき教科書採択の理念にも反するのであって、非常に危険であると言わなければならない。（中略）今後教育委員会の事務局に教科書採択等の専門職員を置き、教員をこれに充てうることになったことは、まことに意義深いことであると言わなければならない（文部省事務官・木田宏『新教育と教科書制度』実業教科書、一九四九年一月）。

さらに、「採択者は、同一学年の各組ごとに異なる教科書を採択することができる」（「昭和二四年度使用教科用図書展示会実施要綱」）と、学校ごとだけでなく、教室単位、教員単位の採択も認めていた。

文部省が一九四九年度から検定制度を発足させると発表すると、民間での教科書づくりがはじまった。その時の様子を、教科書出版社の編集者だった徳武敏夫は次のように述べている。

……義務教育の教科書が民間で編集・発行できるということは、ことに教育関係者にとって、国定教科書四〇年余りの歴史をふりかえり、まさに「夢」の実現であった。民主的な研究団体や私たち学者・研究者・教師・編集者は、文部省著作（戦後国定）教科書に対抗して、子どもの成長・発達を保障する民主的で科学的な教科書をつくろうと、いっせいに立ち上がった（前掲『家永裁判運動小史』）。

当時、日本のもっともすぐれた学者・研究者の多くが教科書の執筆・編集に参加したのである。

5　発足当初の検定の目的と方法

戦後の発足当初の検定制度は、教育・教科書を国が統制することを目的としたものではなかった。そして、当時の実際の検定手続きは次のような方法によって行われていた。

統制を目的にしなかった検定

文部省は、現場教員と専門学者（主として大学の教員）からなる教科書調査員を委嘱する。匿名で非常勤の調査員は、現場教員三名、専門学者二名の五人一組で一冊の申請図書を調査し、調査意見書と評定書をつくって、一九四八年に設置された教科用図書検定調査会（当初は一六名で構成）に提出し、ここで合否を決定した。この時、原則として調査員五名の評点（各調査員の持ち点は二〇〇点）合計が一〇〇〇点満点で八〇〇点を超えれば合格、以下ならば不合格とされていた。この点では検定の合否の基準がわかりやすかったといえる。また、後の常勤の文部省役人である教科書調査官と違って、非常勤の調査員の検定は、時間をかけて細部まで調べることはできなかったと思われ、内容に細かく介入することを目的としていなかったことは明らかである。

なお、教科用図書検定調査会は、一九五〇年（昭和二五）五月に教科用図書検定調査審議会（以下、検定審議会）に改組され、委員も大幅に増員されている。

このような検定制度の下で発行された教科書の多くは、満州事変や日中戦争、東南アジア占領を「日本の侵略」と記述していた。さらに、次のように南京事件や東南アジアでの加害を記述したものもあり、検定が教科書統制を目的にしていなかったことを示している。そのいくつかを紹介する。

戦争がひろがると、軍はその年のうちに華北を占領し、南京をおとしいれたが、このとき南京に入城する軍が市民にひどい暴行を加えたことで、世界の人々はいよいよ日本を非難し、中国に深く同情した（中学社会『歴史的内容を主とするもの　下』開隆堂出版、一九五四年発行、代表著者・務台理作）。

日本軍は占領地の各地で乱暴な行動をしたため、住民のうらみをうけ、フィリピン・マライ・インドシナ・インドネシアなどでは、日本の占領から独立しようとする住民のひそかな戦いがつづけられていた（開隆堂出版、前掲書）。

「南京暴行事件」をはじめ、この間の日本軍隊の略奪・暴行ぶりは、世界的な悪名を残すに至った（高校社会『現代日本のなりたち　下』実業之日本社、一九五二年発行、代表著者・和歌森太郎）。

この南京占領は、日本軍の都市破壊、略奪、暴行によって「南京の暴行事件」として、世界的に悪名をとどろかした（高校社会『現代世界のなりたち　下』実業之日本社、一九五二年発行、代表著者・中尾健一、尾鍋輝彦）。

第三章　第一次教科書「偏向」攻撃

1　一九五五年の第一次教科書「偏向」攻撃

日本の戦後の民主的改革が着手されてすぐに東西冷戦がはじまり、ＧＨＱの主導権をもっていたアメリカの対日政策が、日本を東アジアにおける「反共の防波堤」とするものに転換した。日本の敗戦後に内戦をつづけていた中国では、一九四九年（昭和二四）に中国共産党軍が国民党軍に勝利して、社会主義の中華人民共和国が誕生した。次いで五〇年に朝鮮戦争がはじまり、日本は国連軍（中心は米軍）の前線基地になった。そして、アメリカは日本の再軍備を要求するようになる。

文部省・文部大臣への権力集中

一九五一年（昭和二六）九月八日、サンフランシスコ講和条約と日米安全保障条約が締結され（五二年四月二八日発効）、日本は「独立」（実態はアメリカへの従属）を達成した。「独立」後、教育内容に対する文部省の権限を強化する動きが強まる。五二年七月三一日、文部省設置法の大改定が行われ、従前の「民主教育の体系を確立するための最低基準に関する法令案」の作成（第四条二号）などの文言を含む文部省の具体的な任務が消え、短い概括的規定に変わった。代わって文部省の権限の強化と集中化がはかられた。明らかに教育行政の地方分権化と民主化の原理に反する大改悪であった。

この法改正で、学習指導要領の作成権について、附則六項但書（「但し、教育委員会において、学習指導要領を作成することを妨げるものではない」）が削除され、学習指導要領の作成権は文部省のみが独占的にもつこととされた。

次いで、五三年八月五日、学校教育法、教育委員会法、文部省設置法が改定され、教科書の検定権限が文部大臣に固定化された。前述のように、戦後検定制度がはじまったときには、教科書検定は都道府県教育委員会の権限とされていた。しかし、戦後の経済混乱のために、教科書を印刷する用紙が不足し、国が教科書発行者に対して用紙割当をしなければならない事情を理由に、当分の間（用紙割当制廃止まで）文部大臣が検定を行うとされた。五二年二月末に用紙割当制は廃止されたが、その後も文部大臣が検定権を行使していたところ、この五三年の法改定によって、半恒久的に文部大臣が検定を行うことができるようにした。これが、これ以後の教科書検定強化の出発点となり、教科書制度の中央集権化の第一歩となったのである。

池田・ロバートソン会談――教育の「逆コース」のはじまり

一九五三年一〇月、独立後の日本の防衛力増強のための相互防衛援助協定（ＭＳＡ協定、五四年三月締結）を結ぶ準備のために、吉田茂首相の特使として派遣された池田勇人自由党政調会長（後に首相）とアメリカのウォルター・ロバートソン国務次官補（当時アイゼンハワー政権の極東担当）が会談した。この池田・ロバートソン会談で、アメリカは日本の再軍備を要求し、日本政府は、「教育および広報によって日本に愛国心と自衛のための自発的精神が成長するような空気を助長することに第一の責任を持つものである」ことをアメリカ政府に約束した（『朝日新聞』一九五三年一〇月二五日）。つまり、日本の再軍備に向けて憲法九条改定を支持する国民を教育によってつくることをアメリカと約束したのである。

戦後日本民主化の「逆コース」は朝鮮戦争に前後して開始されたが、教育の「逆コース」と呼ばれる反動化はこの会談後にはじまった。政府・文部省は、アメリカとの約束を果たすためにまず平和教育に対する弾圧を開始した。

「旭丘中学校事件」

一九五四年（昭和二九）三月、文部省は国会に「偏向教育の事例」を提出したが、これは、政府・文部省が小学校や中学校で行われていた平和教育を「偏向教育」だとしたものであり、その一つが「旭丘中学校事件」である。

この事件は、政府が京都市立旭丘中学校のクラス新聞の「原爆記念日特集」「映画『ひろしま』を見て特集」を「偏向教育」と決め付け、旭丘中学校などの平和教育を攻撃したものである。五月には教職員の政治活動や教職員組合のストライキを禁止する教育二法（「義務教育諸学校における教育の政治的中立の確保に関する臨時措置法」「教育公務員特例法の一部を改正する法律」）が強行可決された。

五四年一一月五日、自由党の憲法調査会（会長は東京裁判のA級戦犯容疑者だった岸信介）が「日本国憲法改正案要綱」を発表して第一次の改憲運動がはじまった。五五年七月には自由党・民主党（日本民主党）・緑風会によって自主憲法期成議員同盟（会長・広瀬久忠参議院議員）が結成された。五五年一一月に自由党と民主党の保守合同で誕生した自由民主党（自民党）も、同年一二月一二日に自民党憲法調査会を発足させた。

こうした状況を背景に、五五年度に、文部省は小学校・中学校学習指導要領の社会科編を改訂し、五六年には高校学習指導要領を改訂したが、この時から「試案」の文字が消えた。さらに、文部省は五八年三月に「道徳」実施要綱を通達、同年一〇月一日に小学校と中学校の学習指導要領の改訂を官報に告示したことにより「法的拘束力がある」と主張するようになった。五五年・五八年の学習指導要領では、憲法教育の内容は大きく後退した。道徳教育や天皇の地位が強調され、戦争の放棄が消え、平和主義は憲法の原理ではなくたんなる「特色」にすぎないとされ、憲法三原則（国民主権、基本的人権の尊重、平和主義）が解体された。五五年を契機に教科書はいわゆる「冬の時代」に入っていく（第四章に詳述）。

道徳教育復活のもくろみ

ＧＨＱの警察予備隊創設指令（一九五〇年七月）に基づいて、日本は事実上の再軍備に向かう。その過程で吉田茂首相は「愛国心」の再興を文教政策の筆頭に掲げた。これを受けて天野貞祐文部大臣は、五〇年一〇月、国民の祝日における学校行事で「国旗」を掲揚し、「国歌」を斉唱することを促す大臣談話を出した。さらに天野は、一一月、全国都道府県教育長協議会で、教育勅語に代わる新たな道徳規準（「教育要綱」）の制定と修身に代わる新たな道徳教科の特設を示唆する発言を行い、教育課程審議会に諮問した。

ところが教育課程審議会は、五一年一月、「道徳教育振興の方法として、道徳教育を主体とする教科あるいは科目を設けることは望ましくない。道徳教育の方法は、児童、生徒に一定の教説を上から与えて行くやり方よりは、むしろそれを児童、生徒に自ら考えさせ、実践の過程において体得させて行くやり方をとるべきである」と、道徳教科の特設を不可とする「道徳教育振興に関する答申」を出して、道徳教育の復活を否定した。また、五一年九月に天野が文部大臣名で発表するとした道徳規準「国民実践要領」も、天野の「国家の道徳的中心は天皇にある」（五一年一〇月一五日、参議院本会議）という発言とともに世論の激しい批判を浴び、天野文相は国民実践要領を白紙撤回した。

一九五七年五月、国防会議（一九五六年に政府によって設立）は「国防の基本方針」を決定し、愛国心の高揚が国家の安全保障の「基盤」であると強調した。同年七月には自民党文教制度調査特別委員会が「文教新政策大綱」を発表し、「民族精神の涵養と国民道義の高揚」を強調した。

こうした動きを受けて、八月四日、松永東文相は記者会見で、「民族意識、愛国心高揚のために小・中学校に道義に関する独立教科を早急に設けたい」と言明した。松永文相は、九月に教育課程審議会に道徳教育のあり方について諮問し、同審議会は、五八年三月、道徳の時間を特設する答申を出した。これを受けて、五八年に改訂告示された学習指導要領において、新しい領域として道徳が週一時間特設された。まさに、修身の復活である。しかし、この段階でも道徳を教科にはできなかった。

以上のような動きに対して、日本教育学会教育政策特別委員会は、一九五七年一一月、「道徳教育に関する問題点（草案）」を発表し、その「あとがき」の中で「近代民主主義政治のもとで、個人の自由と良心の問題である道徳とその教育について、公権力が一定の方向づけやわくづけをすることが、はたして妥当であるかどうかが考えられねばならない」として批判した。

『うれうべき教科書の問題』――「偏向」攻撃のはじまり

一九五五年（昭和三〇）三月、民主党（日本民主党）政務調査会は、教科書の「半官半

民・民編国管」を発表し、四月には、当時、同党の「青年将校」といわれた中曽根康弘議員が「教科書制度改革（民編統一）試案」を発表した。さらに民主党は、同年八月に社会科教科書を「偏向」と誹謗するパンフレット『うれうべき教科書の問題』第一集を発行（第二集一〇月、第三集一一月）して、第一次教科書「偏向」攻撃を開始した。

民主党のこのパンフレットは、第一集の「教科書にあらわれた偏向教育とその事例」の項で、「不幸なことに、いまの教科書は……おそるべき偏向におかされている。それは、世のなかでは、『赤い教科書』の出現といっているものである。これらの教科書は、おもに、日教組（日本教職員組合―引用者）の講師団に属する学者先生たちによって書かれているのだという」として、攻撃の対象にしたのは、次の小学校用一種、中学校用二種、高校用一種の計四種類の社会科教科書であった。

……いままでの調べによると、日教組の講師団に属する学者たちのかいたもの、また編著作した教科書には、つぎの四つのタイプがある。

すなわち、第一は、教員組合運動や日教組を無条件に支持し、その政治活動を推進するタイプ（宮原誠一編、高等学校『一般社会』実教出版―引用者）。

第二は、日本の労働者が、いかに悲惨であるかということをいい立てて、それによって急進的な、破壊的な労働運動を推進するタイプ（宗像誠也編、中学校『社会のしくみ』教育出版―引用者）。

第三は、ソ連中共をことさら美化し、讃美して、じぶんたちの祖国日本をこきおろすタイプ（周郷博編、小学校『あかるい社会・六年上』中教出版―引用者）。

第四は、マルクス＝レーニンの思想、つまり、共産主義思想を、そのまま、児童たちに植えつけようとしているタイプ（長田新編、中学校『模範　中学社会・三年下巻』実教出版―引用者）。


パンフレットは、このように分類した教科書の内容をそれぞれ紹介する中で、中教出版の『あかるい社会』はひどい教科書である。（中略）要するに、それは、ことば短くいえば、マルキシズム、唯物史観によってつらぬかれた日本歴史の教科書ということができる」などと、誹謗といってよい表現で、教科書を攻撃したのである。

これに対して、攻撃を受けた四種教科書の編集委員代表者の長田新・宗像誠也・宮原誠一・周郷博をはじめ関係する編著者二三人は連名で、民主党に対する抗議書を出した。抗議書は、「単に私たちの名誉を傷つけるだけでなく、学問と思想の自由ならびに民主主義教育全体を脅かすもの」だとして、民主党に対して「率直な反省を求め、このパンフレットの撤回」を要求した。同時に、抗議書の添付資料として「民主党の『うれうべき教科書の問題』はどのようにまちがっているか」を刊行した。

日本学術会議の学問・思想の自由委員会は民主党に対して、「『うれうべき教科書の問題』は、学問・思想の自由を侵すおそれがある」と警告を発し、多くの学者・研究者や研究団体・教育研究団体などが反撃した。さらに、教科書出版社の労働組合も参加する出版労働組合懇談会（出版労懇、後述）、日教組をはじめとした労働組合や民主団体も抗議運動を展開し、マスメディアもこぞってこのパンフレットの批判を展開した。

2　教科書攻撃を背景とした制度改悪

一九五五（昭和三〇）年一一月に保守合同で誕生した自民党は、憲法改悪を党の政綱に掲げたが、政綱の第一は「国民道義の確立と教育の改革」であった。当時も今も、自民党の政策では改憲と教育の統制が一体のものとされているのである。

教科書法案の上程と廃案

第一次教科書「偏向」攻撃を背景に、松村謙三文部大臣は、「今後法規を整備し厳正に検定を行う」と言明し、一九五五年一〇月、元文相の天野貞祐を会長とする中央教育審議会（中教審）に「教科書制度の改善方策について」を諮問した。同時に、当面の策として教科書検定審議会を強化するために委員の入れ替えを行った。一二月五日、中教審は「教科書制度の改善方策について」答申をした。この答申内容を骨子にして、一九五六年二月に「教科書法案要綱」が発表され、三月一三日、鳩山一郎内閣は教科書国家統制のための教科書法案を国会に上程した。

全六二条からなるこの法案は、『うれうべき教科書の問題』による教科書攻撃を背景に、検定、採択、発行など教科書制度全般を国家が統制する内容になっていた。例えば、検定制度では、①一九五三年三月に学校教育法改定によって文部大臣に固定化した検定権限の恒久化、②教科書検定審議会の拡充強化、③検定基準の整備、④検定に合格する見込みがない図書の検定の拒否、⑤検定合格本への有効期限の設定、⑥文部大臣による教科書発行者に対する報告請求権限、立ち入り権限、⑦この法律の実施に必要な事項は政令で定める条項、採択では、①学校採択から広域統一採択への移行、②都道府県教育委員会による採択、などである。中教審答申にあった、検定強化のための常勤専任の教科書調査官（教科書検定官）の新設は、法案には盛り込まないで政令への委任事項とした。

教科書法案と同時に、公選制の教育委員会を廃止して、任命制の教育委員会制度にする「地方教育行政の組織及び運営に関する法律（「地教行法」）案」（新教育委員会法案）も上程された。この「教育二法」（五四年に可決された教育二法とは異なる五六年教育二法）に対して、日本教育学会など学術団体はもちろん、日教組から主婦連まで幅広い国民の強い反対運動が展開された。

一九五六年三月、国会に「地教行法」案と教科書法案が上程されると、矢内原忠雄東大総長ら在京の一〇大学長、滝川幸辰京大総長ら関西方面の一三大学長が反対の声明を発表し、勝田守一東大教授ら六一七名が「学問・思想の自由を守り、教育の国家統制に反対する声明」を発表した。そして、日教組、出版労懇をはじめ、労働組合、民主団体、学術団体、民間教育団体、教育委員会全国連合会、主婦連など各界・各層が、教育二法反対に立ち上がったのである。

三月一〇日、日本労働組合総評議会(総評)、日教組、出版労懇、全印総連(全国印刷出版産業労働組合連合会)、国民文化会議、日本子どもを守る会などが主催し、東京の教育会館で「教育二法反対国民総決起大会」が開催された。

これらの組織が中心になって全国的なたたかいが展開されたが、会期末の五六年六月二日、参議院に警官五〇〇人を導入した強行採決によって「地教行法」は可決・成立し、戦後の教育民主化の一つの柱であった公選制の教育委員会法は廃止された。一方、教科書法案は、翌日の六月三日に審議未了で廃案になった。

教科書調査官制度の導入

教科書法案は廃案になったが、政府・文部省は、法案の内容を行政措置と行政指導で実施していくと国会無視の言明を行った。そして、五六年一〇月、文部省令によって常勤・専任の教科書調査官制度を導入し、教科書調査官（検定官）一五名を任命した（その後四〇人に増員）。さらに検定審議会の検定調査分科会委員を一六名から一挙に八〇名に増員し、行政措置によって教科書国家統制法案に盛り込んだ教科書検定強化のねらいを実質的に具体化した。この時に任命された社会科の教科書調査官には、皇国史観のもち主で自らを「国粋主義者」と公言する「歴史学者」の村尾次郎などがいた。

これ以降、学習指導要領や検定規則などの解釈は教科書調査官の自由裁量で検定審査が行われた。教科書採択については、五七年以降、「採択権は教育委員会にある」という「通知」を出し、行政指導によって広域（一県一種類）採択を推進した。そして、後述する一九六三年の教科書無償措置法によって法的にも広域採択制度が実現する。

教科書法案が廃案になり立法府が否定したのに、国会を無視し、三権分立を侵して行政府の文部省が同省の常勤職員である専任の教科書調査官（検定官）を導入したのである。こうして文部省によって選任された教科書調査官がその後、教科書検定において「生殺与奪」の実権をもって、絶大な権力を行使し、恣意的な検定を行い、教科書は「教化書」に変えられ、国の強い統制を受けることになった。

「F項パージ」による大量の検定不合格

また、この教科書攻撃を背景に、五五年〜五六年に行われた五七年度用教科書の検定で、中学・高校の社会科教科書八種が不合格になる「F項パージ」が起こった。

民間の調査員五名（匿名のためにA〜Eと表記された）の評点合計が合格点の八〇〇点（満点は一〇〇〇点）を超えているのに、検定審議会委員の「F」が「第六の人物」として、その評点を無視して不合格にしたために、マスメディアや出版関係者などはこの不合格事件を「F項パージ」と呼んだ。不合格になった教科書の著者の多くが日教組の教育研究全国集会（教研集会）の講師（現在は共同研究者と呼称）団に属する学者・研究者で、主な名前をあげると、勝田守一、遠山茂樹、長洲一二、馬場四郎、日高六郎、宗像誠也などであった。

当時、出版労懇の教科書対策会議が調査したところによれば、不合格とした「F」の意見に共通していたのは次のようなことであった。

- 新憲法が国民の総意によってつくられたというごとき表現は一方的である。
- 太平洋戦争については、日本の悪口はあまり書かないで、それが事実であってもロマンチックに表現せよ。

・基本的人権を強調しすぎる。
・（中学校歴史教科書について）叙述が科学的すぎる。
・与謝野晶子を反戦論者の中に入れるのは間違いである。
・松井昇の絵「軍人遺族」のような御物（皇室の所有物―引用者）で反戦思想をあおるのは良くない。
・考古学は歴史学ではないから、日本の歴史は日本の古典（古事記・日本書紀）によるべきである。

この「F」氏の正体は後に、皇国史観を信奉する高山《こうやま》岩男（元京都大学教授・哲学者）であることが明らかになった。文部省は、前述のように五五年度検定から「検定を厳正にするため」と称して、検定審議会委員の入れ替えを行い、リベラルな中島健蔵（フランス文学者）らに代えて高山らを委員に任命していた。高山は「大東亜戦争」を肯定し、軍部に協力したために、戦後、公職を追放された人物である。

この「F項パージ」事件の意味するところは、高山岩男の思想が検定意見に反映されたということだけではなく、文部省の検定思想が、反動的・非科学的なものに転換したということであった。そのことは、後述する五〇年代後半～六〇年代の検定意見の中にみることができよう（出版労連三〇年史刊行委員会　太田良作・橋本進・森下昭平『出版労働者が歩いてきた道』高文研、一九八八年／前掲『家永裁判運動小史』参照）。

「F項パージ」は、教科書会社に『うれうべき教科書の問題』以上の深刻な衝撃を与え、教科書出版社による教科書内容と執筆者選定の「自主規制」「自粛」が強まった。そして、これに追い打ちをかけたのが常勤の教科書調査官による検定強化である。こうした状況は、教科書攻撃のたびに繰り返され、今日の事態にも共通する問題である。

この「F項パージ」および教科書調査官制度導入後の五〇年代末から六〇年代前半に、調査官による検定によって、小・中・高校の特に社会科教科書が大量に不合格になり、多くの教科書執筆者・編集者がパージされ、また自ら教科書執筆を断念した学者・研究者もいた。一九五六年九月に日高六郎・長洲一二が中教出版の中学と高校教科書の「執筆辞退」共同声明を出したのはその一例である。

侵略戦争の事実を抹殺

五〇年代後半から六〇年代の検定では、次のような検定意見によって侵略戦争の事実は抹殺された（出版労協が刊行した教科書に関する各年の報告書による）。

・全体として科学的記述にすぎる。特に明治以降の歴史の記述は、これが日本の中学生のための社会科かと、ときどき見誤るくらいはなはだしく自主性がない。

- 日本の過去の戦争を帝国主義戦争と決めつけるのはよくない。日本が中国を支配し不幸にしたというのは不適当である。
- 「太平洋戦争」は歴史的用語ではない。大東亜戦争とせよ。
- 「わが国は、特に太平洋戦争により、アジア諸民族にはかり知れない苦しみと被害を与えた。このことを反省し、……」とあるが、太平洋戦争により、アジア諸民族に独立の機会を与えたとする意見すらあるのだから、この記述は削除せよ。
- 戦争の扱いが、まだ日本が一方的に悪かったように記述され、当時の国際情況など世界史的背景がふまえられていない（戦争はやむを得なかったとして扱えということ—引用者）。

前述のように五六年に教育委員会法が廃止され、「地方教育行政の組織及び運営に関する法律」（「地教行法」）が制定され、教育委員は公選制から首長による任命制に移行した。そして文部省は、五七年七月に「教科書採択権は教育委員会にある」と都道府県教育委員会に「通達」し、行政指導によって県で一種類の同じ教科書を使う広域採択を推進した。

3　五〇年代の教員と出版労働者の運動

ここで時代は前後するが、一九五〇年代の教員と出版労働者の運動を簡単に振り返っておこう。

教員の戦争への反省と教研集会

大日本帝国憲法下で、教育勅語と国定教科書によって、天皇・国家のための教育を行い、教え子を戦場に送りだす役割を果たしたことを深く反省した教員たちは、その過ちを二度と繰り返してはならないと決意し、日本教職員組合（日教組）に結集した。そして「教え子を再び戦場に送るな」をスローガンに掲げて、憲法教育・平和教育に取り組んだ。

日教組は「真理を守り、民主主義を実現する」ために、全国的に教育研究活動をはじめ、一九五一年（昭和二六）一一月、栃木県の日光で第一回全国教育研究大会（後の教育研究全国集会＝教研集会）が開催された。これには、全国から教員のほか、学者・研究者、民間教育活動家、市民など三〇〇〇人が参加した。

この時期、自主的・民主的な教育研究団体が多数誕生し、教員たちの教育実践・研究活動と連携した。これらの中には、歴史教育者協議会（歴教協）、教育科学研究会（教科研）、郷土教育全国協議会（郷土教育全協）、全国民主主義教育研究会（全民研）、日本作文の会（日作）、数学教育協議会（数教協）、科学教育研究協議会（科教協）などがある。さらに民間研究団体の全国組織として日本民間教育団体連絡会（民教連）なども発足した。これらの民間教育研究運動を背景にした人びとが、子どもたちの学習のためのより良い教科書をつくる活動に積極的に参加したのである。

出版労懇の誕生と教科書対策会議の活動

一九五三年四月、一五の出版社（講談社、岩波書店、三省堂、主婦之友社、小学館、中教出版、東洋経済新報社、中央公論社、平凡社、筑摩書房など）の労働組合が結集して出版労働組合懇談会（出版労懇、その後、出版労協＝日本出版労働組合協議会を経て出版労連＝日本出版労働組合連合会となる）が結成された。

その二年後の五五年四月、出版労懇および全印総連に参加する教科書会社の労働組合と労働組合がまだ結成されていない教科書会社の個人の参加によって、「教科書対策会議」が結成された。教科書対策会議は出版労懇の専門部的役割を担い、教科書労組を中心に、出版・印刷の労組・教職員組合・教育研究者・教育団体などと緊密な連絡を取って教科書問題に取り組む方針を掲げ、その後の教科書のたたかいで中心的な役割を果たした。

教科書対策会議は、五五年六月にパンフレット『現行教科書制度の諸問題』（六四ページ、一五円）を発行した。これは、「教科書問題についてまとまった文献としては、戦後初めてで、教科書裁判の原告・家永三郎が『教科書問題の古典』と評価している」（前掲『出版労働者が歩いてきた道』）内容だった。

五五年から五六年にかけて教育二法案（「地教行法」案と教科書法案）反対の運動に、出版労働者を含む幅広い分野の組織・個人が取り組んだことは前述したが、出版労懇の教科書対策会議は、五七年二月に石川県金沢市で開催された第六次日教組教研集会に『教科書問題の意味するもの』と題する報告書を提出した。この報告書が、出版労連が検定実態などの報告を中心に毎年発行してきた『教科書レポート』の前身となる第一号である（『教科書レポート』と題するのは七一年版以降）。

前述のように一九五七年七月、五八年度用教科書の採択を前にして文部省は、「教科書の採択権は教育委員会にある」という通達を出し、現場教員を採択の場から締め出そうと画策した。これに対して、同年九月、日教組、（東京）都教組、出版労懇、全印総連、教育科学研究会全国連絡協議会が世話役になって、労働組合、民間教育研究団体、文化団体など約九〇団体と教科書執筆者、研究者、文化人、主婦などの個人を含めて「教科書問題協議会」が結成された。

その創立総会では、次の四つを柱とする声明（要約）が採択された（前掲『出版労働者が歩いてきた道』）。

一、教科書の検定を役人に任せず、国民全体の納得できるものとする。
二、教科書を、教える先生に自由に選んでもらう。
三、みんなで教科書の研究をすすめ、よい教科書を子どもに与える運動をおこす。
四、教科書を無料で子どもに与えるにはどうすればよいかをみんなで考え、その実現に努力する。

こうした運動が、六二年〜六三年の教科書無償措置法反対の運動や六五年以降の家永教科書裁判支援運動に引き継がれていくのである。

第四章　「冬の時代」の教育と教科書

1　学習指導要領改訂と勤評・学テ反対闘争

一九五三年（昭和二八）の池田・ロバートソン会談以降の教育反動化の流れはとどまらず、五七年以降の教育反動化の最大の焦点は、教職員の勤務評定（勤評）をめぐるたたかいになった。

一九五六年一一月、愛媛県教育委員会は教職員の勤務評定実施を決定し、五七年七月、文部省は衆議院予算委員会で教職員の統制強化をめざす勤務評定基準案を秋までに成案化すると表明、勤評は愛媛を皮切りに、五八年には、東京、福岡、和歌山、高知に波及した。日教組は非常事態宣言を出し、勤評に反対する教職員組合を中心にした勤評闘争が全国で展開された。

勤評は、校長が一方的に教職員の勤務成績を評定し、その結果を昇給に結びつけることによって、教員を校長に無条件に服従させ、平和・民主主義の教育を行う自由を教員から奪い去ろうとするものであった。勤評の本質を知った労働組合、民主団体、保護者、学者、弁護士などがたたかいを支援し、勤評反対闘争は大きく発展した。この勤評闘争に対して当局は激しい弾圧を加え、多くの教員が逮捕・起訴され、免職から戒告まで行政処分を受けた者は三〇〇〇名以上におよび、各地で勤評裁判がはじまった。

消えた平和教育の記述

一九五八年（昭和三三）三月、文部省は、小学校と中学校の「道徳」実施要綱を通達し、道徳教育の強化を学校現場に要求した。こうした教育反動化の動きの中で、五八年一〇月一日、文部省は小学校と中学校の学習指導要領の改訂を告示した（高校用は六〇年一〇月一五日改訂告示）。改訂指導要領は、内容的にも平和教育についての記述はほとんど消え、社会科では、「郷土や国土に対する愛情などを養う」「正しい国民的自覚をもって国家や社会の発展に尽くそうとする態度などを養う」（小学校）、「日清戦争・日露戦争、条約改正などの学習を通して……わが国の地位がどのように向上していったかを理解させる」（中学校）などが登場した。さらに、「天皇の地位」が強調される一方で、「戦争の放棄」や「侵略」の用語が消えて「進出」に変わった。

この学習指導要領から小・中学校で新設された教科外の「道徳」では、「日本人としての自覚を持って国を愛し、国際社会の一環としての国家の発展に尽くす」（小学校）と記述された。この学習指導要領は、小学校六一年、中学校六二年、高校六三年度から順次実施された。

五八年一二月一二日、文部省は教科書検定基準の改定を告示し、教科書の内容は「学習指導要領に定める当該教科の目標と一致」していることが絶対条件とされ、「内容の取扱い」の部分もそれに従うことが必要条件とされるようになった。

このように、学習指導要領に法的拘束力を付与することによって教育活動における教員の自主性や創意工夫の働く余地、一言でいえば教育の自由を奪う一方で、教科書編集は学習指導要領に準拠することを強制し、検定における学習指導要領の基準化によって、政府・文部省による教育内容のチェックが容易になり、教育・教科書に対する国家統制のための制度が整備されたといえる。

全国一斉学力テスト反対のたたかい

六〇年安保闘争によって七月一五日に岸信介内閣が倒れ、その後を受けた池田勇人内閣は「国民所得倍増計画」を掲げて高度経済成長政策を推進した。この高度経済成長政策の人材開発政策に教育も動員されることになり、その一環として、一九六一年（昭和三六）九月、文部省は、五六年に制定した「地教行法」第五四条を法的根拠として、全国一斉学力テスト（学テ）を実施すると発表した。「教育課程に関する諸施策の樹立および学習指導改善に役立てる」「学校の学習の到達度を全国的な水準との比較においてみる」などを目標として、文部大臣が作成する試験問題によって子どもの学力を「調査」するというものである。

文部省は、学習指導要領に基づいたテストを全国で画一的に行い、教育内容を統制しようとねらったのである。これに対して、日教組をはじめ多くの学者や教育研究団体が、学テは「調査権」濫用の違法行為であり、教員の教育権を侵害し、「教育は、不当な支配に屈することなく国民全体に対し直接に責任を負」うという教育基本法第一〇条に違反するとして批判・反対した。

文部省は、六一年一〇月二六日、中学校二、三年生を対象に学テを強行実施した。その結果、生徒によい点をとらせようとする準備教育が全国の学校で横行し、追いつめられた教員の中には生徒にカンニングをさせる者があらわれるなど、重大な弊害が生じ、全国の教育現場に多くの混乱をひきおこした。日教組はスト権を確立して学テ反対闘争を全国で展開した。学テ反対のたたかいは、教育の国家統制に反対すると同時に、テストによって子どもたちを競争させる差別・選別の教育政策、それがもたらす教育荒廃から子どもを守るたたかいでもあった。

教育政策が問われた勤評・学テ裁判

この学テ闘争に対しても当局は激しい弾圧を加え、『日教組50年史』（日本教職員組合編・発行、一九九七年）によると、六一年には逮捕者六一名、起訴された者一五名、免職から戒告まで行政処分を受けた者約二〇〇〇名におよび、この後、「学力テスト事件裁判」（学テ裁判、第六章で詳述）がたたかわれることになるが、学力テスト自体は一九六六年に廃止された。

勤評裁判、学テ裁判は、起訴された被告人を裁く裁判というよりも、結果的に勤評政策や学テ政策を裁く裁判となり、国家による教育内容への介入の当否、戦後教育改革の精神・理念に照らして教育政策はどうあるべきかをめぐる裁判になった。その意味でも、この二つの教育裁判は、この後の家永教科書裁判に直結していくことになる。

この二つの裁判では、家永三郎、勝田守一、城戸幡太郎、宗像誠也など、多数の学者が証人になったが、これらの証人のうち、家永は教科書裁判の原告となり、他の人びとは家永教科書裁判支援運動に結集し、裁判においても証人になって活躍した。勤評闘争ではじまった教育裁判闘争の火が、学テ裁判を経て、家永教科書裁判で大きな炎となって燃え上がったといえる。

2 教科書無償措置法による新たな国家統制

憲法二六条は「義務教育は、これを無償とする」と規定しているが、一九六〇年当時、義務教育で使われる教科書は有償であり、保護者の負担であった。貧しい家庭では、教科書が買えないので兄姉や近所の人が使った教科書の「おさがり」をもらって使っていた。

家が貧しかった筆者も同様で一度も新しい教科書を使った記憶はない。

憲法の規定どおりに「教科書を無償にしてほしい」という住民運動が、京都、兵庫、高知をはじめ全国各地でおこっていた。こうした運動を背景にして、一九六二年三月三一日、「義務教育諸学校の教科用図書の無償に関する法律」(教科書無償法)が成立した。この法律は、憲法二六条二項の「義務教育は、これを無償とする」規定が、憲法施行から一五年目にしてようやく教科書についても実現するものであった。

そして、六三年の小学校一年生から無償給与が実施され、以後、学年進行で実施されて、六九年に小・中学生全員に無償給与が実現した。

教科書無償法自体は、憲法を教育に生かすものであり何の問題もなかった。ところが、政府・自民党・文部省は、この法律を利用して教科書を採択面から統制することをめざしたのである。

急転直下の法案成立

一九六三年(昭和三八)二月一九日に政府が国会に提出した「義務教育諸学校の教科用図書の無償措置に関する法律」(教科書無償措置法案)は、教員から教科書採択権を奪い、学校単位の採択をやめて広域採択をめざす教科書国家統制法であるとして、五月、日教組、出版労協など三六団体と一二名の個人が参加して「教科書国家統制粉砕推進会議」が結成された。推進会議は、二〇万枚のビラを配布し、パンフ『私たちのくらしと教科書』（B6判一六ページ）を発行し、二度にわたる中央決起大会を開くなど、大きな反対運動を展開した。

同法案は通常国会・臨時国会で二回審議未了・廃案になったが、一九六三年一二月四日に召集された特別国会（会期一五日）の会期末一八日に社会党（当時）が自民党と妥協して成立した。特別国会では法案が上程されることはほとんどないが、一二月一〇日に自民党・社会党の会談が、別室に文部省首脳と日教組三役を待機させて開催された。

その三日後の朝、テレビ、ラジオ、新聞がいっせいに「今特別国会で『教科書無償措置法案』が自社両党の歩み寄りにより、通過、成立する見通しである」と報じた。政府は一三日の午後、持ち回り閣議で急きょ同法案の国会再々提出を決め、一部の字句修正のみで法案は可決・成立した。マスメディアは、あれだけ激しい反対運動があった法案が「一部の字句修正で急転解決したのだから、わけがわからない」（『朝日新聞』一九六三年一二月一五日夕刊）などと報じた。

広域採択制度の意図は「準国定化」

一九六三年当時、「無償にするなら国定にせよ」という意見が自民党内に多数あり、それに対して、文部省幹部が自民党総務会に出した次の極秘文書がある。この文書は、同措置法審議中に国会で明らかにされたものであるが、同措置法による広域採択制度導入の意図が教科書の国家統制、「準国定化」の推進にあることを明らかにしている。

義務教育教科書については、国定化の論もあるが、現在検定は学習指導要領の基準に則り厳格に実施されているので、内容面においては実質的に国定と同一である。またかりに、名実ともに国定とするためには検定教科書について著作権の買上げ等の方法による補償を行う必要があり、そのためには莫大なる経費を要する。今後企業の許可制の実施及び広域採択方式整備のための行政指導を行えば、国定にしなくとも（教科書の種類を──引用者）五種程度に統一しうる見込みであるので、国定の長所を取り入れることは現制度においても可能である（文部省「義務教育諸学校生徒に対する教科書の無償給与実施要綱案」）。

当時、五六年の教科書調査官の新設や学習指導要領の改悪、検定制度改悪によって、教科書検定は強権的・検閲的になり、政府・自民党に反対する内容は教科書から排除され、教科書は画一的な様相を強め、文部省が「内容面においては実質的に国定と同一」と「自画自賛する」ようになっていた。この文書は、学習指導要領と検定によって「偏向」した内容はなくなったので、広域採択と教科書会社の許可制、教科書の価格統制によって、各教科の教科書を五種程度に減らすことができ、国定教科書と同じ効果を上げることができると主張しているのである。

なお、広域採択と教科書価格統制が一体のものである点については、一九五六年の教科書法案の国会上程の折に文部省が作成した文書の次の文言から明らかである。

この統一採択の方式は、従来よりも広い地域ごとに、一定の採択部数（発行部数）がまとまるので、教科書の発行事業の合理化に役立ち、それだけ教科書の発行に要する経費を軽減することができ、定価を安くすることができる（「教科書法案についての一問一答」一九五六年三月二三日・文部広報）。

無償措置法と広域採択で生じたさまざまな弊害

この教科書無償措置法による広域採択は、一九六四年（昭和三九）の小学校教科書から実施された。文部省は、翌六五年に広域採択下の教科書の価格について、原価計算方式を決めたが、それによれば、小・中学校教科書の採算点は一点二〇万冊としている。当時の小学校一学年の生徒数は約一六三万人（中学は約一九九万人）なので、この採算点だと、各社が平等に採択を分け合ったとしても、一教科八点の教科書しか採算が取れないということになる。実際には教科書会社は激しい採択競争を展開するので「平等」に分け合うことなどあり得ず、資本力の強い大手に採択が集中し、寡占化が進行した。寡占化は教科にもよるが上位三社で八〇～九〇％を占めるようになるため、採算点の二〇万冊以上の採択を確保できるのは上位の三～五社であり、採算の取れない教科書会社は撤退し、最悪の場合は倒産に追い込まれた。

児童・生徒数は一九八三年（昭和五八）をピークに減りはじめ、二〇一九年（令和元）の小学校一学年の生徒数は約一〇六万人（中学は一学年約一〇七万人）であるが、前記の採算点二〇万冊は変わっていないので、今日では、各社が平等に採択を分け合っても一教科五点しか採算が取れないことになっている。もちろん、寡占化は依然として深刻なので、採算の取れる教科書は一教科二～三点になっているといえる。

なお、高校教科書の採算点は一点五万冊というのが文部省の原価計算であり、これは今日でも変わっていない。教科書の価格問題については第一五章でも触れるが、子どもと教科書全国ネット21編『最良の「教科書」を求めて――「教科書制度」への新しい提言』（つなん出版、二〇〇八年）を参照してほしい。

この無償措置法によって、一九六四年以降、公立小・中学校では教員から採択権が奪われ、学校ごとの採択が廃止され、広域（共同）採択制度に移行し、それが今日までつづくことになった。

文部省の思惑どおりに、広域採択実施後に教科書の発行種類は減り、大手出版社への寡占化が進行し、県で一種類の教科書を採択する「県定教科書」も増えてきた。その結果、教科書発行をやめたり、倒産・撤退する教科書出版社が増大した。また、教科書の価格も信じられないような低さに抑えられている。その結果、教育にとって重要な「多種類で多様な教科書」（臨時教育審議会答申）の発行が困難になってきた。それだけではなく、自分たちで使う教科書を自分たちで選べないということで、教員の教科書に対する関心が大幅に薄れてきたという弊害も出ている。

無償措置法と教科書出版労働者の苦難

ここで、無償措置法成立後、教科書出版にたずさわる労働者が担った苦難に満ちた運動をみておこう。

無償措置法の抜き打ち通過・成立の一か月後に岡山市で開催された日教組第一三次教研集会に出版労協は一五人が参加し、教科書問題・教科書闘争について訴えた。そして、出版労協は新たな署名「教科書の国家統制排除などに関する請願」に取り組んだ。その内容は、①教科書を含むあらゆる義務教育費の全額国庫負担による完全無償、②検定の民主化、③「無償措置法」の廃棄、④差別教育を強制している現行教育課程の廃止、⑤教育委員会の公選制、の五点である（前掲『出版労働者の歩いてきた道』）。教科書出版社の労働組合の共闘組織である教科書共闘を中心にこの署名に取り組み、六四年一二月には一万八〇〇〇筆分を社会党・共産党議員に託して提出した。

　無償措置法は教科書国家統制法であるが、それは教科書内容を統制するだけでなく、教科書出版社とそこで働く労働者をも統制するものであった。この法による広域採択は、オールオアナッシングであり、採択されれば、一定の部数がまとまり、しかも三年間は使われつづけることになる（一九九一年からは四年間）。大きな採択地区では数万冊が三年間売れつづけるので、採択を獲得する教科書会社の競争は、それまでの学校単位の採択とは比べものにならない。この採択競争を勝ち抜くために、教科書会社は労働者を採択戦＝企業間競争に追い立て、さらに「合理化」政策を推し進めた。

　当時の状況について、少し長くなるが、『出版労働者が歩いてきた道』（前掲）から、引用する。

　一九六四年の小学校教科書採択は、統制法施行下の最初の採択であった。その採択結果は三年間固定される上、翌年の中学校採択にも強い影響を与える。各教科書会社では、ここを先途と労働者を採択戦に駆りたてた。

　教科書会社での宣伝出張はもともと長期で有名だったが、光村図書ではいち早く長期出張を「合理化」した。ここの営業は地区別担当制になっていたが、二カ月以上に及ぶ長期出張を転勤扱いにし、地区内にアパートなどを借りて住宅兼連絡所とした。

このほうが出張手当も節約できるし、利点が多いというわけである。営業部員だけでなく編集部員も、この長期出張に駆り出された。数カ月に及ぶ宣伝出張が終わり、下宿を引き払って東京に舞い戻ると、編集業務が待ち受けている、といったシステムである。長期出張は長期地方駐在制にまでエスカレートされ、しかも編集・営業一体化の中で強行された。

これは、統制法下の広域一括採択が、地方教育ボスに対する「工作」の必要を決定的なものにし、その工作費の捻出も含め総人件費をぎりぎりまで切りつめようというところから考え出された教科書資本の「合理化」であった。

こうしたやり方のため、組合は大会はおろか執行委員会すら満足に開けない（執行委員が全国から帰社する費用は組合負担のため—引用者）状態に追い込まれた。執行委員はもちろん組合三役といえども、長期地方駐在制のもとで例外ではなかったからである。さらに、こうした編集・営業一体の長期地方駐在制は、独得の賞罰制をともなっていた。採択成績いかんによっては、「褒賞金でハワイへ行こう」といわれるほどの金が出される反面、成績の悪かった者は進退伺いを書かせられるというものであった。教科書出版の「合理化」の典型として、後に「光村体制」と呼ばれるようになる非人間的な労働強化は、このようにしてつくられていった。

六四年から六五年にかけて、ほとんどすべての教科書会社で機構改変、配転、大量の職制づくり、賞罰委の設置、諸要求に対する回答拒否、年間協定の押しつけ、統一要求書の受取り拒否、出版労協の否認等々の攻撃が行なわれた。こうした状況に対して各教科書労組は教科書共闘会議への結集を強め、六四年一〇月には「合理化反対・教科書国定化粉砕総決起大会」をもち、六五年春闘でも教科書協会に向けて統一交渉の申し入れを行なうなどのたたかいを展開した。

光村図書はこの「光村体制」によって採択を伸ばし、国語教科書で占有率一位になった。出版労協は『光村残酷物語』と題するパンフレットを発行するなど、この問題を教科書出版労働者全体への攻撃と位置付けてたたかった。しかし、光村の「成功」をみて教科書各社は、同様の「合理化」を押しつけ、六六年秋には、日本書籍や学校図書でも長期出張人事が出され、中教出版、実教出版では総務、経理、製造、編集部門にも営業を兼務させる方向が打ち出された。

3　「高度経済成長」と新安保条約下の教育政策の展開

一九六〇年代は、池田勇人内閣の「国民所得倍増計画」を掲げた高度経済成長政策と、日米新安保条約による日米軍事同盟体制づくりが推進された。それを支える人材の育成が教育の課題として浮上する。

「高度経済成長」政策と日米軍事同盟のための人材育成教育

池田首相は、「人づくり」「国づくり」政策を打ち出し、高度経済成長政策および新安保条約によってアメリカの軍事体制に組み込まれた新安保体制に対する国民的合意の形成をめざす教育政策を推進し、「安保教育体制」が形成されることになる。一九六二年四月、防衛庁は次官会議に「学校教育に関する要望書」を提出し、教科書に愛国心や国防意識について盛り込むように要請した。六二年一一月の文部省の教育白書「日本の成長と教育」では教育投資論が展開され、六三年一月の経済審議会の「経済発展における人的能力開発の課題と対策」では、ハイタレント（エリート）育成の必要が強調される一方、「国防教育」「神話教育」に代表されるような国家主義的なイデオロギーが強調された。

六四年一一月に池田内閣の後を引き継いだ佐藤栄作内閣はこうした政策をいっそう推し進めた。

財界の要求にこたえるために、一九六六年（昭和四一）一〇月三一日、中教審は「期待される人間像」最終答申をまとめた。その内容は、「国家を正しく愛することが国家に対する忠誠である」「天皇への敬愛の念をつきつめていけば、それは日本国への敬愛の念に通ずる」と記され、さらに海外進出のための大国主義的な使命感の形成を訴えるなど、きわめて道徳主義的、国家主義的であり、国家の教育内容への介入を禁じた憲法・教育基本法を空文化するものであった。森戸辰男中教審会長は「今後やらなければならない教育改革は、有事に備えるためのものだ」と述べている。

さらに、国民の反対を押しきって「建国記念の日」が制定（六六年六月二五日改正祝日法成立、一二月九日政令で二月一一日に決定）され、佐藤栄作内閣のもと「明治百年キャンペーン」と「明治百年記念式典」（六八年一〇月二三日）など、政府による国家主義的なイデオロギー攻勢が展開される中で、六七年一二月二八日、灘尾弘吉文部大臣が記者会見で、国防意識育成の教育が必要と強調、政治的意図を直接教育内容にもちこむことを公言した。その要旨は次のような内容である。

国防を考えない国民はあり得ないとの立場から、私は子供のときから「国を守る」とか「自国の安全保障」の問題についての自覚と認識を養うことが必要と考える。国民の国防意識はいまやタブー視してはいけない。このため、四十六年から改定される小学校学習指導要領の作成に当たり、社会、国語などの教科をよく検討し、何らかの形で安全保障問題を加えるよう指示するつもりだ。

いまの国民は家族のことや自分一個のことしか考えないように育っている。これを改め、よき日本人としての自覚を持たせ、国を守ることの必要性を認識させることは大事なことだ。しかし、こうしたことは子供の年齢に応じてやっていくことはいうまでもないし、いきなり低学年の子供にナマの形で〝国防〟を説くのではない。教科書にどう盛込むかは教育専門家にまかせねばならない（『毎日新聞』一九六七年一二月二九日）。

憲法・教育基本法を無視した学習指導要領の改訂

こうした中で、学習指導要領の改訂が行われた。小学校は六八年七月一一日、中学校は六九年四月一四日、高校は七〇年一〇月一五日に改訂学習指導要領が告示された。一九五八年の改訂を踏襲しつつ、教育の分野における憲法改悪の先導的試行というべき内容である。「日本人としての自覚をもって国を愛し、国家の発展に尽くす」（小学校「道徳」）ことが強調され、「期待される人間像」を反映していた。平和や戦争などの扱いを後退させ、社会科での愛国心教育、小学校の歴史学習での神話の登場、天皇の扱いがさらに拡大するなど、国家主義的内容を重要視したものである。

中学校では「政治・経済・社会的分野」が「公民的分野」と改称され、その名（公民）にふさわしく、公然と国益論（国家の発展に尽くす「公民的資質の養成」）を求める内容であった。明らかに前述した灘尾文相発言に代表されるような「国防意識」の注入を意図したものであり、憲法・教育基本法を無視したものである。さらに、高度成長政策のための人材育成を教育に求め、「算数・数学教育の現代化」「理科教育の現代化」の名のもとに、学ぶ内容を増やし、しかも低学年に降ろして、競争教育を導入した。この学習指導要領が実施されると、「算数ぎらい」が激増し、競争と「落ちこぼれ・落ちこぼし」による子どものストレスが増大し、七〇年代後半には「学校の荒れ」現象が生まれるようになった。

この章でみてきたように、一九五六年から開始された教職員に対する勤務評定の導入、五八年からの道徳教育の実施、文部省の学習指導要領による政府の教育統制強化、教科書採択制度の広域化による教科書の「準国定化」、政府・財界の要請にそった「期待される人間像」を育成するための教育の強制、日米安保体制強化のための国防意識と天皇制国家主義意識を育成する教育の推進等々、日本政府・文部省によって日本国憲法と教育基本法に基づいた戦後日本の民主主義教育は抑圧、統制され、教育の反動化が加速された。それゆえ、一九五〇年代後半から一九六〇年代の日本の教科書をめぐっては、「冬の時代」の到来といわれた。

第五章　「冬の時代」を終わらせる家永教科書裁判の開始

1　家永教科書裁判第一次訴訟

家永三郎は、一九四六年（昭和二一）刊の戦後国定教科書の小学校用歴史教科書『くにのあゆみ』の執筆に参加し、検定制度がはじまった後、一九五三年に三省堂から検定教科書・高校用『新日本史』を出版した。日本の教科書はほとんどが複数の執筆者による共同執筆であるが、この『新日本史』は家永が一人で執筆したものである。

第一次教科書偏向攻撃とその後の教科書調査官制度新設など検定制度改悪による検定強化によって、家永は、しばしば不当な検定を体験し、憲法・教育基本法が空洞化されていくことに強い危機感をもっていた。前述のように、教科書の「冬の時代」の一九五八年（昭和三三）に文部省は学習指導要領を改訂し（高校は六〇年）、官報に告示して法的拘束力を主張しはじめ、検定はいっそう強化されて強権的・検閲的になっていた。この検定（六二年度）によって家永の『新日本史』は一九六三年に不合格になった。

検定の修正意見とはどのようなものか

家永は、少しでもよい日本歴史の教科書を生徒や教員に渡したいと考え、筆を折ることなく、意に反しながらも不合格理由を参考に修正をして六三年度検定に再提出した。この検定では六四年に条件付き合格となったが、三〇〇項目に及ぶ修正意見が付けられた。

修正意見の主な内容は次のようなものであった（教科書検定訴訟を支援する全国連絡会『教科書検定――「家永日本史」の検定はいかにおこなわれたか』同連絡会、一九六八年／前掲『家永裁判運動小史』）。

・大日本帝国憲法の記述について、今の憲法と比較して、否定的にのみ扱うのは困る。アジア最初の憲法であることなど積極面にふれよ。

・太平洋戦争について「無謀な戦争」と書いたことについて「日本だけに責を負わせるのは酷だ。教育的配慮を加味すると、ぜひ削除する必要がある」ので不適切。

・本土空襲、原子爆弾と焼け野原になった広島の写真などについて、「戦争について、暗い印象を与えすぎる」ので不適切。

・「戦争の惨禍」とキャプションをつけた傷痍軍人の写真や張作霖爆殺事件の写真に対して、「陰惨すぎる」「残酷すぎる」ので不適切。

・学徒出陣や動員されて工場で働く女子学生の写真は、「国のために一生懸命つくす当時の明るい面が出ているよい写真だ」とほめた。

・学童疎開について、「子供たちは父母と別れて農・山村で不自由な生活を送らねばならなかった」という記述に対して、「戦時下にあっても、次代を背負うべき学童を保護し、教育を継続して国民の育成に努めたことについて配慮を欠いている」と修正させた。戦争で国民が困ったことは書くな、ということである。

・「戦争は『聖戦』として美化され、日本軍の敗北や戦場での残虐行為はすべて隠蔽された」という記述に対して、「わが国の立場や行為を一方的に批判するもので適切でない」。

・各編の扉の写真・絵に「歴史をささえる人々」と記したのに対して、「『歴史をささえる』とはどういうことか、例えば、第三編で武士を出さないのはどうか。第四編で勤労者が歴史をささえるとは思われない」という理由で削除させた。

・家永は女性史に関する記述を多面的に記述したが、女性の地位が低かった事実に対しては、女性の社会的地位には触れるな等、ほとんどに修正意見がつけられ、「良妻賢母」論を押しつける意見もあった。

・安保条約によってアメリカが「全国各地に基地を保有した」という記述には、日米安保条約では「施設及び区域」となっていて「基地」という言葉は使われていないので不正確。

「川の流れの表現はサラサラが標準」

家永教科書への検定だけでなく、文部省は詩の表現まで検定意見を付けて修正・削除を要求するようになっていた。家永教科書裁判第一次訴訟東京地裁の法廷に家永側証人として出廷した、小学校の国語教科書の編集にたずさわってきた江口季好（東京都大田区立池上小学校教員）が法廷で明らかにした検定例をみてみよう。

次に紹介するのは、小学校六年生の国語教科書に載せようとした、小学生がつづった「川」という詩である。

さら　さるる　ぴる　ぽる　どぶる
ぽん　ぽちゃん
川はいろんなことをしゃべりながら流れていく
なんだか音が流れるようだ
顔を　横向きにすれば　どぶん　どぶぶ　荒い音
前を向けば　小さい音だ
さら　さるる　ぴる　ぽる
大きな石をのりこえたり
ぴる　ぽる　横切ったり
ぴる　ぽる　どぶる　ぽん　ぽちゃん
音はどこまで流れていくんだろう

この詩に対して文部省（教科書調査官）は『水の音が、ぴる　ぽる　どぶる　ぽん　ぽちゃん』というのは穏当ではない。水の音は、本来、サラサラなんだからそう直してほしい。さもなければ全文削除」と検定意見を付けた。

この詩を指導した教員は、「何の変哲もなく流れている川が、こんな音をささやいていることを知らなかった。この小学校五年生の作者が、川原のほうから駆けてきて、私にこの詩を見せたとき、私は私の鈍感な耳を恥じるとともに、見る目をもち、聞く耳をもつものには、このなんの変哲もない村々のように見えても、驚きや喜びを感じうるのだ」と述べている。

文部省の検定どおりに「サラサラ」に直すと、子どもの感性にあふれたこの詩のすばらしさは死んでしまう。執筆者・編集者は涙をのんで別の教材に取り替えた。江口はこのことを証言したのである。一方、原告代理人の反対尋問に対して、国側証人の大橋富貴子（お茶の水女子大学附属小学校教員）は、「川の流れの表現はサラサラが標準」と答えて文部省の検定を正しいものとし、傍聴者の失笑をかったのであった（以上、前掲『家永裁判運動小史』参照）。

一九六五年三月、日本学術会議「学問・思想の自由委員会」は、日本学術会議講堂で「教科書問題に関するシンポジウム」を開催した。そのシンポジウムで、家永が「自著

『新日本史』新訂版（三省堂）の検定の経緯」について報告し、出版労協の豊田匡介副委員長が「検定および採択の問題点」について報告した。ここで家永は、「多くの民主的学者は、教科書検定のひどさにあきれ、腹を立てて投げ出し、執筆を放棄した。しかしそれでは向うの思う壺である。自分はそう思うので、つっぱれるだけつっぱった上で、最後にやむなく心にそまぬ譲歩をし、妥協修正して検定を通した」という告白をしている（日本出版労働組合協議会『第一五次日教組・第一二次日高組教育研究集会への報告書「教育・文化の国家統制と軍国主義化」』一九六六年）。四月に開かれた日本学術会議第四三回総会は、学問・思想の自由委員会報告として教科書問題を取り上げた。

教科書検定違憲訴訟と家永三郎の決意

こうした中、当時東京教育大学教授であった家永三郎は、国・文部省の教育行政、教科書検定について法廷で争うことを決意し、一九六五年（昭和四〇）六月一二日、国・文部省を被告として六二・六三年度検定について「教科書検定違憲訴訟」（第一次家永教科書裁判、国家賠償請求）を東京地方裁判所に提訴した。

家永が、この裁判で違憲・違法として告発したのは、日本の教科書検定制度のもつ、次のような問題点であった。違憲とは日本国憲法違反、違法とは教育基本法違反の意味である（家永教科書訴訟弁護団編『家永教科書裁判』日本評論社、一九九八年参照）。

①発行に先立って文部大臣が教科書の内容を審査し、意に沿わぬ時には発行・使用を許さないとすることは、憲法二一条二項（検閲の禁止）に対する違反。

②文部大臣が教科書執筆者の学問的判断や教育的配慮の当否を審査する点で、学問の自由を保障する憲法二三条（学問の自由）に対する違反であり、憲法一三条（個人の尊重、幸福追求の権利）や二六条（教育を受ける権利）に対する違反。

③文部大臣が、教科書の内容に立ち入ることは、「不当な支配」を禁じ、教育行政は教育の「必要な諸条件の整備確立」を目標とするとして、教育の内容・方法には立ち入るべきではないとした教育基本法一〇条に違反。

④「検定」の内容・手続きなど全く定めがなく、法律の規定を欠いた権力の行使であるという点で、憲法の法治主義に対する違反。

家永は提訴当日に発表した声明の中で裁判の意図を次のように語っている。

私はここ十年余りの間、社会科日本史教科書の著者として、教科書検定がいかに不法なものであるか、いくたびも身をもって味わってまいりましたが、昭和三八・九（一九六三・四—引用者）両年度の検定にいたっては、もはやがまんのできないほどの極端な段階に達したと考えざるを得なくなりましたので、法律に訴えて正義の回復をはかるために、あえてこの訴訟を起こすことを決意いたしました。
憲法・教育基本法をふみにじり、国民の意識から平和主義・民主主義の精神を摘みとろうとする現在の検定の実態に対し、あの悲惨な体験を経てきた日本人の一人としても、だまってこれをみのがすわけにはいきません。裁判所の公正なる判断によって、現行検定が教育行政の正当なわくを超えた違法の権力行使であることが明らかにされること、この訴訟において原告としての私の求めるところは、ただこの一点につきます（教科書検定訴訟を支援する全国連絡会『全国連絡会ニュース』第一号、一九六五年一二月）。

家永は、六五年一二月七日に開催された「教科書訴訟を支援する中央集会」でも次のように決意を語っている。

（前略）戦時中、一人前の社会人だった私は、今日考えると、戦争を賛美しなかったことには誇りをもちながらも、阻止できなかったことを懺悔します。
（中略）最近、大東亜戦争肯定論が出ているが、文部省はその立場をとって戦争を明るく見せようとしています。戦争を暗く書くなという文部省の要求は、私には大きな衝撃でした。（中略）こんなことは憲法の精神に反するばかりか、文部省の学習指導要領、戦争がおこした不幸や損失を考えさせる、ということにさえ違反することです。法治主義の中で国家自らが法を破るという状態はまさに無法状態です。これに対して国民には抵抗権があるのです。権力によってふみにじられた国民の権利は、国民自身の力で闘い、はねかえさねばならないのです。正義を恢復する闘いです（同前『全国連絡会ニュース』第二号、一九六六年二月）。

「教育裁判」と「憲法裁判」として

家永が裁判に訴えた背景には、高度成長政策と日米新安保体制によって、「経済大国」化と日米軍事同盟体制につきすすみ、そのための人づくりのために教育・教科書の国家統制強化、教育の反動化を進める政府・自民党の政策があり、それを反映させた教科書検定があった。さらに、家永教科書裁判は、当初から、憲法の平和主義・民主主義を守るたたかいとしてはじまったといえる。この裁判は、教科書裁判であるとともに憲法裁判としてたたかわれたのである。

しかも、これまでの多くの裁判は、民衆が裁かれる側であったが、教科書裁判は、一九五七年に提訴された「朝日訴訟」（生活保護を受けていた朝日茂が憲法二五条の生存権違反を告発して、厚生大臣を被告として訴えた裁判）と同様に、「裁かれていたもの（民衆）」が「裁いていたもの（権力）」を裁くというところに歴史的な意義・特徴があった。

一九五〇年代以降の検定制度改悪と検定の検閲化、教科書無償措置法による採択統制によって、教育・教科書への国家統制が強化され、教科書の「冬の時代」がつづき、教科書には「明日」はないかのような状況がつづいているとき、そこに反撃のともし火を掲げ、教科書運動に勇気と励まし、展望を与えたのが家永教科書裁判であった。

やむにやまれない気持ちで裁判を決意したとき、家永は「個人に可能な範囲でたたかう覚悟」だったという。その予想に反して、提訴直後から大きな反響が家永に伝わってきた。まだ支援の組織もなく、支援の呼びかけもなされていないにもかかわらず、家永のもとには激励の手紙やカンパがぞくぞくと送られてきたのである。家永に寄せられた激励の手紙は二〇〇通を超え、その中には、主婦、学者などや高校生、八〇歳の老人まで、幅広いさまざまな人びとがいた。

文化祭で「歴史をささえる人々」をテーマに仮装行列を成功させた高校生から寄せられた手紙には次のようなものがあった（教科書検定訴訟を支援する全国連絡会編『家永教科書裁判のすべて』民衆社、一九九八年）。

……このすばらしいことば（「歴史をささえる人々」）が教科書検定のときに削られて、歴史の教科書にはないということを知ったのは日本史の授業の時でした。教室には

「ワー」という不平の声が響きました。……そういえば、教科書には必ず文部省の検定済という文字があります。今まで何か安心感を持ってその文字をながめていた私は、その時「政治家」という字の持つふん囲気と同じものを感じました。先生、裁判頑張って下さい。私も大きく目を開けて水に流されない人間になるように（中略）頑張ろうと思います。

……なぜ私たちが正しく知ることに邪魔をするのでしょう。知らないということがどんなに危険な事なのか、私たちだってよくわかります。先生が呼びかければ、大部分の国民が快く返事をするでしょう。苦しい思いをしたのは民衆なのですから。私たちにできることがあったら、どうぞ指示してください。

家永は、これらの手紙を読んで「大人顔負けの憲法感覚が身についていることが感じられた」と賛辞を送ったという。

急速につくられた裁判支援の体制

こうして、急速に裁判支援体制がつくられていった。まず、裁判を支える弁護団には、「原始弁護団」といわれた四人の弁護士（森川金寿、尾山宏、新井章、今永博彬）を中心に大弁護団が結成された。提訴の年の九月一八日に「教科書検定訴訟を支援する歴史学関係者の会」が、一〇月一日に「教科書検定訴訟を支援する出版労働者の会」が発足した。つづいて、一〇月一〇日、「教科書検定訴訟を支援する全国連絡会」（「教科書全国連」）の創立総会が開催され、①署名活動、②学習会・研究会の開催、③職種別の活動、④地域の支援組織づくり、などの運動方針を確認し、次のような国民へのアピールを決議した。

……この時にあたり、家永三郎氏が教科書検定の違憲、違法を主張する訴訟を提起されたことは、言論・表現・学問・思想の自由を守り、民主主義教育をうちたてるうえで、きわめて意義深いことと信じます。（中略）私たちは、この訴訟が長期にわたることを予測し、国民各層の人々にひろくうったえ、強力な支援の体制をくみ、教科書検定制度の民主化を期したいと考えます。教育に対する反動的な国家統制に反対し、憲法と教育基本法の精神にもとづく民主的な教科書制度・教育行政の確立を求める世論のもりあがりこそが、この訴訟支援の最大の力となるのです。国民各位の力強い御支援を御願いします（前掲『全国連絡会ニュース』第一号）。

「教科書全国連」発足後は、地域組織（県連絡会、地区連絡会）づくりが進められ、まず、家永が住む東京都練馬区に、いち早く（一一月一三日）保護者、教員、市民などによる支援会（家永教授の訴訟を支援する会）が誕生し、各地に支援会、地区連、県連が組織されていく。また、六六年四月二日、総評は、教科書検定訴訟と「教科書全国連」支援を決めた。総評を中心に国鉄労働組合など多くの労働組合が支援決議を行い、支援体制がつくられていった。まさに、「冬の時代」を終わらせる胎動のはじまりであった。

前述の徳武敏夫はこの時のことを次のように書いている。

　詩人・木下尚江は、明治末年を荒涼とした「冬の時代、されど、春の力はこの底にあり」と言った。この時は東京市電の大ストライキで春を迎えるが、六〇年代「冬の時代」の教科書運動は家永裁判が「この底にある春の力」であった（前掲『家永裁判運動小史』）。

感銘を与えた原告側証人の証言

第一次訴訟は、一九六五年（昭和四〇）七月二一日に第一回口頭弁論がはじまり、六七年一〇月までに一四回の口頭弁論が終わり、いよいよ六七年一一月六日から証人尋問がはじまった。「教科書全国連」は、当日の傍聴券確保のために泊まり込み体制をとった。出版労働者、教員、父母、学生、市民など一四〇名が集まり、夜の地裁の前は集会さながらの雰囲気だったという。当日も続々と傍聴者が集まり、傍聴席は全員支援者によってうめられた。

原告・家永側の証人は、南原繁（元東京大学総長）と宗像誠也（東京大学教授）など二九人であり、被告・国側証人は森戸辰男（元文部大臣）と相良惟一（京都大学教授・教育行政学者）ら一八人であった。

南原は、憲法・教育基本法の精神に基づく戦後教育改革が占領下であるにもかかわらず、いかに主体的に進められたかを力説した。現行教科書検定制度については、「戦前の一時期に行われた検定でも、年号、人名の誤りなど誤植のチェックであり、しかも訂正部分に担当者の印が押されていた（検定の責任者を明確にしていた—引用者）が、その程度に止めるべきであり、それ以上に内容に立ち入ると問題がおこる。将来は、自由発行、自由採択が理想だが、過渡期には推薦制か、推薦教科書以外も使用できること、などが一つの方法であろう」と明確に証言した。

宗像は、一九五〇年代に教科書を執筆して不当な教科書検定の体験もあり、家永の提訴には深く共感して、「教科書全国連」の代表委員として、最初から裁判支援に積極的に取り組んでいた。その宗像は、教育行政学の立場から、特に教育基本法第一〇条に関連して、教育行政の任務は、教育の条件整備であり、教育内容に介入すべきでないことを説いた。さらに、教員の教育の自由の意義についても強調する証言を行った。

国側証人の森戸は、日本国憲法の草案にかかわり、片山哲内閣の文部大臣として文部行政を担い、その後、中教審会長をつとめた人物である。その森戸の証言は、教育勅語の価値を認め、「左翼偏向をチェックするためにも検定は妥当である」など、かなり露骨なものであった。相良証人も、教育内容に対する国家の介入を是とする証言を行った。

国側証言に対して、原告側の二人の証言は、格調が高く力強いもので、新聞や雑誌にも大きく取り上げられ、多くの人びとに感銘を与えた(前掲『家永教科書裁判のすべて』)。

2 第二次訴訟の開始

検定処分の取消を求めた第二次訴訟

一方、家永三郎は、一九六六年一一月に『新日本史』(三省堂)を四分の一改訂して検定申請を行った。その際、前述のように六四年に条件付き合格となったときに、不本意ながら修正・削除していったん合格させた修正箇所のうち三件六か所について、もとの記述を復活させるための改訂を行って検定申請した。その修正箇所は、①原始・古代・封建・近代各編の扉「歴史をささえる人々」四か所、②『古事記』『日本書紀』の脚注解説、③「日ソ中立条約の脚注解説」である。

しかし、この検定申請に対して文部省は、一九六七年三月、「改訂は改善でなければならず、修正意見によって訂正したにもかかわらず、訂正以前に戻すということは改善にあたらない」という理由で不合格（改訂不許可）処分を行った。

家永は、同年六月二三日、違憲・違法による行政（検定）処分（不合格処分）の取り消しを求める行政訴訟を東京地方裁判所に提訴した。これが家永教科書裁判第二次訴訟である。

この第二次訴訟は、東京地裁民事二部の杉本良吉裁判長の下で審理が進められた。検定処分の取り消しという行政訴訟のかたちをとったことと、争点が三件六か所にしぼられていたこと、加えて、杉本裁判長が審理に熱心であり、その進行に積極的だったこと、などの要因によって、第二次訴訟の審理は速いテンポで進んだ。同年八月には口頭弁論がはじまり、翌六八年二月には早くも証人尋問がはじまった。第二次訴訟では原告側から丸木政臣、遠山茂樹らが証人として法廷に立った。

異例の京都出張法廷

当初、家永裁判運動は関東を中心にたたかわれていたので、弁護団と「教科書全国連」は家永裁判運動を関西方面にも広めようと、法廷を京都で開くことを裁判所に申請した。裁判所はこれに応じたため、六八年一〇月七日〜九日の三日間、異例の京都出張法廷が開かれることとなった。原告側は末川博（立命館大学総長）、杉村敏正（京都大学教授）、直木孝次郎（大阪市立大学教授）、青木一（堺市立高石小学校校長）の四証人が法廷に立って、説得力のある証言を展開した。

末川は、戦前の教育政策への批判と戦後の教育民主化の理念を語り、戦前に体験した「滝川事件」を通して、思想・学問の自由を守ることがいかに大切であるかを証言した。また、青木は、自らの体験を通して教育制度の変革が現場に及ぼす影響について証言した。四人の証言は、法廷をうめつくした人びとに感銘を与えただけでなく、杉本裁判長をはじめ裁判官たちにも影響を与えたといわれている（前掲『家永教科書裁判のすべて』）。この京都出張法廷が第二次訴訟における証人尋問の大きな山場になった。

京都出張法廷にあわせて、一〇・六大阪集会、一〇・九京都集会が開催され、どちらも一〇〇〇人を超える参加者があり、これをきっかけに関西にも教科書裁判支援の輪が大きく広がっていった。

この関西の動きに呼応して、東京でも一〇月二三日に『明治百年祭』に反対し、教科書裁判の勝利をめざす中央大集会」が九段会館で開催された。あいにくの悪天候で激しい雨と風の中、教員、保護者、労働者、学者、文化人、学生、市民など三〇〇〇人が参加する盛会となり、集会後は、篠突く雨の中を、家永を先頭に東京駅八重洲口までデモ行進を行った。

心を打った家永の「提訴の動機」

一九六八年（昭和四三）は、前述のように文部省が学習指導要領を改訂し、国家主義的な教育が強化された年であるが、しかし、これに反対するたたかいも前進した。日教組が総学習・総抵抗運動を決定するなど、民主教育を守るたたかいが前進し、翌六九年四月には、都教組勤評事件について、最高裁判所大法廷において全員無罪の判決が出された。この判決に危機感をもった自民党は、最高裁の無罪判決に対して、偏向裁判と非難した。これをきっかけに青年法律家協会（青法協）への攻撃など司法反動化の動きが強まった。

こうした動きは教科書裁判にも影響し、組織的な攻撃がはじまる。原告・家永三郎に対する口汚い中傷宣伝が繰り広げられ、家永をはじめ、証人に対して、右翼から脅迫状が送られた。また、「教科書全国連」に対抗して国側・右翼による「教科書を守る会」が結成され、教科書裁判に対する批判や攻撃が強まってきた。

こうした攻防の中で、第二次訴訟は東京地裁において、原告側の証人一七名、国側の証人一四名の証人尋問が終わり、六九年七月一二日、家永の本人尋問が行われた。この日の本人尋問に向けて、「教科書全国連」を中心に出版労協、都教組、学生支援会が、傍聴券の確保と右翼の妨害対策のために、前々日から東京地裁前に泊まり込んだ。「教科書を守る会」側も動員をかけ、若干のトラブルがあったが本人尋問は無事に終わった。

家永は、本人尋問の最後に「提訴の動機」について、次のように証言した。

……私の同世代の同胞は何百万人となくあの無謀な戦争のために、あるいは大陸の荒野に、あるいはわだつみの底に、あるいはジャングルの奥に悲惨な死を遂げております。……私は幸いにも生き残りました。しかし、私は何ら祖国のために、この無謀な戦争を止める努力をすることもできず、むなしく祖国の悲劇を傍観したという罪を、本当に心から申し訳無く思っております。……私は力の弱い一市民でありますけれども、戦争に抵抗できなかった罪の万分の一なりとも償いたいという心情から、あえてこうした訴訟に踏み切った次第であります（前掲『家永教科書裁判』）。

この証言は、傍聴者の心を打ち、涙を浮かべる人もあり、証言が終わると、期せずして傍聴席から大きな拍手が起こった。杉本裁判長も心を打たれた様子で、その拍手をあえて制止しなかった（前掲『家永教科書裁判のすべて』）。

第二次訴訟は、家永の本人尋問の後、九月二四日に結審し、七〇年七月一七日に判決が言い渡されることになった。「教科書全国連」は、六九年一一月八日に中央集会を企画し、全国連鎖集会を提起し、北海道から沖縄まで全国各地で、学習会、宣伝、署名、カンパ活動などが取り組まれた。そして「教科書裁判第一審勝利をめざす一一・八中央総決起集会」には、二〇都道府県から七〇〇〇人が結集して東京日比谷の野外音楽堂をうめつくした。この集会であいさつした家永は、最後に「われわれの嵐のような声をもって、文部省の不当な権力による、国民の思想統制を押しつぶしてゆきたいと思います」(『教科書裁判ニュース』第三二号、一九六九年一一月)と結んで、万雷の拍手がなりやまなかった。

一九七〇年の「紀元節」の復活を許さない「二・一一中央集会」においては、家永三郎と「教科書全国連」代表委員の福島要一が講演し、一〇〇〇名を超える参加者に教科書裁判のたたかいの意義を訴えた。

こうした運動の高揚の中で七月一七日の判決を迎えたのである。

3　国民の教育権を確立した家永全面勝訴の杉本判決

一九七〇年(昭和四五)七月一七日、家永教科書裁判にとって最初の判決が検定処分の取り消しを求めた第二次訴訟で出された。家永側の主張をほぼ全面的に認め、原告勝訴とした「杉本判決」(裁判長・杉本良吉)である。

「杉本判決」は、主文で、昭和四二年の家永教科書への三件六か所の検定不合格処分は「いずれもこれを取り消す」とし、判決理由では、家永教科書への検定不合格処分はいずれも教科書執筆者としての「思想（学問研究の成果）内容を事前審査するものというべきであるから、憲法二一条二項の禁止する検閲に該当し、同時に教科書の誤記、誤植その他の著者の学問的見解にかかわらない客観的に明白な誤りとはいえない記述内容の当否に介入するものであるから、教育基本法一〇条に違反する」と宣言した。文部省の教科書検定が違憲・違法と断罪されたのである。

判決の日

判決の日の七月一七日は、右翼の妨害から訴訟を守ろうと、前々日から東京地方裁判所付近に泊まり込んだ人びとは一三〇人にもなった。そのほかに当日集まった支援者を加えると八〇〇人を超える人びとが裁判所をとり囲んだ。

「原告勝訴、教育権は国民にあると判決」。法廷の中から飛び出してきた報告者の第一報を聞いて、法廷をとり囲んで待っていた支援の人びとからワーッという大きな歓声があがった。感きわまって涙を流す人も多くいた。

その日、学校の職員室や出版社の職場などでは、テレビ・ラジオから流されるニュースや地裁につめかけた支援者からの電話連絡を聞いて、「やった、やった」「よかった、よかった」と興奮と喜びの声が全国であげられた。筆者もその日は職場に待機していて、傍聴・支援に出かけていた仲間から「勝訴」の電話をもらい、喜びで身体が震えたことを今でも記憶している。教職員組合や出版労協などには「よかったね、よかったね」という電話がひっきりなしにかかってきた。

杉本判決を聞いたある教員は、「暗雲から一条の光が差しこんできた思いだ」と、その感動を表現した。当時、中学校の社会科教員で家永教科書裁判支援東京都連事務局長だった浅羽晴二は、「教師の本務を自覚した」と語った。歴史学者の高橋磌一は、傍聴席で徳武敏夫の「手を堅く握りしめながら『徳武君』といったまま、後は言葉を詰まらせた」と徳武が語っている（前掲『家永裁判運動小史』）。また、第一次訴訟の証人となり（一九六八年）、判決当日、傍聴した元小学校校長の金沢嘉一は、後日、家永との対談の中で次のように語っている。

わたしたちは、今からいい教科書を作る仕事をただちに始めるべきだと思います。それはいわば国民の教科書とでもいうべきもので、国民の立場に立った教科書を作って、既成事実を作るということですね。しかも製作過程は秘密にしないで一般公開で、公開討論のなかで、意見を聞いては書き上げてゆくという教科書作りを始めることが大事だと思います（家永三郎・金沢嘉一「教科書裁判の核心は何か」『中央公論』一九七〇年九月号）。

こうした思いは多くの人びとが共有したものであった。

家永三郎は、判決当日の午後に東京弁護士会館講堂で開かれた杉本判決報告集会で、次のように語った。

この杉本勝利判決は、国民のみなさんが勝ちとったものです。世界でも珍しい教科書裁判を起こしたのは私ですから、アイディア賞は私に下さい。そして、勝利賞は国民みなさんのものです（前掲『家永裁判運動小史』）。

熱気は夜になってもさめやらず、午後の東京弁護士会館の報告集会につづいて、夜には、九段会館で報告集会が開催され、仕事を終わって駆けつけた支援者など一八〇〇人が参加し三階までうめつくす超満員の盛況だった。また、復帰前の沖縄・石垣市の三和・川原地区ではその夜、市長も参加して「祝賀会」が夜の一一時まで開かれた。

杉本裁判長が語ったこと

判決言い渡しの後で記者会見した杉本良吉裁判長は、次のように語った。

審理を通じて一番感じましたことは、証人として出廷された学校の先生方が、非常にご熱心であったことです。深い感銘を受けました。教育を尊重する国は栄える。ひしひしと感じました。先生方が困難な環境で教育にあたっておられる。その姿勢は大切にしなくてはならない。先生方を尊敬する、という理念が近ごろ少し欠けている。みんなが、国も、われわれも、先生方をバックアップしていくことが大切ではないか。そんなふうにとりとめなく感じたわけです（『朝日新聞』一九七〇年七月一七日夕刊）。

この杉本裁判長の発言は、日本中の教員に誇りと限りない希望を与えたといえる。その日の各紙の夕刊は一面トップで杉本判決を取り上げ、多くは好意的な記事を掲載した。翌日の朝刊ではいっせいに社説で取り上げ、判決を高く評価するとともに、文部行政のあり方に疑問を投げかけるものが大部分であった。

政府、自民党は杉本判決への露骨な反感を示した。自民党の田中角栄幹事長は、記者会見で「誤字、脱字程度の修正で教育に責任がもてるか。〝バカモン〟といいたい気持だ」（『朝日新聞』一九七〇年七月一七日夕刊）と激しく非難した。

学校教育に対する杉本判決の影響をおそれた文部省は八月になって、判決は承服できない、教育行政は何ら影響を受けない、との反論の通知を全国の知事と都道府県教育長あてに送付した。元文部省初等中等教育局長の菱村幸彦（後に国立教育研究所所長）は後にこう述べている。

……加熱したマスコミの報道ぶりに、教育現場が混乱することを懸念した文部省は、このとき通知を出している。通知では、杉本判決で判示した国民の教育の自由、教師の教育の自由、教科書の自由、検定と表現の自由など五点にわたって、判決の問題点とそれに対する国側の考え方を明らかにしている。

注目に値するのは、通知に書かれている国側の考え方が、ほとんど先般の最高裁判決（九三年の可部判決―引用者、後述）の判断と符合していることであろう（「教育権論争の終焉」『季刊 教育法』九四号、エイデル研究所、一九九三年九月）。

4 杉本判決の内容と意義

杉本判決は、教育の本質・条理に基づいて、憲法や教育基本法を解釈し、内容的にも形式的にもそれまでにない画期的な教育判例であった。そして、この判決は、その後の教育権論はもとより教育運動の発展の土台となったと評価されるものである。

この杉本判決の内容と意義について、その主なものを以下にみておこう。

教育を受ける権利は子ども自らの要求する権利

第一は、判決は憲法二六条の「教育を受ける権利」について「何よりも子ども自らの要求する権利」という明確な見方を示した。

判決は、憲法二六条の「規定は、憲法二五条をうけて、いわゆる生存権的基本権のいわば文化的側面として、国民の一人一人にひとしく教育を受ける権利を保障し、その反面として、国に対し右の教育を受ける権利を実現するための立法その他の措置を講ずべき責務を負わせたものであって、国民とくに子どもについて教育を受ける権利を保障したものということができる。」と明確に述べている。つまり、二五条が保障する「生きる権利」を行使するためには生きるための知識や技能を学び取る必要があり、そのために教育を受ける権利（子どもの学習権）が保障されなければならない、ということである。

憲法二六条の「教育を受ける権利」を二五条の「生存権」と結びつけたのはきわめて重要であり、今日、ますます重要性を増している見方である。判決は、二六条は「国民」のうちでも特に「子ども」の教育を受ける権利を保障したものだと規定し、次のように述べている（判決文は、教科書検定訴訟を支援する全国連絡会編『家永・教科書裁判――裁かれる日本の歴史』第一部・判決篇、総合図書、一九七〇年による）。

ところで、憲法がこのように国民ことに子どもに教育を受ける権利を保障するゆえんのものは、（中略）教育が何よりも子ども自らの要求する権利であるからだと考えられる。（中略）個人の尊厳が確立され、子どもにも当然その人格が尊重され、人権が保障されるべきであるが、子どもは未来における可能性を持つ存在であることを本質とするから、将来においてその人間性を十分に開花させるべく自ら学習し、事物を知り、これによって自らを成長させることが子どもの生来的権利であり、このような子どもの学習する権利を保障するために教育を授けることは国民的課題であるからにほかならないと考えられる。

ここにみられるように、「教育を受ける権利」は、子どもが生まれながらにもっている「子どもの学習する権利」だと位置づけ、「教育」を「学習」主体（子ども）の人権とする見地を明確にしたのである。こうした見方は、後述する一九七六年（昭和五一）五月二一日の「旭川学力テスト（学テ）事件最高裁大法廷判決」において、「子ども」と「国民」の学習権として継承されている（第六章で詳述）。

「国民の教育権」の保障

第二は、一九五〇年代半ば以降の教育の反動化の中で、政府・自民党・文部省によって主張されていた「国家の教育権」を否定し、「国民の教育権」の保障こそが大切だということを明確にうちだしたことである。判決は次のように主張している。以下、長い引用になるが大切なことなのでお付き合いいいただきたい。

そして、ここにいう教育の本質は、このような子どもの学習する権利を充足し、その人間性を開発して人格の完成をめざすとともに、このことを通じて、国民が今日まで築きあげられた文化を次の世代に継承し、民主的、平和的な国家の発展ひいては世界の平和をになう国民を育成する精神的、文化的ないとなみであるというべきである。
　このような教育の本質にかんがみると、前記の子どもの教育を受ける権利に対応して子どもを教育する責務をになうものは親を中心として国民全体であると考えられる。（中略）このような国民の教育の責務は、いわゆる国家教育権に対する概念として国民の教育の自由とよばれる……

この「国民の教育の自由」が「国民の教育権」だということを明確にし、その上で、国家に教育権がないということを次のように明らかにしている。

してみれば、国家は、右のような国民の教育責務の遂行を助成するためにもっぱら責任を負うものであって、その責任を果たすために国家に与えられる権能は、教育内容に対する介入を必然に要請するものではなく、教育を育成するための諸条件を整備することであると考えられ、国家が教育内容に介入することは基本的には許されないというべきである。（中略）国にいわゆる教育権があるとするのは相当でないというべきである。

教育内容は多数決で決めてはならない

第三は、「教育の内的事項」（教育内容）は、「政党政治を背景とした」多数決原理になじまないこと、国家は個人の内面を統制できないことを明確にしたことである。

判決は、憲法二六条第一項の「法律の定めるところにより」という規定を根拠に「法律の定めるところにより国が教育内容に関与することは認められている」という、政府・文部省の主張に対して、この規定は、「法律によりさえすればどのような教育内容への介入をしてもよい、とするものではなく、」と明言し、次のように述べている。

（中略）教育の内的事項については、（中略）一般の政治のように政党政治を背景とした多数決によって決せられることに本来的にしたしまず、教師が児童、生徒との人間的なふれあいを通じて、自らの研鑽と努力とによって国民全体の合理的な教育意思を実現すべきものであり、また、このような教師自らの教育活動を通じて直接に国民全体に責任を負い、その信託にこたえるべきものと解せられる（教育基本法一〇条）。（中略）現代国家の理念とするところは、人間の価値は本来多様であり、また多様であるべきであって、国家は人間の内面的価値に中立であり、個人の内面に干渉し価値判断を下すことをしない、すなわち国家の権能には限りがあり人間のすべてを統制することはできない、とするにあるのであって、（中略）国家は教育のような人間の内面的価値にかかわる精神活動については、できるだけその自由を尊重してこれに介入するのを避け、児童、生徒の心身の発達段階に応じ、必要かつ適切な教育を施し、教育の機会均等の確保と、教育水準の維持向上のための諸条件の整備確立に努むべきことこそ福祉国家としての責務であると考えられる。

杉本判決が、ここで指摘している内容、つまり教育内容は一般の政治と同様に多数決で決めてはならない、国家は人間の内面に介入できないという教育の本質規定は、次章で述べる「旭川学テ事件最高裁大法廷判決」（一九七六年、「本来人間の内面的価値に関する文化的営みとして、党派的な政治的観念や利害によって支配されるべきでない教育にそのような政治的影響が深く入り込む危険があることを考えるときは、教育内容に対する右のごとき国家的介入についてはできるだけ抑制的であることが要請される」とした）に引き継がれている。そして、この主張は、今日、政府・文科省や地方教育委員会によって「日の丸」「君が代」の強制が異常なまでに行われ、さらに、政府・自民党によって露骨な教育への介入、教育・教科書の国家統制強化、道徳の教科化が推し進められているときだけに、いっそう重要性を増しているといえる。

教員の「教育の自由」「教授の自由」の保障

第四は、教育の自由、特に教員の教育・教授の自由が保障されていることについて、憲法二三条の学問の自由との関連で積極的に展開したことである。親や国民の信託を受けて教育にあたる教員は、一方で子どもの学習権を十分に満たす（保障する）教育（職責）を要請される。他方では親や国民の意思を受けて教育にあたるべき責務を負っている。そのためには、教員の教育・教授の自由が保障されていなければならない、ということである。そして、教員の教育の自由は何よりも教育の本質から保障されるのであり、さらに、教員の職責からくる自由であり、その専門性、科学性から要請されるものだとしている。そして、「学問」と「教育」はその本質において「不可分一体性」をもっているので、教員の「教育の自由」「教授の自由」は憲法二三条の「学問の自由」によって保障されていると主張している。

その部分の判決文は、次のように主張している。以下も長い引用になるが、お付き合いいただきたい。

（中略）公教育としての学校において直接に教育を担当する者は教師であるから、子どもを教育する親ないし国民の責務は、主として教師を通じて遂行されることになる。この関係は、教師はそれぞれの親の信託を受けて児童、生徒の教育に当たるものと考えられる。したがって、教師は、一方で児童、生徒に対し、児童、生徒の学習する権利を十分に育成する職責をになうとともに、他方で親ないし国民全体の教育意思を受けて教育に当たるべき責務を負うものである。しかも、教育はすでに述べたとおり人間が人間に働きかけ、児童、生徒の可能性をひきだすための高度の精神的活動であって、教育に当たって教師は学問、研究の成果を児童、生徒に理解させ、それにより児童、生徒に事物を知りかつ考える力と創造力を得させるべきものであるから、教師にとって学問の自由が保障されることが不可欠であり、児童、生徒の心身の発達とこれに対する教育効果とを科学的にみきわめ、何よりも児童、生徒に対する深い愛情と豊富な経験をもつことが要請される。してみれば、教師に対し、教育ないし教授の自由が尊重されなければならないというべきである。そして、この自由は、主として教師という職業に付随した自由であって、その専門性、科学性から要請されるものであるから、自然的な自由とはその性質を異にするけれども、上記のとおり国民の教育の責務に由来し、その信託を受けてその責務を果たすうえのものであるので、教師の教育の自由もまた、親の教育の責務、国民の教育の責務と不可分一体をなすものと考えるべきである。

（中略）結論的にいえば、教師の教育ないし教授の自由は学問の自由を定めた憲法二三条によって保障されていると解せられる。

けだし、教育は、すでに述べたように、発達可能態としての児童、生徒に対し、主としてその学習する権利（教育を受ける権利）を充足することによって、子どもの全面的な発達を促す精神的活動であり、それを通じて健全な次の世代を育成し、また、文化を次代に継承するいとなみであるが、児童、生徒の学び、知ろうとする権利を正しく充足するためには、必然的に何よりも真理教育が要請される（教育基本法前文、一条参照）。誤った知識や真理に基づかない文化を児童、生徒に与えることは、児童、生徒の学習する権利にこたえるゆえんではなく、また、民主的、平和的な国家は、真理を愛し、正義を希究する個々の国民によって建設せられるものであり、現代に至る文化も真理を追求するすぐれた先人たちによって築かれたものであって、これを正しく次代に継承し、さらに豊かに発展させるためには、真理教育は不可欠であるというべきである。

（中略）教育的配慮が正しくなされるためには、児童、生徒の心身の発達、心理、社会環境との関連等について科学的な知識が不可欠であり、教育学はまさにこのような科学である。すなわち、こうした教育的配慮をなすこと自体が一の学問的実践であり、学問と教育とは本質的に不可分一体というべきである。してみれば、憲法二三条は、教師に対し、学問研究の自由はもちろんのこと学問研究の結果自らの正当とする学問的見解を教授する自由をも保障していると解するのが相当である。（中略）下級教育機関における教師についても、基本的には、教育の自由の保障は否定されていないというべきである（「教員の地位に関するユネスコ勧告」六一項参照）。

杉本判決は、教育基本法一〇条の趣旨は、「国の教育行政は教育の外的事項について条件整備の責務を負うけれども、教育の内的事項については、指導、助言等は別として、教育課程の大綱を定めるなど一定の限度を超えてこれに権力的に介入することは許されず、このような介入は不当な支配に当たると解すべきである」と教育行政の任務と限界を明らかにし、その上で、教科書検定は誤記・誤植その他客観的な誤りの指摘に留めるべきだとして次のように述べている。

教科書検定における審査は教科書の誤記、誤植その他の客観的に明らかな誤り、教科書の造本その他教科書についての技術的事項および教科書内容が教育課程の大綱的基準の枠内にあるかの諸点にとどめられるべきものであって、審査が右の限度を超えて、教科書の記述内容の当否にまで及ぶときには、検定は教育基本法一〇条に違反するというべきである。

「ILO・ユネスコの勧告」は当然

また杉本判決は、前述のような教員の教育と教授の自由、およびＩＬＯ（国際労働機関）とユネスコが共同で出した「教員の地位に関する勧告」（一九六六年九月）に基づいて、教科書を採択する最適任者は教員である、と次のように述べている。

かくして、教師の教育ないし教授の自由を以上のように解する限り、教師に児童、生徒にもっとも適した教材および方法を判断する適格が認められるべきであり、教科書の採択についても主要な役割を与えられるべきであるから（前記「教員の地位に関するユネスコ勧告」六一項参照）、国が教師に対し一方的に教科書の使用を義務づけたり、教科書の採択に当たって教師の関与を制限したり、あるいは学習指導要領にしてもその細目にわたってこれを法的拘束力あるものとして現場の教師に強制したりすることは、叙上の教育の自由に照らし妥当ではないといわなければならない。

杉本判決は、ＩＬＯ・ユネスコの勧告に関するこれらのことは、憲法・教育基本法が保障する民主教育の原則からいって当然のことであるばかりでなく、国際的な常識だと主張している。今日、日本の教育や教科書の制度は国際的な常識からみれば「非常識」なものであるが、杉本判決は当時からそのことを指摘していたのである。

杉本判決の意義について、この判決直後の八月に開かれた「教科書全国連」第六回全国総会への常任委員会報告は次のように指摘している。

一、……民主主義か政治反動かの対立が激化する七〇年代の幕開けの時期に、しかも司法反動化のさ中に勝利を勝ちとったことは今後の民主主義確立のための闘いに大きな励ましを与えるものです。

二、判決は教育権が国民に所存することを冒頭に宣言し教科書検定行政に大きな制約を加え、教科書検定によって教科書内容の画一化、反動化、軍国主義化を計ろうとする自民党政府・文部省の政治的意図に大打撃を与えました。のみならず、判決は教科書の採択統制、学習指導要領の法的拘束力にもきびしい批判を加え今日の教育行政全般に打撃を与える結果となりました。（後略）

三、判決は自民党政府・文部省に打撃を与えると共に教育の反動化に抗して闘う国民と教師に大きな勇気と励ましを与えています。判決は子どもが学習し、真理を知り、自らを成長させることが生来的権利であることを明らかにし、これを実現させることが国民的課題であると述べ、国民教育創造の主体としての国民と教師の権利意識と責務の自覚をも喚起しています。

このことは日本国民への思想的影響として重大な意味を持っているといえましょう(『教科書裁判ニュース』第四〇・四一合併号、一九七〇年八月)。

第六章　杉本判決後、七〇年代の教科書の改善

1 「国民の教育権」をよりどころにした教育運動

家永三郎が教科書裁判（一九六五年第一次訴訟、六七年第二次訴訟）を提訴し、第二次訴訟杉本判決の全面勝訴によって教科書の「冬の時代」はひとまず終わった。

前章で杉本判決の重要な部分を多く引用して紹介したが、同判決は教科書について、次の四つのことを提起していた。

一、教科書は、子どもの学習権の保障という観点が主軸に据えられるべきである。
二、教科書の内容は、官許の思想として押しつけるべきものではない。
三、国民全体に責任を負いつつ、教える内容についての教員の役割が重要である。
四、子どもの学習権の代行者として保護者＝国民の教育権にそって教科書はどのようにつくられ、それに教員がどのように参加していくべきか。

こうした杉本判決の提起をいかにして国民自身のものにするか、そして、教科書づくりに生かしていくのかが、その後の運動の重要な課題になった。

こうしたことをみんなで確認する意味もこめて、全国各地で判決報告集会が開催された。

その中で、「国民の教育権」「国民の教育の自由」の責務の重さが自覚されていった。「国家教育権」を否定し、子どもの学習権を中心とした「国民の教育権」を明確に示した杉本判決によって、確信と展望を見出した教員、保護者、市民、出版労働者などが積極的に教育、教科書の運動を担い、進めていった。この動きは、全国に「燎原の火」のように広がっていった。例えば、一九七〇年代の「一五の春を泣かせない」をスローガンにした高校全入運動、革新自治体などで実現した高校増設運動などもその一例である。

杉本判決以後、この判決を力にして、教員や市民、保護者などの中で、「国民の教育権」の思想を広め定着させようとする運動が全国的に盛んになった。国民の中に教育運動が起こり、各地に教員、市民、保護者などによる「教育懇談会」のような組織や集まりがつくられ、これまで「お上」まかせだった教育について、「自分たちに教育権がある」のだから、それを行使して子どもの教育のことを、地域に根ざして考え、行政にも要求していこうという運動が展開された。

2　七〇年代に進んだ教科書の改善

こうした中で、教科書編集者などの出版労働者や教科書執筆者をはじめとした研究者、教員、家永教科書裁判支援会員などの市民・保護者などが参加して、教科書の研究が行われるようになり、この取り組みは教科書内容の改善につながっていった。「杉本判決」によって「検定は違憲・違法」とされたことによって、文部省の検定は後退し、五〇年代半ば以降の冬の時代のような強権的・検閲的検定はできなくなった。逆に、執筆者・編集者は杉本判決を力にして検定に抵抗し、立ち向かうようになった。

教育現場や国民に目を向けた教科書づくり

また、日教組が教科書総点検運動をはじめるなど、教科書批判運動が展開され、教科書への関心が高まり、文部省は教科書運動を気にしながら検定を行わなければならなくなった。さらに、自主編成運動や低学力克服のための教育実践が前進したこと、教科書採択方法が改善された（後述）ことなどによって、教員の教科書をみる目が高まった。このような教科書運動や教員、保護者、市民の教科書に対する関心の高まりを前にして、教科書会社が文部省ばかりでなく、教育現場や国民に目を向けた教科書づくりを志向するようになった。具体的には、「冬の時代」には排除されていた民主的な研究者や民間教育研究団体で活躍する現場教員を執筆者に迎えるようになった。

こうした運動や検定の状況によって、七〇年代を通じて、教科書内容の改善が進んだ。教員の中でも自主編成運動が起こり、その一つに国語教材を自分たちの手で発掘し、つくり出す運動が展開された。こうした民間教育運動の中で好評を得た平和教材、子どもたちが大好きな教材や絵本が小学校国語教科書に掲載されるようになった。ロシア民話『おおきなかぶ』、山口勇子『おこりじぞう』、今西祐行『一つの花』、木下順二『夕づる』(『夕鶴』)、斎藤隆介『ベロ出しチョンマ』、栗栖良夫『村いちばんのさくらの木』、大川悦生『おかあさんの木』、いぬいとみこ『川とノリオ』などである。これらの教材への「偏向」攻撃については第七章で述べる。

南京事件の記述が復活

また、社会科・歴史教科書でも改善が進んだ。例えば、七四年版高等学校日本史、七五年版中学校歴史教科書の一部に南京大虐殺（南京事件）などが掲載されるようになったことなどにあらわれた。

すでにみたように、一九五五年（昭和三〇）の第一次教科書攻撃とそれを背景にした検定制度改悪、検定強化によって、五〇年代半ば以降、日本の侵略・加害記述はほとんど教科書に掲載できなくなり、南京事件も教科書から消されていた。「冬の時代」の検定を受けた教科書では、例外的に一九七一年版の三省堂『高校世界史 三訂版』（土井正興ほか著）の中で、第二次世界大戦の特質をまとめた「第三番目の特徴」として、次の記述があった。

この大戦は未曽有の大規模かつ全面的な総力戦であって、戦争手段の技術的進歩と戦争の非人道性が表裏をなし、約五〇〇〇万人に及ぶ戦闘員および一般住民が殺されたことであった。アウシュビッツに代表されるドイツによるユダヤ人やスラブ人に対するみなごろし政策、日本軍による南京虐殺事件、あるいはアメリカによる広島と長崎への原子爆弾の投下はその著しい例であった。

この教科書が杉本判決以前の検定（一九六九年度検定）では唯一南京事件を掲載して検定に合格したものであるが、世界史教科書ということで文部省が見逃したのではないかと推測される。筆者は例外的なものだと考えている。

杉本判決後に編集され、一九七二年度検定に合格した高校日本史教科書、自由書房『新日本史』（一九七四年版）に約二〇年ぶりに南京事件が次のように掲載された。

日本軍は一九三七（昭和一二）年一二月、首都南京を占領した。（注）

（注）このとき市民大虐殺事件がおこったため、中国国民の抗戦意識はさらに高まった。

翌七五年版の中学校社会科・歴史分野教科書（七三年度検定）では、日本書籍と教育出版の二社のものに南京事件が掲載されている。

日本軍は華北を進撃するほかに揚子江下流地域へ上陸、シャンハイ・ナンキン(注)を占領し、さらに華南からも攻撃を開始、おもな都市と鉄道はほとんど占領した。

(注)〔ナンキン占領〕戦線外で平服で銃撃する者があったので、このとき日本軍は、女・子どもをふくむ四万二千の住民を殺した。同様の小規模な事件が数多くあった(日本書籍『中学社会歴史的分野』)。

日本は大兵力と都市の空襲などによって中国各地を破壊し、多くの民衆の生命をうばい、同年一二月には、首都南京(ナンキン)を占領した。(注)

(注)南京占領のとき、日本軍が約四万二千の中国の住民を殺害するという事件がおこった(教育出版『改訂 標準中学社会歴史』)。

南京事件が教科書に復活した背景には、杉本判決だけではなく、一九七一年に本多勝一による「中国の旅」が『朝日新聞』に連載されたことがあげられる。なお、日本書籍と教育出版の中学校歴史教科書の南京事件記述は、この時期の南京事件研究の状況を反映している。それは、南京事件の原因を「平服で銃撃する者」(便衣兵)がいたためとしていることや住民の犠牲者数を四万二〇〇〇人としているところなどにあらわれている。

これ以降、日本の戦争の被害と加害、植民地支配などの記述が増えつづけた。

採択民主化の運動が広がる

教員による自主編成運動と結合して、教科書採択を教員の手に取り戻す採択民主化の運動が広がった。教育現場では、教科書分析が盛んに行われるようになり、子どもたちが学びやすい、子どもたちの科学的認識を育てる工夫がなされた教科書が採択されていくようになった。東京都二三区や横浜市、川崎市、浦和市（現さいたま市）、川口市、新潟市、大阪市、広島市などでは、学校の希望票をもとにした採択が行われるようになり、また、学校での教員の意見をもちよって採択する地区、学校の希望票を採択地区協議会の参考資料にする地域など、程度の差はあれ各地で教員がかかわって採択が行われるようになった。このことも教員の中に教科書への関心を高める効果をもたらした。

3 教科書の改善をもたらした出版・教科書労働者

杉本判決後、教科書会社は教育現場や国民に目を向けた教科書づくりを志向するようになった。こうした教科書会社の姿勢の変化には、出版労働者とその組合である出版労協、中でも教科書会社の労働組合の活動が大きな役割を果たした。

教科書出版社労組による画期的な統一労働協約

教科書国家統制法下で年々激しくなる採択合戦とその企業間競争に巻き込まれていく労働者、それにつれて毎年エスカレートする「合理化」攻撃と低賃金政策、こうした中で教科書労働者の賃金や労働条件は出版産業の中で最下位に近いところまで落ちていった。それに立ち向かうには、企業を超えて「一つの組合のようになってたたかう」共闘体制をさらに強める以外になかった。出版労協に参加する教科書の労働者、労働組合は六八年春闘で「教科書春闘委員会」を結成して統一的なたたかいをはじめた。

六九年一〇月、「教科書春闘委員会」は、春闘だけの機関から恒常的な機関に強化するために名称を「教科書共闘委員会」(「教闘委」)と変えて組織とたたかいの強化をめざした。六九年春闘から「統一要求＝画一要求」を決め、七〇年春闘では各教科書経営側に「教闘委」を「認知」させるために、個別交渉に他組合の「教闘委」メンバーが参加する「対角線交渉」を積極的に行った。そして、七一年春闘で賃金や労働条件について企業を超えて社会的に決めていくことをめざして、「統一要求」に基づく「統一交渉」を実現し、統一労働協約締結の成果をあげた。統一労働協約は、賃金をはじめ具体的な労働条件を定めたもので、出版産業の中でも画期的なものであった。

この統一交渉、統一回答、統一労働協約締結のたたかいは簡単に実現したわけではない。

「教闘委」と各単組の粘り強い交渉によって、教科書経営側は七社（三省堂、大日本図書、学校図書、実教出版、中教出版、一橋出版、啓林館）が統一交渉団を成立させた。しかし、経営側は交渉にさまざまな条件をつけてきたために、集団交渉三社（日本書籍、清水書院、日本書院）を加えた、統一七社・集団三社の一〇社経営対「教闘委」との統一・集団交渉がはじまったのは四月一二日になってからであった。

教科書の労使ともに統一交渉は初体験であり、交渉がはじまってもなかなか進展しないために、四月三〇日に交渉は決裂し、闘争は五月に入った。五月連休明けに交渉が再開されたが、経営側の回答は変わらず、「教闘委」は五月一四日無期限ストに突入し、二二日までの九日間うちぬかれた。さらに、その上に一か月を超える出張・外出・時間外勤務拒否も行ったため、教科書経営側も大幅に譲歩し、六月三日、教科書労働者は「統一労働協約」を獲得した。

教科書問題の統一要求

「教闘委」の取り組みの大きな特徴は、自分たちの賃金・労働条件だけでなく、教科書問題についても統一要求を出してたたかったことである。初めて統一交渉を実現させた七一年秋闘では、対応する一〇社の経営側から次のような確認書を獲得した。

(一) 会社は、検定・採択などの教科書問題については深く関心を有しており、今後とも、その改善を志していきたいと考えている。
(二) 会社は、教科書検定訴訟の第一審判決内容について深く留意している。
(三) 会社は、検定・採択などの教科書問題について今後、組合との話し合いに応ずる。

この確認書の(二)の「教科書検定訴訟の第一審判決」は前年七月の「杉本判決」を指していることはいうまでもない。こうした確認書を獲得したのは統一交渉で「一つの組合のように」たたかった成果であった。

教科書問題についての協定書を締結

「教闘委」は、その後も毎闘争時に教科書要求を、文部省(二〇〇一年から文部科学省)、教科書会社、業界団体の教科書協会に提出してたたかってきた。出版労連が発行した『教科書レポート』(一九七四年版・第一八号)には、次のような記述がある。

わたしたちは、教科書検定に反対し、教科書訴訟を全力で支援するとともに、この検定の実態を、国民の間に広くバクロしていくことも最低限の責任であるとかんがえ、「検定を公開せよ」という要求を文部省に出すとともに、資本に対しても、「検定結果を国民に公開せよ」という要求をつきつけてきました。七三年春闘でストライキでたたかい、中教出版・三省堂・実教出版・大日本図書・学校図書・清水書院・一橋出版・日本書籍・啓林館の九社から次のような成果をかちとりました。

教科書問題についての協定書　一九七三・五・一一

1　会社は、教科書の検定（不合格理由・合格条件指示の現在のあり方を含む）・採択制度の改善についてさらに努力していきたい。（後略）

2　（イ）会社は教科書検定に関する資料・文書を組合に提出することをあえて拒むことはないが、問題があれば労使協議する。（ロ）会社は、教科書検定実態の公開に関する組合活動について干渉しない。

以上の九社以外の経営は、この課題に応じていません（その後、労働組合がある教科書会社はこれと同様の労使協定を個別に結ぶようになった──引用者）。

わたしたちは、これまでの検定の結果を、『教科書レポート』などを通じて告発してきました。今後は、この協定にもとづき、その公開・告発活動を一歩すすめることができることになったのです。

この教科書検定公開についての労使協定を獲得した意義はきわめて大きい。当時、文部省は今日のような検定公開を行っていなかった。これに対して、出版（教科書）労働者は『教科書レポート』を通じて検定実態を公開し、広く国民に知らせる活動を進めていた。しかし、この活動は、ある意味で会社の「秘密」情報を公開する内部告発活動であり、何時、会社から処分などの攻撃があるかわからない中で、いわば「首を覚悟」での取り組みであった。それが、この労使協定によって、そうした「身の危険」を考えないで「公開・告発活動」ができるようになったのである。

このような、「教闘委」による教科書問題への取り組み、労使協定の獲得が前述のように教科書会社の姿勢を変えさせ、教科書内容の改善をもたらす要因になったといえよう。

4　七〇年代の家永教科書裁判の二判決

「杉本判決」の翌一九七一年（昭和四六）六月一一日、中央教育審議会は、「第三の教育改革」をキャッチフレーズとして、「今後における学校教育の総合的な拡充整備のための基本的施策について」答申を発表した。この答申は、「国家教育権」の立場からの教育改革構想であり、戦後の民主的教育改革の総決算をねらいとするものであった。その内容は、

「管理体制の強化」であり、「能力主義教育」「競争教育」を一段と進めるもので、「杉本判決」の教育理念を真っ向から否定するものだった。そのため、七〇年代は、前述のような「杉本判決」を力にした民衆の側の教育運動路線と中教審路線が対決する時代といわれた。

こうした中で、家永教科書裁判は第一次訴訟の一審・東京地裁判決と第二次訴訟の二審・東京高裁判決が言い渡された。

杉本判決と真っ向から対立する高津判決

六五年に提訴した第一次訴訟は、東京地裁での審理では裁判長が中川幹郎から緒方節郎（六六年六月）、駒田駿太郎（六九年五月）、高津環（七〇年一二月）と代わり、法廷は六三回開かれ、原告側二九人、被告側一八人の証人尋問を行い、一九七三年（昭和四八）九月一二日に結審した。そして、結審から約一〇か月後の七四年七月一六日、提訴から九年目にして第一次訴訟第一審・東京地裁「高津判決」が出された。

この高津判決は第二次訴訟の杉本判決と真っ向から対立するもので、「国家教育権」の立場に立って、教育内容への国家の介入をほぼ全面的に認め、教科書検定制度を合憲・合法とし、家永『新日本史』に対する一九六二年、六三年度の検定処分のほとんどを合憲・合法とした。

争点となった六二年度検定における、原告が誤りを認めた九八か所を除く約二〇〇か所の不合格処分理由のうち一一か所、六三年度検定における三四か所の検定意見のうち八か所のみについて、文部大臣の付した意見は不当と認めたが、それによって六二年度の不合格処分が変更される余地はないとして損害賠償を認めず、六三年度の不当な検定意見八か所についてのみ一〇万円の慰謝料支払いを国側に命じた。

しかも、文部省が『新日本史』に付けた検定意見のそれぞれに対して、憲法規範に反して裁判官みずからが、歴史学的に、教育学的に正しいかどうかについて判断を示すという、驚くべき介入を行った不当判決であった。

この高津判決の趣旨は、家永教科書訴訟弁護団編の『家永教科書裁判』（前掲）にまとめられているので、総論（検定制度の違憲性）についての説明を紹介する。

①近代教育原理は子どもの学習権を教育権保障の中核に置き、これに対する親の教育義務を強調するようになったが、産業革命以後の社会構造の著しい変化によって親は教育義務を自ら果たせなくなり、代わって国や公共団体が、その委託により子どもたちへの教育義務を実施することとなった。このように見てくると、現代公教育においては教育の私事性はつとに捨象され、国が国民の付託に基づき自らの立場と責任において、公教育を実施する権眼を有するものと解さざるをえない。

②教師の職務の専門性からして、その自主性や独立性は尊重されるべきだとしても、さ

ればといって、教育の内容・方法に対する国の教育行政が原則として排除され、全国的な大綱的基準の設定や指導助言にとどまるとするほど、教師の教育の自由・独立が排他的・絶対的でありうるはずがない。

③教科書検定制度は、国が福祉国家として児童生徒の発達段階に応じて必要な教育を施し、教育の機会均等と教育水準の維持向上をはかるという責務を果たすために、その一環として関係法令に基づき実施するものであるから、その実施にあたり、申請図書の内容に立ち入って審査し、それによって合否を判定することにより著作者らの教科書執筆・出版の自由を制限する結果になっても、それは公共の福祉による合理的な制限として忍受すべきものであるなどとして、現行検定制度は全面的に合憲だと結論づけた。

これらの趣旨にみられるように、杉本判決の原理を真っ向から否定する内容であった。家永はこの判決を聞いた後に次のうたを詠んでいる（前掲『一歴史学者の歩み』）。

かちまけは　さもあらばあれ　たましひの　自由をもとめ　われはたたかふ

原告勝訴だが憲法判断を回避した畔上判決

杉本判決に対して国側が控訴し、第二次訴訟は東京高裁に移った。東京高裁では豊水道祐裁判長の下で一九七二年（昭和四七）四月二一日から証人尋問がはじまり、法廷内で論争が展開された。ところが、豊水裁判長は予断と偏見に基づく発言を繰り返し、二月の法廷では証人申請の最中に居眠りをし、ついにはいびきをかくなど、その不誠実な態度に批判や怒りが高まった。弁護団は豊水裁判長の忌避申し立てをしたが、この申し立ては却下された。しかし、七三年一〇月に豊水裁判長は「健康上の理由」で裁判から外されることになった。この裁判長を事実上更迭させたのは、弁護団と教科書全国連などの運動の成果であった。

豊水に代わった畔上英治裁判長は違憲審査を回避しようとする姿勢が顕著であったが、七四年一一月二二日、次回では「中間の判断」を示すとして法廷を終了させた。原告・弁護団はこれを拒否し、教科書全国連をはじめ全国各地から裁判所への批判・抗議・要請行動が繰り広げられ、撤回させた。すると畔上裁判長は、七五年四月になって、今度は突然「和解」を原告・被告の双方に提案してきた。検定処分および現行検定制度の違憲・違法をめぐって争っている裁判で「和解」が成立することは考えられない。教科書裁判の本質を理解しようとしない畔上裁判長は、その後も「和解試案」を提示（七五年一〇月）するなどして和解をすすめたが、双方とも拒絶した。そして、弁論の再開と、憲法判断も含めて判決を出すことを求めたのである。

このような二転三転する法廷闘争を経て、一九七五年一二月一日に畔上裁判長は「和解不成立」を認め、七五年一二月二〇日に第二次訴訟控訴審の東京高裁「畔上判決」が出された。

畔上判決の主文は、原審・杉本判決を支持し、「文部大臣の控訴を棄却」するという、原告勝訴の判決であった。しかし、判決の内容は杉本判決とは大きな差のあるもので、原告側が求めていた憲法判断は回避している。判決は、憲法判断をするまでもなく、本件検定不合格処分は、「検定基準等の定めによらず、裁量の範囲を逸脱し、かつ、前後の一貫性を欠く気ままに出た行政行為」であり、違法であるとした。

杉本判決に比べるとかなり次元の低い判決だったが、それでも、文部省の控訴を棄却し、原告の勝訴となった意義は大きかった。教科書検定制度の違憲・違法性を追及する運動にとってもきわめて重要な意義をもつものであった。

5 「密室検定」の「極秘」文書を公開に

この裁判における原告側のねらいの一つに、それまで文部省の調査官と検定申請者の間で、いわば「密室」の中でかわされてきた検定の実態を関係の諸文書によって公開させることがあった。

戦後、検定制度がはじまった当初、検定意見書や評定書などは、検定申請者の要請に応じて提示・公開されていた。ところが、一九五六年に常勤の教科書調査官（検定官）制度ができて以降は、簡単な不合格理由書を除けば、条件付き合格の場合の検定意見はすべて教科書調査官が口頭で伝える形になってしまい、検定意見書も評定書も非公開となっていたからである。

検定関係諸文書の提出を要求

教科書検定においては、教科書調査官の検定意見書・評定書、一般から任命された教員・研究者による非常勤の教科書調査員の調査書、検定審議会の議事録や検定の合否の答申書などが作成されているはずである。これらの諸文書は、教科書検定の違憲・違法性を争っている家永教科書裁判の審理にとっては、もっとも直接的な証拠書類である。原告弁護団は、検定の中でどのような文書が作成されているのかを裁判の過程でつきとめ、公正な審理のためにこれらの関係文書を法廷に出すように主張した。

その主張の骨子は「検定処分を通じて文部大臣と申請者ないし著者との間には、前者が後者の表現の自由等の基本的人権を制約した、という法律関係が生ずる。検定関係文書はこの制約を正当化する事由の存否を明らかにする資料であるから、提出を命じられてしかるべきである」というもので、一方、国側の主張は「検定関係文書の作成は、法令によって義務づけられているものではなく、（中略）文部省の内部文書に過ぎず、外部の者との法律関係に基づくものではないから、提出義務はない」というものだった（前掲『家永教科書裁判』）。

徳武敏夫『家永裁判運動小史』によると、文部省は、「検定実施に当たっては担当者（教科書調査官・調査員）の恣意や独善が介入しないように十分配慮され、また多くの人（検定審議会委員）によっていろいろの角度から慎重、綿密に行われているから原告の危惧するようなことはない」と説明したという。このように、文部省は検定関係文書の提出を拒否しつづけたが、原告側はこれらの諸文書なしには裁判審理が公正に行われる保証はないとして、一次訴訟・二次訴訟の中で、検定関係文書の提出命令の申し立てを行った。

最高裁で提出義務が確定

一次訴訟関係では、一九六七年（昭和四二）一〇月に東京地裁に提出命令の申し立てを行い、六八年九月に東京地裁はそのうちの一部にあたる教科書調査官などの調査意見書と評定書の提出命令を決定した。文部省は東京高裁に抗告したが、東京高裁は六九年一〇月、「国が検定という方式をとおして家永氏の表現の自由を制限したという法律関係が存在する」として、検定審議会議事録等の提出命令を拒んだ原審（東京地裁）の決定を違法とし、全面開示に途を開く画期的な判断を行った。

文部省側は特別抗告をしたが、七一年一二月、最高裁第三小法廷は「適法な特別抗告の理由がない」として、却下した。これによって検定諸文書の提出義務が確定したにもかかわらず、文部省は文書提出にあくまで抵抗したために、「教科書全国連」や多くの団体・個人が提出を要請する運動を繰り広げた。その結果、七二年三月三〇日、文部省は、家永教科書の検定手続きに関連する教科書調査官・調査員の調査意見書・評定書、検定審議会の議事録・答申書を法廷（東京地裁）に提出した。ここに、門外不出とされてきた極秘文書が公開されることになったのである（検定関係文書公開をめぐる法廷闘争については前掲『家永教科書裁判』参照）。

一九七二年三月三一日の各紙の朝刊は一面トップでこの問題を大きく取り上げ、「検定の内幕明るみに」（『朝日新聞』）、「〝検閲〟暴露の検定文書公開」「教科書検定 はっきり文部省好み」（以上、『読売新聞』）などの見出しで報道した。

公開された諸文書は、教科書検定が思想審査であることを明らかにする「動かぬ証拠」となった。この検定文書が語る多くの実態について、「教科書全国連」が一九八七年に発行したパンフレット『教科書裁判入門――教育に真実を』は次のようにまとめている。

まず、（検定）審議会の意見とされるチェックのほとんどが（教科書）調査官意見を追認したものであり、検定の実質的役割は、文部官僚である調査官が果たしているという事実です。文部省は「現場教師を含む調査員も審査に当たっている」などと言ってきましたが、調査員の制度はカクレミノにすぎないことが明らかになりました。

また、検定するものが〝抹殺したい〟と思えば、どのようにも「不合格」にできる検定の実態が露呈されたことです。家永教科書の一九六二年度の「不合格」処分は、四人の調査官、調査員が家永原稿にたいし合格三、保留一と判定したにもかかわらず、審議会が新たにクレームを加え、〝逆転不合格〟にしてしまったことが、この文書によってはじめて明らかになりました。

さらに、検定がじつに恣意的に行われていることが明白となりました。「不合格理由」とされていたものが、翌年、同一の記述でも全く問題にされていなかったり（五二ヵ所）、その逆に、前年不問にされていたのに、翌年には修正を促す意見が付されている（一〇二ヵ所）など、〝検定基準〟などはあって無きもので、検定する者の胸三寸で検定意見がつけられている実態が判明しました。

この検定諸文書提出について、原告弁護団は次のようにその意義を総括している。

これらのできごとは、これまで長きにわたり密室行政によって教科書検定の権威を維持してきた文部省の検定体制にはじめて、しかも、きわめて大きな〝風穴〟をあけ、ガラスばり教科書（検定）行政への一歩を踏み出させたともいえる、わが国教科書行政史上画期的な成果であって、事実、その後徐々にではあるが、検定手続は公開に向けて動きだしていくことになるのである（前掲『家永教科書裁判』）。

なお、二次訴訟の文書提出の申し立ては六八年六月に東京地裁に行い、地裁は同年九月に提出命令を決定したが、東京高裁が同年一一月に提出命令の取り消しを行った。原告側は、文書提出問題を一次訴訟に委ね、第二次訴訟にたたかいを集中することにして、特別抗告を中止した。

6　杉本判決の成果が反映した旭川学テ事件最高裁判決

文部省が一九六一年に実施した中学生の全国一斉学力テストに対して、第四章で述べたように全国各地で教職員とその組合はさまざまな抵抗運動を展開した。これが刑事事件として日教組に所属する教職員が起訴され、各地で学力テスト反対闘争事件（学テ事件）裁判が行われた。

一九七六年（昭和五一）五月二一日、北海道の旭川学テ事件について、最高裁大法廷（村上朝一裁判長）が被告敗訴の判決を言い渡した。

この判決は、労働法学者の沼田稲次郎（東京都立大学総長）が「何よりも『教育権論争』に裁判上の決着をつけたものとして注目に値するものとみられたのである」（「最高裁学テ判決の功罪」日本教職員組合編『最高裁学テ判決と教育運動』労働旬報社、一九七六年）としたように、「教育権」の原理をめぐる議論に波紋を投げかけた内容であった。

判決に対する家永三郎の批判と評価

家永三郎は当時、この判決について次のように述べている。

学テ事件最高裁判決が、教育と国家との関係をめぐる最初の最高裁判例であり、当然教科書裁判に重大な影響を及ぼすであろうことからいっても、また私が旭川・岩手両事件とも一審証人として証言台に立ち、雪深い真冬の旭川を訪れた思い出をもつものであることからいっても、ひとごとでない深い関心をいだかざるを得なかったとはいえ、最近の最高裁の動向を考えれば、どういう結果が出るかは、予測するに難くなかった。果たせるかな予測どおりである。

家永は、判決についてこのように述べ、「もともとほんとうによかった時代のない最高裁がとうとうここまで堕ちたのかの感に改めてうたれた」と批判している。しかし、判決内容については、評価すべき点があることを次のように指摘している。

……今回の判決では、国が「教育内容についてもこれを決定する権能を有する」という、教科書訴訟に不利な判旨もあるが、その前に「必要かつ相当と認められる範囲において」という限定があるから、このために「教育の自由」が全く否認されたわけではなく、教科書検定関係法令とその運用がその「範囲」に属するかどうかはこの判決の判旨外であって、私どもの主張が封ぜられたことにはならないのである。そのほか、文部省の主張で斥けられたものも少なくないし、また教科書検定の思想統制的性格とか、検閲該当性とか、適正手続きの具不など、学テ事件とは全く別の領域に属する重要問題が根幹にあるので、学テの適法性が認められたからとて、教科書検定の適法性が認められることにはならず、この判決のために教科書訴訟がぬきさしならぬはめに陥るものでないことが確認された。

結論は論外としても、随所に私たちのたたかいの成果を無視できなかった跡が多く見られ、その内には杉本判決をしき写しにした文言さえある。むしろこれを逆手にとって教科書訴訟の主張強化に利用し、教科書訴訟を突破口として、やがてこの判例自体を変更させる道を開拓することも、歴史的諸条件の如何によって必ずしも不可能ではなく、その方向をめざす努力が要請せられよう。

　上記のとおり、今日のような最悪化した最高裁さえ、教育内容権力統制の否を主張する声を無視して判決の書けない状況が生まれていることを注意すべきである……

（前掲『最高裁学テ判決と教育運動』）。

旭川学テ判決の評価すべき部分

旭川学テ事件最高裁判決は、被告が敗訴した結論をはじめ、さまざまな問題があるが、しかし、他方では家永が指摘したように、「随所に私たちのたたかいの成果」や「杉本判決をしき写しにした文言」など、評価すべき内容も多々含まれている。一例をあげると、憲法二六条（教育を受ける権利）に関連する部分は次のとおりである。

……この（憲法二六条―引用者）規定の背後には、国民各自が、一個の人間として、また、一市民として、成長、発達し、自己の人格を完成、実現するために必要な学習をする固有の権利を有すること、特に、みずから学習することのできない子どもは、その学習要求を充足するための教育を自己に施すことを大人一般に対して要求する権利を有するとの観念が存在していると考えられる。換言すれば、子どもの教育は、教育を施す者の支配的権能ではなく、何よりもまず、子どもの学習をする権利に対応し、その充足をはかりうる立場にある者の責務に属するものとしてとらえられているのである。

判決文はここで、憲法二六条は、国民が自分の人格を完成・実現するために必要な学習をする権利を保障していること、子どもは、学習の要求を充たす教育を受けられるように、社会に対して要求する権利を有すること、子どもの教育は、文部省や教育委員会などの支配的な権能ではなく、子どもの学習する権利を充足する立場にある文部省や教育委員会などの責務である、と指摘している。国・文部省が主張する国家の教育権論とは明らかに異なるものといえる。

そして、憲法二三条（学問の自由）に関連して、「教師が公権力によって特定の意見のみを教授することを強制されないという意味において、また、子どもの教育が教師と子どもとの間の直接の人格的接触を通じ、その個性に応じて行われなければならないという本質的要請に照らし、教授の具体的内容及び方法につきある程度自由な裁量が認められなければならないという意味においては、一定の範囲における教授の自由が保障されるべきことを肯定できないではない」と、教員の教育の自由を一定程度認めている。

また教育基本法に関しても、「（教育行政機関は）教基法一〇条一項にいう『不当な支配』

とならないように配慮しなければならない拘束を受けているものと解されるのであり、その意味において、教基法一〇条一項は、いわゆる法令に基づく教育行政機関の行為にも適用があるものといわなければならない」として、国家による教育への介入に制限を与えている。

前述の沼田稲次郎も「(検察側と被告側の)対立する見解を『いずれも極端かつ一方的』だとして批判しつつ、憲法二六条及び二三条の解釈を展開してゆくあたりには、基本的人権に対する村上法廷の理解のたしかさを感ぜざるをえない」との感想を述べている(前掲『最高裁学テ判決と教育運動』)。

政府や文科省、政治家や教育委員会などが教育内容への不当な介入を強めている今日、この判決内容の評価すべき面を知り、この判決を使って不当な支配・介入や一方的教育内容の押しつけに反対する運動の力にする必要があるだろう。

7　検定制度の改善を拒む文部省

以上のように、杉本判決の「国民の教育権」の立場は、七六年五月の旭川学力テスト事件最高裁大法廷判決においても引き継がれている。しかし、杉本判決後に文部省の検定姿勢は後退したが、制度の見直し・改善は行われなかった。

杉本判決は、教科書検定制度そのものが「直ちに法治主義（法律に基づく行政）の原則に違背し、違憲であるとは断定できない」としたが、検定の法的根拠について、検定基準が教育基本法、学校教育法の中で定められているとはいえない、と指摘している。そして、検定手続きについても、「学校教育法二一条が検定権限を文部大臣に付与しているほか、法律中に検定の手続について定めた規定はなく」、文部省設置法五条一項一二号の二、八条一三号の二、二七条は「いずれも教科書検定に関する官庁の内部的な組織を定めたにすぎない」と文部省の主張をしりぞけている。さらに「現行の検定基準には前示教育基本法に違背するものがある」と判示している。

次いで畔上判決は、検定は「気ままに出た行政行為」といい、「控訴人（文部省）において教科書制度と公教育としての初等中等教育とのかかわり合いについて、不断の検討と改善の措置をとるのに十分でな」かったと指摘して文部省の姿勢を痛烈に批判した。

さらに、家永側が全体としては敗訴した高津判決でさえも、文部省自らが作成した検定基準を超える不当な修正指示があったことを認定した。

文部省の教科書検定と検定制度に対する裁判の判決と国民の批判の高まりの中で、文部省は、これらの検定制度の見直しを迫られることになった。一九七七年一月二六日、文部省の教科用図書検定調査審議会が「教科書検定制度の運用の改善について」と題する「建議」を行った。「建議」は、「現行の教科書検定制度は、我が国の現在の政治的、社会的、文化的な諸事情や教育制度全般から見て適切な制度であり、今後とも憲法及び教育基本法の趣旨並びに学校教育法に基づき、その本来の機能の充実を図っていく必要がある」としたうえで、「改善」方向を示したが、しかし、それは検定制度自体の改善をはかったものではなかった。それは、前述のような検定および検定制度に対する批判対策として、あくまで「運用の改善」をはかったに過ぎず、検定制度の「強権性・密室性・恣意性」の改善は全くなされず、文部省の検定行政の強化をはかったものであった。

こうした中で、教科書執筆者二三二名が検定制度改善の要求をまとめ、七七年四月二八日、執筆者の代表が文部事務次官に面会して要求を出した。

検定審議会の建議を受けて文部省は、七七年九月、検定規則・検定基準の改定を告示した。その内容は、教科書裁判の判決による批判をかわし、逆に検定行政の強化をはかるものだった。裁判で検定に誤り＝違法性があることが指摘されたにもかかわらず、間違った検定をしないための防止策は何も打ち出していない。前述の教科書執筆者たちの改善要求も無視された。「杉本判決」の法的根拠批判に対して、それまでの検定規則第一条の「教科用図書の検定は、その図書が教育基本法及び学校教育法の趣旨に合致し、教科用に適することを認めるもの」を改定して、「学校教育法第二一条第一項……に規定する教科用図書の検定に関し必要な事項は、この省令の定めるところによる」とした。目的規定にあった「教育基本法」を削除する改悪である。

8　再び七〇年代の教科書内容の改善について

杉本判決後、その判決を力にして教育・教科書の改善が進んだことを前に指摘したが、これについて小学校社会科教科書を例にしてもう少し詳しく紹介しておこう。なぜなら、この教科書の改善が、八〇年代初頭の自民党などによる第二次教科書「偏向」攻撃の背景となったからである。

七〇年代の平和教育の前進

一九六九年に「広島県原爆被爆教師の会」が、七〇年に「長崎県原爆被爆教師の会」、七一年には「全国原爆被爆教師の会」が結成され、また、七二年六月には広島平和教育研究所が設立された。このように広島の教員たちが七〇年代の平和教育の前進に大きく貢献した。広島や長崎では、原爆や核を題材にした副読本が次々に発行され、平和教育の教材として全国的に活用された。また、東京でも東京大空襲やアメリカのビキニ環礁での水爆実験で被曝した第五福竜丸を題材にした副読本が発行され活用された。

そして、七〇年代後半には日教組・日高教（日本高等学校教職員組合）教育研究集会の分科会として「平和と民族の教育」（七五年特設分科会、七六年小分科会、七八年沖縄教研で独立分科会となる）が設けられ、こうした動きとあいまって、全国的に平和教育への努力が高まり、教職員や父母・住民の戦争体験を記録する取り組みなども全国各地で行われた。また、歴史教育者協議会を中心とする社会科教員たちの戦争学習の取り組みが前進し、地域からの戦争の歴史の掘り起こしのねばり強い実践が進んだ。

さらに、一九六〇年代後半以降のアメリカのベトナム戦争に反対する運動の中で戦争学習の必要性が高まったこと、沖縄の祖国復帰へのたたかいの中で「沖縄で日本を教える」教育実践が発展したことなどによって、平和教育とそのための教材の発掘と自主的な編成が進み、平和教育の視点からの教科書批判を大きく前進させ、さらに、そうした自主編成の教材が教科書にも取り入れられるようになっていった。

小学校教科書はこう改善された

一九七〇年代には、小学校社会科教科書でも、記述や内容の一定の改善、前進がみられるようになった。その状況を一九七九年度検定済の小学校六年用社会科教科書について紹介する。

◇日清・日露戦争、韓国併合に関して

全体として、日清・日露戦争が朝鮮や満州を植民地化するための日本と清国、日本とロシアの支配権争奪戦争であったことがわかる記述になってきている。そして、一九一〇年の韓国併合は「日本の植民地化」であることを明記するようになった。例えば次のような記述である。

独立をうばわれた朝鮮では、土地を失って、小作人になったり、働き口を求めて、日本や満州へ移住する人もふえました。学校では「国語」として日本語を習わせられ、「国史」として、日本の歴史を教えられました（中教出版『小学生の社会科――人間のあゆみ 六年上』）。

朝鮮の学校での日本語の強制については、この教科書以外に、東京書籍、教育出版、学校図書も記述している。また、学校図書は内村鑑三、与謝野晶子、幸徳秋水らが戦争に反対して活動したことを紹介し、中教出版・教育出版が日露戦争での与謝野晶子の「君死にたまふことなかれ」を紹介している。

◇**満州事変・日中戦争について**

満州事変について、学校図書は「一九三一年（昭和六）、満州にいた日本軍は、鉄道を爆破して中国軍のしわざであると主張し、中国軍を攻撃しました」と書いており、これと同じような記述は、中教出版、教育出版、東京書籍、日本書籍にもある。

さらに、南京大虐殺にふれているのは、日本書籍、教育出版で、中国人や朝鮮人の日本への強制連行についても、学校図書、中教出版、教育出版、東京書籍、大阪書籍などに記述があり、全体としてかなり改善が進んできた。

◇戦時下の生活と戦争動員体制について

これについても各教科書ともにいろいろと工夫して書いている。学童疎開、学生の勤労動員、食料や衣服の配給制、戦争の勝敗についての虚偽（大本営発表）の報道、竹やりによる戦争訓練の写真、対馬丸の悲劇、三月一〇日の東京大空襲をはじめ都市への無差別爆撃（記述と写真）、沖縄戦での一〇万人以上の犠牲と悲惨な状況、広島・長崎への原爆投下などを取り上げ、戦争体験の聞き取りを掲載するところも多くある。

◇戦後史、憲法九条や自衛隊など

すべての教科書が、憲法九条について単に「戦争の放棄」としてだけでなく、「戦力の不保持」という点を明確に指摘している。例えば、次のような記述はどの教科書にもみられる。

第二章の「戦争の放棄」の第九条には、「日本は外国とのあいだの争いを解決する手段としては、永久に戦争をしない。そのため、陸・海・空軍などの戦力はもたない。」ということを定めています。このように、徹底した平和主義で書かれた憲法は、ほかの国にはありません（大阪書籍、六年下）。

こうした記述のほかに、「憲法では、戦争を放棄し、戦力をもたないとしていますが、実際には武器をもつ自衛隊がおかれ、アメリカ軍が国内にとどまっています」（学校図書）、「日本の平和を守るためには、いろいろな主張があります。アメリカが条約に基づいて日本国内で軍事施設を使用していることと、自衛隊のあることについては、くりかえし議論されてきました」（日本書籍）のように、問題を提起したり、国民の間での議論を紹介して、子どもたちに考えさせようとしている。

◇核・原水爆禁止運動について

これについても各教科書ともに努力していることがうかがえる。広島・長崎の原爆の恐ろしさ、第五福竜丸のビキニでの被曝問題、日本の非核三原則、日本の原水爆禁止運動、市民運動などを多くの教科書が取り上げて書いている。長崎の被爆者「渡辺さん」の「核兵器は、人間の尊さを破かいし、人間そのものを否定する兵器です」を載せているもの（教育出版）もある。

以上に見たように、杉本判決以降、七〇年代を通じて、小学校の社会科教科書もかなり改善が進んだ。これは、他の教科や中学・高校教科書についてもいえることである。

第七章　八〇年代初めの第二次教科書「偏向」攻撃

1　新たな教科書「偏向」攻撃の背景

一九七〇年（昭和四五）の「杉本判決」以降、文部省が一九五〇年代後半〜六〇年代のような検閲的・強権的な検定ができなくなり、教科書の改善が進んだ。国語教科書には民間教育団体などが発掘した平和教材が掲載され、歴史で南京虐殺が記述されるようになるなど、少しずつ日本の侵略・加害や植民地支配の実態が教科書に載るようになってきた。

こうした教科書の改善によって日本人の歴史認識や社会認識が正しいものになっていくことと、家永教科書裁判第二次訴訟の最高裁判決が間近にせまり、最高裁で国・文部省が敗訴するのではないかということに危機感を覚えた自民党や右翼勢力が、一九七九年（昭和五四）末から、第二次教科書「偏向」攻撃をはじめた。

「総合安保政策」と教科書問題

この第二次教科書攻撃にはもう一つの背景があった。

一九七七年七月、福田赳夫首相は防衛庁に有事立法などの研究の促進を指示し、一九七八年一一月二七日には「日米防衛協力のための指針」（ガイドライン）が決まり、一九六〇年の新安保条約反対運動のためにしばらく見送られていた日米の軍事協力が本格的に始動しはじめる。

一九八〇年（昭和五五）六月の初めての衆参同時選挙で大勝した自民党内では改憲論が急浮上した。選挙中に急死した大平正芳首相に代わった鈴木善幸首相は、「総合安全保障政策」に基づいて、八一年五月の日米首脳会談でシーレーン防衛を日本が分担するとアメリカに約束した。

八二年一一月に鈴木首相に代わった中曽根康弘首相は、日本列島をアメリカの不沈空母にたとえて日米軍事協力の強化を主張し、戦後政治の総決算をめざした。「総合安保政策」は、国家の安全保障を単に軍事・防衛政策の分野だけでなく、広く政治、経済、エネルギー、教育・文化等の分野まで含めた政策である。この政策において、教育・文化政策が担うのは、総合安保政策の推進を支える青少年および国民の意識・思想形成という課題の遂行であった。この課題の重要な分野が教科書問題であった。中曽根首相はまた、戦後四〇年にあたる一九八五年八月一五日に、戦後の首相として初めて靖国神社公式参拝を行った。

第一次教科書攻撃は、日本の再軍備問題と憲法改悪の動きが強まったときであり、軍国主義路線、憲法改悪と教科書攻撃はいつも一体のものとして出てくることは、後述する第三次教科書攻撃も同じである。こうして、日米軍事同盟強化と「戦争ができる国」をめざす動きが強まる。

元号法制化運動の活発化

佐藤栄作内閣の一九六六年一二月に建国記念の日を制定した政府・自民党の次の目標は元号法であり、前述のように政府(佐藤内閣)は六八年に明治百年記念式典を挙行したことと合わせて元号法制化をねらい、一九七二年、政務調査会の内閣部会に「元号に関する小委員会」を設置し、元号法制化の取り組みを開始した。こうした自民党の動きに呼応して民間レベルでの右翼勢力による元号法制化運動が活発化した。七六年に官民一体で行われた「昭和天皇在位五〇年記念式典」などを活用して運動を盛り上げていった。

元号とは政治的紀年法の一つで、中国を中心とする漢字文化圏に広がったもので、年号と同義語で使用される。日本では天皇制と結びついて使用されてきたが、明治維新以降は「一世一元」とされている。アジア太平洋戦争の敗戦後、連合国軍最高司令官総司令部(GHQ)による民主化政策の中でつくられた新しい皇室典範からは元号規定が削除された。「一九四六年、政府は元号を国務的な事項と考えて、内閣法制局で元号法案を準備した。しかし、GHQの反対にあい、枢密院の審議にまわす前に取り下げた」(原武史・吉田裕編『岩波 天皇・皇室辞典』岩波書店、二〇〇五年)のであった。

一九五〇年頃に国会で元号の取り扱いについての議論が起こったが、否定的な意見が多く出されて立ち消えになった。自民党政府(池田勇人内閣)は一九六一年に元号制に法的根拠がないことを国会で答弁している。

こうした中で、民間においても右翼勢力の動きが活性化しつつあった。政府・自民党は、元号法制化をめざして、七八年六月に「元号法制化促進国会議員連盟」が設立された。次いで、椛島有三（現日本会議事務総長）が事務局を務めていた宗教右翼の「日本を守る会」が中心になって右翼勢力を結集し、七八年七月に「元号法制化実現国民会議」（議長・石田和外、元最高裁長官）が結成され、元号法制化運動を展開した。

福田赳夫内閣は同年一〇月に元号法制化法案を閣議決定し、大平正芳内閣になって、七九年六月六日に参議院本会議で可決・成立し、六月一二日に「元号法」が公布・施行された。この元号法制化の実現に向けて、前記の議員連盟と共同して「国民運動」を展開した右翼勢力は、恒常的組織として八一年一〇月に「日本を守る国民会議」（後述）を結成した。これが今日の改憲・翼賛の右翼組織「日本会議」の前身である。

以上のような情勢が第二次教科書攻撃の背景としてあった。

2　自民党などによる第二次教科書「偏向」攻撃

一九七九年（昭和五四）一〇月に右翼系の『じゅん刊　世界と日本』（二五三・四合併号）

に「新・憂うべき教科書の問題」が掲載され、小学校の国語教科書が「偏向」していると攻撃した。これを書いたのは一九五五年の第一次教科書攻撃のときに民主党（当時）が発行した『うれうべき教科書の問題』の原作者の石井一朝である。つづいて、自民党の機関紙『自由新報』が八〇年一月から「いま教科書は――教育正常化への提言」を一九回にわたって連載し、これを八〇年一一月に小冊子『憂うべき教科書の問題』として発行し、現在の教科書は左翼的に偏向しているという大宣伝、攻撃を展開した。

攻撃を仕掛けた勢力

第二次教科書攻撃は、第一に、自民党や民社党などの政党によって行われた。自民党や民社党は国会をも舞台にして攻撃を展開した。第二に、福田信之・森本真章ら筑波大学グループ、世界平和教授アカデミー（統一協会＝国際勝共連合が組織する学者の組織）など一部の学者によるものである。筑波大グループは中学校社会科「公民的分野」教科書に対して攻撃した。第三は、経済広報センターなど経済団体によるもので、彼らは主として高校「政治・経済」教科書への攻撃を行った。第四は、日本を守る国民会議などの右翼団体と『サンケイ新聞』『週刊新潮』『諸君！』等の右派メディアである。

民話『おおきなかぶ』も「偏向」教材

第一次教科書攻撃は、社会科教科書が攻撃対象だったが、今回は小学校低学年の国語教科書までが攻撃の対象とされた。当時、小学校一年生の国語教科書五種類すべてに載っていたロシア民話『おおきなかぶ』を「かぶは資本家、力を合わせてかぶを抜くおじいさん・おばあさん・動物たちは労働者で、団結して資本家を倒す話だ」とこじつけ、「ソ連の民話を使って子どもの時から共産主義教育をしようとしている」（〃ソ連民話〃というものはなく、この民話は帝政ロシア時代の民俗学者アレクサンドル・アファナーシェフの著作に収められている）などと荒唐無稽な攻撃を加え、同じく二年生の全教科書が取り上げていた岩崎京子の有名な民話『かさこじぞう』を、「河上肇の『貧乏物語』よりひどい貧乏ばなしだ」などと誹謗した。

そのほかに、山口勇子『おこりじぞう』、今西祐行『一つの花』、木下順二『夕づる』（『夕鶴』）、斎藤隆介『ベロ出しチョンマ』、栗栖良夫『村いちばんのさくらの木』、大川悦生『おかあさんの木』、いぬいとみこ『川とノリオ』などが対象となった。これらの作品のほとんどは第六章で述べた七〇年代の教科書の改善の中で掲載されるようになり、子どもたちが大好きな教材であったが、すべて「党派的色彩が強い平和教材」と攻撃された。

国会を舞台にした教科書攻撃

国会を舞台にした教科書攻撃の例を一つだけあげておこう。当時も予算委員会はＮＨＫ

によってテレビ中継がされていた。八一年二月四日の衆議院予算委員会で、民社党書記長だった塚本三郎(その後、自民党に移った)は発言台に中学校公民教科書を積み上げ、テレビカメラに教科書の写真ページの一部を写させて、政府の見解を質した。議事録から発言の一部を紹介する。

五六年度(一九八一年度—引用者)から全国の中学校で使用されることになっている社会科の教科書は、まず、口絵のカラー写真が、はちまき姿のデモとか石油基地、横田米軍基地、生活危機突破デモ、新幹線反対デモ等、権利の主張と公害反対、基地反対を示す写真で始まっております。(中略)これは一番初めのとびらからして、みんな石油基地が悪いようなことに想定されるようになっておるのです。総理、ちょっとごらんください。みんなこういうことなんですよ。(中略)

こういう教科書がどうして採択をされるのか。(中略)そのときに日教組の方から指令が飛ぶのです。まず第一に戦争反対、権利主張のデモ、公害反対、福祉増進、こういうものを中心にして、何ページどの本は余分に書いてあるかということでもって優先順位を決めるのです。

まるでどの教科書も巻頭の口絵がデモの写真でうめつくされているかのように聞こえる

が、八一年度からの中学校公民教科書七冊中、口絵の一ページ目にデモの写真を載せているのは中教出版だけで、それは企業の人権侵害に反対する市民と労働者の平和的なものであり、「はちまき姿」の人は写っていなかった。それ以外の口絵に掲載されたデモの写真は、中教出版のニューヨークでの核兵器禁止を訴えるもの、日本書籍と清水書院の、障害者の社会保障充実を求める車椅子の人を先頭にしたものだった。

このような教科書を放置しておいていいのかという塚本議員に対して、鈴木善幸首相と田中龍夫文部大臣は答弁で賛意を表明しているが、教科書問題に入る前に塚本は、七〇年代末から社会問題となっていた学校の「荒れ」を取り上げ、それを日教組の責任とする趣旨の質問をしている。学校の「荒れ」と日教組、そして教科書を無理やり結びつけようとする意図が見てとれよう。テレビの前にいる視聴者は、教科書を調べることはできないので、これを信じてしまう。まさにペテンを使った教科書攻撃だったのである。

自民党が「教科書国家統制法案」を作成

自民党が小冊子『憂うべき教科書の問題』などを使って教科書攻撃を行ったことは前述したが、当時の自民党の内部資料では次のようなことが主張されていた。

まず、「戦後、日教組や日本共産党が共産主義教育に力を入れ、党派的な学者が教科書を書き、多くの偏向教科書を生んだ。これはわれわれの批判を受け（第一次教科書攻撃のこと―引用者）、また正しい行政指導もあって（教科書調査官制度などによる検定強化や広域採択制度を意味する―引用者）、やがて党派的な著者や教科書が姿を消した」と第一次教科書攻撃を総括している。

そのあと、「ところが、家永三郎氏の教科書裁判あたりから次第に力をもり返し、ことに杉本判決の『検定は違憲・違法』、畔上判決の『検定は気ままな行政』（判決文では「気ままに出た行政行為」―引用者）などが出るに及び、文部省が検定について臆病になり、またぞろ党派的な人物が教科書を書くようになった。こうして偏向教科書が再び増加し、このまま放置しておくと大変なことになる。教育正常化のため、近い将来、検定に関する法律を作り、色のついた教科書の大掃除をしなければならない」と述べている。ここに教科書攻撃の意図が明確に述べられているといえよう。

自民党は八〇年一二月、文教部会に「戦後教育見直しのための小委員会」を五つ設置した。その一つが教科書問題小委員会で、国定化も含めた教科書制度の抜本的な見直しを決め、「教科書国家統制法」を準備した。そして八一年六月、自民党は文教部会と文教制度調査会の合同会議で、教科書制度の全面的な改悪をねらう法「改正」の試案を決めた。この試案は八三年六月三〇日の中教審答申「教科書の在り方について」にほぼそのまま反映された。これを受けて文部省は直ちに「教科書法案」の策定作業に入った。

「日本を守る国民会議」の結成

ここで「民間」での右翼勢力の動きをあらためてみておこう。「元号法制化」運動を展開し「成功」した右翼組織は、一九八〇年（昭和五五）八月、元号法制化運動以降の国民運動を訴える全国縦断キャラバンを実施し、翌八一年三月までに「日本を守る県民会議」が各地で結成されていく。そして、改憲・翼賛の「国民運動」を展開する恒常的な全国組織として、一九八一年一〇月、「元号法制化実現国民会議」を発展的に改組して、「日本を守る国民会議」（「国民会議」）を結成した。

発足時の役員は、議長・加瀬俊一（初代国連大使、日本会議監事で「つくる会」顧問の加瀬英明の父親）、運営委員長・黛敏郎（音楽家、後に議長）、事務総長・副島廣之（明治神宮常任顧問、元日本会議代表委員）、事務局長・椛島有三であった。「国民会議」は機関誌『日本の息吹』の創刊号を八四年四月一五日に発行したが、当時は月刊誌ではなかった。この機関誌は日本会議になってからも「誇りある国づくりをめざすオピニオン誌」と銘うって、同名の月刊誌として発行されている。

「国民会議」の結成総会の基調報告で、黛敏郎運営委員長は次のように述べている。

日本を守るためには物質的に軍事力で守る防衛の問題と、更に心で、精神で守らなければならない教育に関係した二つ大きな問題がございます。この二つを統合する大きな問題として憲法がありますが、国を守る根源は、つまるところ国家民族というものをいかに認識するか、換言するならば天皇という御存在を如何に認識するかということが大切だと思います。

私共が憲法改正を唱えるにあたって、まず国家意識、ひいては天皇につながる国体というものをまずはっきりと確立するところから手をつけなければならないと考える次第です。つまり、憲法、防衛、教育の問題は、まず正しい国家意識と言うならば正しい愛国心の確立と言う根源的な心の問題から入らなければならないと思います

(『日本の息吹』第二号、一九八四年七月一五日)。

憲法を改正して「天皇につながる国体」をつくるというのは、戦前回帰の思想というほかない。

右翼勢力が歴史教科書づくりに着手

「国民会議」は、一九八二年(昭和五七)一〇月に「教科書問題を考える懇談会」を開催し、教科書の自主編纂を提案した。そして、八三年一二月、右翼勢力を結集して「教科書正常化国民会議」を設立し、歴史教科書づくりに着手した。その事業を担ったのが「国民

会議」である。「国民会議」の総会で「八四年度国民運動基本方針」を提案した副島廣之事務総長は、「教科書編纂事業等に取り組む中で、憲法改正の思想的潮流を形成して行きたい」と述べた（前掲『日本の息吹』第二号）。

このように「国民会議」は、高校教科書の発行を天皇中心の国家体制をつくるための憲法改悪への「思想的潮流の形成」と位置づけていた。そして、憲法、防衛、教育を同じ課題として、まず、国家意識＝愛国心を培うために歴史教科書の発刊が必要だとし、高校日本史教科書を発刊（第八章で詳述）する意義について、次のように説明していた。

（一）偏向教科書の批判に止まっていた従来の反省を踏まえ、我々が目指すべき教科書を自らの手で編纂して内外に示す。

（二）良識ある教科書の配布運動を全国に広げ、父兄住民を中心とした国民の教科書是正の世論を喚起する。

（三）今回の教科書の編纂に関しては、政治経済社会などの発展段階に重きをおいた記述から、日本人の精神文化の流れに着目した記述を試みる。

これまで、生徒に正しい歴史を教えようと思っても実際使用出きる教科書がなかったのが実情で、そうした現場の要望に応えうる教科書を作成し、教科書是正の第一歩とすべき構想をすすめています（『日本の息吹』創刊号、八四年四月一五日）。

こうした教科書攻撃に後押しされ、文部省は再び検定を強化し、歴史の事実を教科書から消し去る歴史歪曲を進めたが、これについては後述する（「国民会議」の動きについては俵義文『日本会議の全貌』花伝社、二〇一六年による）。

3 第二次教科書攻撃に対する反撃

こうした教科書攻撃に対して、民主的な団体や個人による反撃が直ちに取り組まれ、「教科書国家統制法案」の国会上程阻止のたたかいが全国的に展開された。

日本武道館をうめつくした大集会

一九八一年（昭和五六）の早い時期に、「教科書全国連」や全国マスコミ・文化労働組合共闘会議、日教組などが中心になって、パンフレット『教科書が危ない！』『続・教科書が危ない！』『続々・教科書が危ない！』を刊行した。

この年には、高橋磌一・星野安三郎監修『教科書がねらわれている』（あゆみ出版）、永井憲一『教科書問題を考える』（総合労働研究所）、岸本重陳『私の受けた教科書検定・「官許の思想」を強制するもの』（東研出版）、日本児童文学者協会編『国語教科書攻撃と児童文学』（青木書店）など数多くの書籍が出版され、学習テキストとして活用された。また、研究者や文化人などが雑誌や新聞、ミニコミ誌紙上で反論・反撃を展開した。出版労連は『教科書レポート』で検定実態を詳しく報告するなどの取り組みを強めた。

そして、総評、日教組、日高教、出版労連、マスコミ共闘（今日のマスコミ文化情報労組会議＝ＭＩＣ）、「教科書全国連」、民主教育をまもる国民連合、民間教育研究団体連合会（民教連）、日本子どもを守る会、教科書問題を考える市民の会など一二団体が、一九八一年一一月、日本武道館を一万八〇〇〇人が埋めつくした大集会「いま戦争の足音が聞こえる 教科書に真実を！ 言論の自由を！ そして平和を！ 一一・一三音楽と文化 わたしたちのつどい」を開催した。

その後、この集会のタイトルを「冠」に使った「冠集会」や「教科書ティーチイン」などが全国各地で無数に開催され、教科書検定が外交問題化（後述）した一年後の八二年一二月には、再び武道館で日教組と出版労連が中心となった一万人の大集会「教科書問題を考える音楽と文化の集い」が開催された。この集会には多くのフォークシンガーや文化人も協力・参加した。

反撃の大宣伝

　自民党が制定をめざした教科書国家統制法案反対の一〇〇〇万人署名が開始され、出版労働者・教科書労働者は日曜日や休日に首都圏や大阪の団地などで『教科書が危ない、平和が危ない、子どもの未来をまもろう』というリーフレットを配布し、法案反対の宣伝・署名活動に取り組み、署名は八〇〇万筆を超えた。出版労働者の中には一人で二〇〇〇名近い署名を集めた女性もいた。

　教科書攻撃、教科書国家統制法案の国会上程を阻む活動は、イベントの第三弾として、出版労連、マスコミ共闘などの実行委員会の主催で八四年三月三日に「教育・平和・反核のためのACTION33イン渋谷」を開催することが決まった。

　この成功のために首都圏の労働組合による「平和とくらしを守る実行委員会」は八三年一一月、「二〇〇〇万枚の大量宣伝行動」を決め、当初予定の二〇〇〇万枚を上回る二五〇〇万枚のビラが配布された。出版労連はこのビラに、「教科書が教師から遠ざけられると、子どもは戦場に近づく」と書き加え、東京都千代田区では全戸にビラが配られた。三月三日は一万人が渋谷の街をうめつくした。同じ取り組みは、一週間後の三月一一日、大阪の千里ニュータウンでも開催された。この頃、出版労連・教科書労働組合共闘会議の副議長をしていた筆者は、これらの取り組みすべてにかかわったことを今でも鮮明に思い出す。

家永三郎が八〇年代の教科書検定を争う教科書裁判第三次訴訟（後述）を東京地裁に提訴したのは、三月三日へ向けた取り組みの最中の八四年一月一九日であった。

「教科書全国連」は、教科書攻撃に反撃するチラシを全国各地で配布し、第二次訴訟の最高裁要請署名を開始、署名は一六八万三〇〇〇筆を超えた。教科書執筆者二五九名の連署による要請書も最高裁に出された。

また、八一年度の高校日本史教科書の検定で、沖縄戦における日本軍による住民虐殺を削除（後述）したことに対して、沖縄県民ぐるみの抗議が行われた。沖縄県議会は全会一致で抗議決議を行い、代表団が上京して政府・文部省に強く抗議し是正を申し入れた。

外交問題化と「教科書国家統制法案」の上程断念

後述するように、この教科書攻撃を背景に文部省が検定を強化し、検定による歴史歪曲が外交問題化したときに、文部省がアジア諸国への説明の中で、「侵略」「進出」の記述は文部省が強制したものではなく執筆者の問題だと発言した。これに対して、それまでも個々に文部省の教科書検定を批判してきた社会科教科書執筆者たちは、八二年九月に「社会科教科書執筆者懇談会」を結成して、文部省を批判する「見解」を公表した。この懇談会には、歴史、地理、現代社会（公民）などの教科書執筆者が参加し、各分野の検定状況を報告した。

さらに、山住正己（東京都立大学教授、後に同大学総長）が中心になって八一年八月に結成した「教科書問題を考える市民の会」は、「市民のつどい」を各地で開催するなど、草の根の活動を展開した。

こうした国内の運動と同時に、後に述べるように、日本のアジア侵略戦争や加害、植民地支配の事実を歪める教科書検定が外交問題にまで発展したこともあり、自民党は教科書国家統制法案の国会上程を断念するのである。

4 教科書攻撃を背景とした検定強化の実態

第二次教科書攻撃を背景として文部省は巻き返しをはかり、再び教科書検定による統制が強化され、検定は「削る検定」から「書かせる検定」が横行するようになる。

朝鮮・台湾に対する長年の植民地支配、日中一五年戦争、アジア太平洋戦争によって中国をはじめアジア諸国を武力侵略した事実、その侵略戦争の中で、中国民衆に対して南京大虐殺や七三一部隊、三光作戦など略奪・凌辱・虐殺した加害の事実、沖縄戦での日本軍による住民殺害などを教科書から消し去り、歴史の事実を歪める検定が一段とひどさをました。この検定で、「侵略」は「侵攻」「侵入」「進出」に、「出兵」は「派遣」に、植民地人民の抵抗に対する「弾圧」は「鎮圧」に、「収奪」は「譲渡」に、「反日抵抗運動」は「暴動」に書き替えさせた。

当時の検定強化について、出版労連の教科書対策委員会は、七社一二点の高校「日本史」、六社一一点の高校「世界史」教科書について調査・分析した『「日本史」「世界史」検定資料集』（出版労連、一九八二年）を刊行した。その中で近・現代史に絞って「白表紙本」（検定申請した原稿本）と「見本本」（検定に合格後、採択のための見本）を対比して検定の実態を明らかにしたが、のべ一八時間、一〇〇〇か所にのぼる修正指示が行われた事例もあったという。

高校「日本史」「世界史」の検定例

この検定の具体的な実態について、前述の『「日本史」「世界史」検定資料集』をもとに、一九八一・八二年度の高校日本史・世界史の検定例を**表2**で紹介する。検定前は白表紙本、検定後は見本本である。

表2にあるように、南京大虐殺についての検定は「書かせる検定」の典型例であり、検定意見は、必ず「混乱の中で」起こったことだと書くように指示した。日本軍が組織的に行ったのではないと書かせたい意図である。また、沖縄戦の日本軍の住民虐殺の事実を消した検定では、四回にわたる修正でも住民虐殺を認めなかった。

表2　一九八一・八二年度の高校日本史・世界史の検定例

朝鮮侵略・植民地支配の実態		
実教出版『世界史』	検定前	［写真のキャプション］朝鮮の義兵たち　日本の朝鮮侵略に対し……
	検定後	［写真のキャプション］朝鮮の義兵たち　日本の朝鮮侵入に対し……
学校図書『日本史』	検定前	一九〇八年に東洋拓殖株式会社が設立され、日本人移民に土地を抵当に貸付けをおこない、朝鮮人からの土地取り上げを促進した。
	検定後	……設立され、農地の買収と日本人移民の募集をおもな業務とし、また朝鮮人に土地を抵当に貸付けをおこなうなどして土地の集中をすすめた。
実教出版『日本史』	検定前	朝鮮独立万歳をさけぶ集会・デモがおこなわれ、たちまち朝鮮全土に波及した（三・一独立運動）。
	検定後	朝鮮の独立を宣言する集会がおこなわれ、デモと暴動が朝鮮全土に波及した（三・一独立運動）。
実教出版『日本史』	検定前	［脚注］朝鮮では、朝鮮人の民族的独自性を否定し、日本語の強要、姓名を日本式にかえる「創氏改名」、神社の設置と参拝の強制などをおこなった。
	検定後	［脚注］朝鮮では、日本語の使用、姓名を日本式にかえる「創氏改名」、神社の設置と参拝など、極端な同化政策がすすめられた。
中国侵略・南京大虐殺		
山川出版『詳説世界史』	検定前	調査団は日本の行動を侵略と断定し、
	検定後	調査団は日本軍の行動は自衛権によるものとは認めがたいとし、
帝国書院『高校世界史』	検定前	日本の侵略と戦うこととなった。
	検定後	日本の侵攻と戦うこととなった。

三省堂『新日本史』	検定前	［脚注］南京占領直後、日本軍は多数の中国軍民を殺害した。南京大虐殺とよばれる。
	検定後	［脚注］日本軍は、中国軍のはげしい抗戦を撃破しつつ激昂裏に南京を占領し、多数の中国軍民を殺害した。南京大虐殺とよばれる。
三省堂『高校日本史』	検定前	［脚注］南京を占領した日本軍は、多くの非戦闘員を虐殺し、国際的な非難を受けた。
	検定後	［脚注］中国軍のはげしい抵抗にあい、日本軍の損害も多く、これに激昂した日本軍は、南京占領のさいに多数の中国軍民を虐殺し、国際的な非難を受けた。
東南アジア侵略		
実教出版『世界史』	検定前	日本は、侵略を正当化する「大東亜共栄圏」の構想を宣伝しつつ東南アジアへの進出をはかり、
	検定後	日本は、「大東亜共栄圏」の構想を宣伝しつつ、石油・錫・ゴムなど重要資源の確保をねらって東南アジアへの進出をはかり、
帝国書院『新詳世界史』	検定前	同年七月に仏領インドシナ南部に進駐した。この東南アジア侵略は、
	検定後	同年七月に仏領インドシナ南部に進駐した。この東南アジア進出は、
沖縄戦記述		
実教出版『日本史』	検定前	［脚注］六月までつづいた戦闘で、戦闘員約一〇万人、民間人約二〇万人が死んだ。鉄血勤皇隊・ひめゆり部隊などに編成された少年少女も犠牲となった。また、戦闘のじゃまになるなどの理由で、約八〇〇人の沖縄県民が日本軍の手で殺害された。
	検定後	［脚注］六月までつづいた戦闘で、軍人・軍属約九万四〇〇〇人（うち沖縄県出身者約二万八〇〇〇人）、戦闘に協力した住民（鉄血勤皇隊・ひめゆり部隊などに編成された少年少女をふくむ）約五万五〇〇〇人が死亡したほか、戦闘にまきこまれた一般住民約三万九〇〇〇人が犠牲となった。

＊出版労連『「日本史」「世界史」検定資料集』による。

後者の例では、原稿の「また、……」以下について、「スパイ行為をしたなどの理由で日本軍に殺害された県民もあった」としたところ認められず、次に沖縄県立平和祈念資料館の展示パネルを根拠にしたところ「パネルではだめ」とされ、さらに沖縄県編纂の『沖縄県史』を根拠に修正したところ、またしても「『沖縄県史』は一級の史料ではない」と拒否され、最終的にこの部分を削除させられた。

「現代社会」の検定例

次に、**表3**で八二年度から高校一年生の必修科目として新設された「現代社会」教科書の検定例をみておこう。出版労連では八二年一月に、一六社二一点の教科書について白表紙本と見本本を詳しく対比した『教科書レポート八二 別冊「現代社会」検定資料集』を刊行したが、表では、検定申請した白表紙本の記述と検定意見のみを紹介する（記述は出版労連『教科書レポート一九八一年版・第二五号』による）。

図版や写真では、前年の中学校教科書の検定で認められていながら、修正・削除された例があった。写真では丸木位里・俊の絵画「原爆の図」がある。検定意見は、「絵がほかの社のものより大きく、色が鮮明に出ていて、原画に近い感じ」で「みた印象が鮮烈」で「絵が一ページに一枚で、見ひらいたときの印象として悲惨な感じが強く、事実をことさらに強調するものは、適当でない」というものである。教科書の絵や図版は、色が鮮明で

表3　高校「現代社会」（八〇年春提出）の検定例

白表紙本の記述・内容	検定意見
歴史的叙述の排除	
「産業革命と公害問題の発生」の叙述二〇行分	歴史的記述はやめる。
「資本主義の特徴と発展」の小見出し以下二八行分	「現代社会」は歴史的なことを記述するのではない。この項目を削除してほしい。
「序編　歴史としての現代」	編名を「現代と人間」にふさわしいものに修正。
「民主政治の確立」約六・五ページ分	歴史的な叙述をさけていただく。現代の民主政治、現代の問題を扱うたてまえでかく。
憲法九条・平和主義・自衛隊への修正指示	
「憲法の前文の引用一〇行」	憲法制定当時の理念を条文で引用しているが、国際環境の変化を考慮するべきではないか。とくに「平和を愛する諸国民の公正と信義に信頼して、われらの安全と生存を保持しようと決意した」の部分は削除したらどうか。
「政府は、憲法制定からしばらくのあいだは、第九条のもとで、日本は自衛のためであるといなとを問わず、いっさいの戦争を放棄しており、いっさいの戦力を保持することはできない、という解釈をとってきた」	国際情勢の変化や苦難の道がわかるように叙述せよ。
「政府の憲法九条の解釈と運用は大きく変化した」	政府の憲法九条の解釈と運用は、いささかも変化していない。自衛権、戦力の保持、交戦権ともすべて明確であ

	る。あるとすれば、戦力の解釈についてであり、その解釈のわかれについては認める。
「政府は、自衛力は『戦力』に該当しないとして、自衛隊の存在を肯定している」	表現。政府だけが肯定しているわけでない書き方に。
「このような国防の基本方針は、戦争放棄と軍備禁止を定める『日本国憲法』との関連もあって、十分な国民の同意は得られていない」	そうは断定しがたい。表現を検討せよ。
「現在、わが国の自衛隊は、アジアで最も強い防衛力の一つになっている」	アジア有数の規模とはいいがたい。
「日本の警察予備隊は、保安隊、自衛隊へと改組されてきている」	自衛隊が自衛隊法によってできていることがわかるような叙述にしてほしい。
「日本の防衛をどうするかは、大きくかつ困難な問題であるが、軍事力以外の平和的手段をいっそう強化することが必要であろう」	現実を考慮して、理想と現実とが一致しないことがわかる表現に改める。

北方領土への修正指示

白表紙本の記述・内容	検定意見
「北方領土問題をたな上げしたまま一九五六年、日ソ共同宣言によって国交が回復した」	北方領土問題をのべるのなら、ソ連の不法占拠のことや、わが国固有の領土で返還を求めていることもおさえてほしい。できれば、ハボマイ・シコタン・クナシリ・エトロフと出して。
「世界の国ぐに」の地図	南千島は日本と同じ扱いにせよ。北千島と南カラフトは

白ぬきにせよ。

マルクス主義・社会主義への修正指示

白表紙本の記述・内容	検定意見
「独占資本主義」「帝国主義戦争」	「などといわれる」とか「という学者もいる」とすればよい。一つの学派にかたよらぬようにしてほしい。
「商品は、市場で売るために生産された労働生産物でなければならない」	立場として一面的な記述はさけてほしい。マルクス主義による説明、必ずしも必要ない。
「(非同盟)諸国の勢力が増加するにつれて、国際連合もたんなるアメリカ中心の機構から脱皮する条件がととのってきた」	「アメリカ中心の」は「大国中心の」ではないか。ソ連や西欧の力を無視することはできない。

＊出版労連『教科書レポート一九八一年版・第二五号』による。

原画に近いほうが良いのではないだろうか。文部省の本音は、原爆の悲惨さ、恐ろしさがよくわかる絵は載せたくないということにあるようである。

もう一つの図版は、「四大公害裁判の図表」の被告の企業名である。文部省の意見は「企業名はとるように」というものであった。中学生には認めるが高校生には認めないというおかしな検定である。なお、この公害企業名については、その後の世論の抗議の前に、文部省はその復活を認めた。ただし、検定意見の誤りを認めて復活させたのではなく、教科書会社の「正誤訂正」の手続きによって復活を認めたもので、たてまえは教科書会社側が間違ったということで処理したわけである。

このような、誤った検定を是正する手続きについて、この後も文部省・文部科学省は放置してきたために、今日でも大きな問題を引き起こしている。

5 教科書検定問題への国際的批判

歴史教科書改ざんへの韓国・中国の怒り

文部省の侵略・加害を歪曲する教科書検定は、一九八二年（昭和五七）夏に韓国・中国などアジア諸国から抗議を受け、国際問題になり、外交問題化した。

八二年六月二六日、文部省は八一年度の高校教科書の検定の一部を公開した。この八一年度検定についてマスメディアは、検定で「侵略」を「進出」と書き替えたなど、日本のアジアへの侵略や加害が検定で歪められたことを大きく報道した。これは、中国・韓国をはじめアジア各地でも大きく報道され、アジアの人びと、アジアの国々が日本の教科書検定による歴史の歪曲の事実を初めて知ることになった。

韓国の有力紙『東亜日報』（八二年七月八日）は、「日本改編教科書を見て」と題した記事でこう述べた。

「日本の教育当局が、いかなる内容の教科書を編成し、どのように教えようとわれわれが関与する問題でないことは知っている。しかし、その教科書において、過去の韓半島に対する侵略と植民地統治を正当なものとして美化するならば、かつて日帝の虐政の下においてあらゆる辛酸をなめたわれわれとして、これを黙視することはできない」と前置きして、文部省は、「侵略」を「侵攻」に、「弾圧」を「鎮圧」に、「出兵」を「派遣」に、「収奪」を「譲渡」に書き替えさせているが、「韓半島と中国大陸そして東南アジアに対する日帝の侵略史は、全世界が知っていることであり、日本がこれを美化したとしても真実が隠されるはずがない。しかし、われわれの次の世代と接触する未来の日本の主人公たちが、このように歪曲された歴史教育を受けるとき、未来の両国間の協力の増進がそのまま成し遂げられるか、という深い憂慮を禁じえない。まして『抵抗運動』を『暴動』と偽って習う日本の青少年が、やがて侵略史で誤導された認識により根拠のない優越感に陥るようなことがあれば、これ以上不幸なことはない」。

そして、「恥ずかしい過去であればあるほど、あるがままに教え、徹底して反省するなかにおいて、教育の目的も達成することができるのであり、将来、国際間において、次の世代の理解増進と相互協力にも寄与できるのである」と締めくくっている。

また、中国共産党機関紙『人民日報』(八二年七月二四日)は、「日本の中国侵略の歴史の改ざんは許されない」と題した記事で、「日本の文部省が教科書を検定することは日本の内政であるが、日本の中国や東南アジアに対する侵略は日本の内政ではないし、日本の侵略の歴史を改ざんすることも、内政などというものではない」として、「中国侵略」を「中国への進出」とし、日本侵略軍が行った「南京大虐殺」を中国軍の抵抗の結果といいたてているが、「これは日本の若い世代を欺くものであるばかりか、中国人民に対する重大な侮辱である」と厳しく批判した。

そして、「日本の軍国主義者は、彼らが中国でつくり出した人間地獄を『王道楽土』といい、彼らの中国や東南アジアに対する侵略を『進出』に改めることができたとしても、彼らが中国人民、東南アジア人民の心の中に残した日本による侵略、虐殺、略奪というにがにがしい記憶を抹殺することはできないし、侵略戦争にかりたてられ、肉弾にされた日本人民のはげしい憤りを抹殺することはできない」と述べ、「この誤った行為を弁護するのは、誤りに誤りを重ねるものであり、それは日中友好関係をうち固め、発展させるために不利であり、日本とアジア諸国との平和共存にとって不利である」と論じた(『東亜日報』と『人民日報』の記事については前掲『家永裁判運動小史』の記述に基づく)。

アジア諸国やアメリカからの批判

日本の教科書検定による歴史改ざんに対して、七月二六日、中国政府が公式に日本の歴史教科書の改ざんについて抗議し、是正を要求した。次いで、八月三日、韓国政府も同様の抗議と要求を行った。八月には、香港の労働組合・社会団体などが日本総領事館に抗議書簡を提出、さらに、朝鮮民主主義人民共和国（北朝鮮）の労働党中央委員会機関紙『労働新聞』が九月二日付で国際的批判に対する日本政府の見解（後述の「宮沢談話」）を批判する論文を掲載した。ベトナム外務省は、矢田部厚彦駐ベトナム大使に対して、教科書のベトナムに関する誤った部分を訂正するように求めた。

これらのほか、「一九八二年七月から九月にかけての三か月間で、アジア一九か国の主要新聞に合計二四三九もの日本の教科書問題に関する記事が掲載され」（大槻健監修・労働者教育協会編『「教育臨調」の構図』学習の友社、一九八三年）、日本の教科書検定による歴史改ざんを批判する論調がほとんどだった。このように、東南アジア諸国からもいっせいに抗議や批判の声が上がった。

アジアだけではなく、八二年九月一五日付で日本の教科書の明白な史実の歪曲に対して抗議する声明書が、アメリカの多くの大学の研究者九十数人の連署によって発せられた。声明書の最後にはこう書かれていた。「過去を虚偽化しようとする邪悪な努力に対する日本における我々の仲間のたたかいに対して参加することを希望する」（家永三郎「外国の研究者とメディアからの反響に接して」浪本勝年・荒牧重人・教科書裁判国際委員会編『世界が報じた家永教科書裁判』エィデル研究所、一九九八年)。

こうして教科書検定問題――史実歪曲問題は外交問題に発展し、日本政府は「暑い夏」を経験することになる。

アジア諸国の抗議運動

アジアにおける抗議運動がいかに激しいものであったかは、日本ではあまり具体的に紹介されていない。香港中文大学の譚汝謙は、侵略戦争の歴史の真実を検定で教科書から消し去ろうとした八二年の「教科書問題」に対する、中国・台湾・香港の三地域における抗議行動(「反日改史運動」と呼ばれている)についての文献をまとめ、『反日改史怒吼集』として、九一年一一月に香港の明報出版社から出版した。

この「資料集」は、三地域の「反日改史運動」に関する文献で、「改史の実況及び背景の分析、各団体の抗議声明、新聞社説、個人言論、文化活動(学術研究、資料出版、詩、音楽、映画、テレビ、展示会、各地の漫画展)およびその他の抗議活動(宗教活動、日本製品のボイコットなど)の内容が含まれ、計四〇万字近い長短文献二〇〇編余りと貴重な写真も編集されている」ものである。

これらの文献・資料などは八二年六月末から九月末までのわずか三か月のものであるが、これらをみると、八二年当時の中国・台湾・香港での抗議行動の激しさを知ることができる。例えば、香港では、学生が三〇万人の抗議署名を集め、大学教授四百余人が血書で抗議文を書き、二万余人の人びとが血で署名をしたことなど、そのほとんどは日本のマスメディアでは報道されなかったものである。

また、『反日改史怒吼集』によると八二年七月〜九月のアジア各国の主要新聞に掲載された日本の「教科書問題」は、この三地域以外では、マカオ一四五編、韓国九四六編、北朝鮮三三編、フィリピン三七編、インドネシア七五編、マレーシア四三編、シンガポール三一二編、ベトナム五編、タイ七二編、ビルマ（現ミャンマー）二四編、インド一九編、スリランカ七編、パキスタン一六編、バングラデシュ一二編、オーストラリア一六編もあるということである。このことから、アジアの人びとが、日本の「教科書問題」をどのような気持ちでみていたかを知ることができる。

譚は「八二年の反日改史運動は国際的な文化思想運動である」「彼らは同じ声で正義を要求し、公正を実現せよと怒号した。いままでこのようなアジア人民の大同団結が実現したことはなかった」と語っている（俵義文・石山久男『高校教科書検定と今日の教科書問題の焦点』学習の友社、一九九五年）。

6　検定基準の「近隣諸国条項」と文部省の抵抗

国内外からの抗議に対して、中国政府の抗議から一か月後の八二年八月二六日、政府は中国・韓国などアジア諸国に謝罪し、宮沢喜一官房長官の次のような「宮沢談話」＝「アジア近隣諸国との友好・親善を進める上でこれらの批判に十分に耳を傾け、政府の責任で是正する」を「政府見解」として出し、国際問題・外交問題の解決を図った。

「歴史教科書」に関する宮沢内閣官房長官談話

一、日本政府及び日本国民は、過去において、我が国の行為が韓国・中国を含むアジアの国々の国民に多大の苦痛と損害を与えたことを深く自覚し、このようなことを二度と繰り返してはならないとの反省と決意の上に立って平和国家としての道を歩んできた。我が国は、韓国については、昭和四十年（一九六五年―引用者）の日韓共同コミュニケの中において「過去の関係は遺憾であって深く反省している」との認識を、中国については日中共同声明において「過去において日本国が戦争を通じて中国国民に重大な損害を与えたことの責任を痛感し、深く反省する」との認識を述べたが、これも前述の我が国の反省と決意を確認したものであり、現在においてもこの認識にはいささかの変化もない。

二、このような日韓共同コミュニケ、日中共同声明の精神は我が国の学校教育、教科書の検定にあたっても、当然、尊重されるべきものであるが、今日、韓国、中国等より、こうした点に関する我が国教科書の記述について批判が寄せられている。我が国としては、アジアの近隣諸国との友好、親善を進める上でこれらの批判に十分に耳を傾け、政府の責任において是正する。

三、このため、今後の教科書検定に際しては、教科用図書検定調査審議会の議を経て検定基準を改め、前記の趣旨が十分実現するよう配慮する。すでに検定の行われたものについては、今後すみやかに同様の趣旨が実現されるよう措置するが、それ迄の間の措置として文部大臣が所見を明らかにして、前記二の趣旨を教育の場において十分反映せしめるものとする。

四、我が国としては、今後とも、近隣国民との相互理解の促進と友好協力の発展に努め、アジアひいては世界の平和と安定に寄与していく考えである。

検定制度の非論理性を突いた宮沢官房長官

しかし、中国・韓国政府などは「宮沢談話」は具体性に乏しいと批判し、日本政府は具体的な是正策を提示してようやく外交問題を解決した。

政府見解に先立って、八月一九日、外務・文部両省の幹部との協議の席上で、宮沢官房長官は、三角哲生文部事務次官に検定制度の法的根拠を問いただしたが、三角文部次官は宮沢を納得させる明快な説明ができなかった。「三角らは、法的根拠がないからといって、外国の要求で即時是正を認めてしまっては、これまで努力して築き上げた検定制度は崩壊してしまうという思いを説明しようとするが、……宮沢は容赦なくその非論理性を突いた」そして、三角文部次官は涙をうかべて文部省に帰り、待ちかまえた自民党文教族に「いじめられたこと」を訴え、両者協議ののち、あらためて「一切の譲歩を拒否することが確認された」(『朝日新聞』八二年一〇月六日夕刊)。

このため、宮沢官房長官は、文部省を外して、外務省と協議して「宮沢談話」を出したが、「政府の責任で是正する」という「談話」の内容は、中国・韓国に伝達した後で文部省に説明された。

文部省の抵抗と検定方針変更

文部省はこの政府見解の後でも「抵抗」をつづけ、八二年九月〜一〇月に家永をはじめ各社の執筆者たちが、教科書会社を通じて問題部分の記述を「正誤訂正」で「復活・是正」しようとしたことに対して、この「正誤訂正」を拒否した。

しかし、宮沢官房長官談話を受けて文部省は、八二年一〇月の検定審議会第二部会歴史小委員会で検定方針の変更を明らかにした。その内容は、「南京事件については、原則として同事件が混乱の中で発生した旨の記述を求める検定意見を付さない」「主として満州事変以降における日中関係の記述については、特に不適切な場合を除き、『侵略』『侵攻』『侵入』『進出』『進攻』等の表現について検定意見を付さない」「沖縄戦における住民虐殺について検定意見を付さない」などである。

さらに文部省は、八二年一一月、検定基準に「近隣のアジア諸国との間の近現代の歴史的事象の扱いに、国際理解と国際協調の見地から必要な配慮がされていること」という「近隣諸国条項」を追加し、日本の侵略戦争に関する記述を検定で歪曲しないと国の内外に約束した。「近隣諸国条項」の適用例には沖縄戦も含まれ、これによって文部省は、沖縄戦での日本軍の住民虐殺の記述を教科書から削除できなくなった。このような経緯の中で、第二次教科書攻撃は終焉することになった。

7　「侵略→進出」に関する「大誤報」問題とは何か

ところで、歴史教科書を「自虐史観」「偏向」と攻撃している右翼勢力は、一九八二年

（昭和五七）にマスメディアが報道した、検定による「侵略→進出」書き替えという「大誤報事件」をきっかけにした政府の間違った対応によって「宮沢談話」が出され、検定基準の近隣諸国条項が制定された、このために教科書に日本軍「慰安婦」や南京大虐殺、強制連行など自虐的で偏向した内容が記述されるようになった、八二年の教科書問題は「大誤報事件」が原因なのだ、と主張しはじめた。

そして後述する第三次教科書攻撃の中でも、新しい歴史教科書をつくる会（「つくる会」）、日本教育再生機構、「教科書改善の会」、日本会議、「日本会議議連」の自民党の政治家などが、この「大誤報」を根拠に、宮沢談話＝近隣諸国条項の見直し、廃止を主張している。そこで、この「大誤報」問題の事実について明らかにしておく必要がある。

「大誤報」の経過と本質

当時の文部省の検定公開はきわめて不十分なもので、公開時期も今日のように検定が終わる三月末ではなく、教科書採択が行われる六月末であった。文部省は記者クラブに対して、検定申請図書（白表紙本）は公開せずに検定後の見本本のみを公開していた。記者クラブの記者たちは、見本本だけを見ながら分担して検定事例を集める作業をしていたが、ある日本史教科書を担当した記者が、中国戦線に関して、最初から「進出」と記述されていたのを、検定で「侵略」から「進出」と書き替えさせられたとクラブで報告した。

このような誤解が生じたのは、それまでもこの「侵略→進出」の検定事例が多くあったこと、文部省が今日のように白表紙本を公開していなかったために、白表紙本との付け合わせによる確認ができなかったことなどが理由として指摘できる。この報告を聞いた他社の記者たちも、これまでも同様の検定事例が多くあったことを承知していたこともあって、見本本だけを確認していっせいに大きく報道したのである。

ところが、文藝春秋の『週刊文春』と『諸君！』が、この「誤報」が外交問題にまで発展した〝騒ぎ〟の発端だと書き立て、『サンケイ新聞』も九月七日付の朝刊で誤報について、「読者に深くおわびします」という訂正・謝罪記事を掲載した。そして、その後も『サンケイ（産経）新聞』や文藝春秋の雑誌などは「大誤報」キャンペーンを繰り返し、「もともと『侵略→進出』の書き替えなど全くなかったのだ」と強調してきた。

たしかに、一九八一年度の検定で、中国戦線に関する記述では、「侵略→進出」と書き替えさせた検定事例はなかったが、東南アジア戦線の記述では、世界史教科書（帝国書院）にその例があった。また、「侵略→進出」ではなく「侵略」を他の言葉に替えさせた検定事例は後述のように多くあった。その意味では、「日本史教科書」については「誤報」があったが、その限定をしなければ、八一年度検定でも「侵略→進出」はあったので「誤報」とはいえない。

「侵略→進出」というのは一つの言葉の問題に過ぎないのであって、中国・韓国や東南アジア諸国が問題にしたのは、単に「侵略」を「進出」に書き替えさせたという言葉の問題ではない。侵略や植民地支配、加害の事実を覆い隠して教科書の歴史記述を「改ざん」したことに対して抗議し、是正を要求したのである。そのことは、先に紹介した『東亜日報』や『人民日報』の記事が示しているし、何よりも、この問題の報道から両国が正式抗議をするまで約一か月経過している。これは、両国政府が一か月をかけて「侵略→進出」だけではなく、侵略・加害、植民地支配の歴史の事実を改ざんした検定実態の把握と分析を行っていたためだと推測できる。

多くの事例がある「侵略」の書き替え

「侵略」という用語を消す検定は、八一年度検定でも多くの事例がある。前掲の出版労連『「日本史」「世界史」検定資料集』は、調査した教科書のすべてにわたって、明治以降の歴史の記述で検定によって「侵略」が削られ、他の用語・記述に変えられたことを明らかにしている。その資料から、八一年度検定の事例について、そのいくつかを**表4**で紹介する。

表4でみられるように多くの事例があるが、これは単に言葉の言い直しの問題ではない。「侵略」の用語を書き替えさせる検定事例は、歴史学者の藤原彰が「その背後に、全体として近代日本の軍国主義を肯定し、戦争を美化する歴史観が流れています」「一九五〇年

表4　高校教科書での「侵略」の書き替え例

教科書	検定前	検定後
東京書籍『世界史』	〔見出し〕日本の中国侵略	〔見出し〕日本の満州占領
東京書籍『世界史』	〔図版見出し〕日本の中国侵略	〔図版見出し〕満州事変から日中戦争へ
三省堂『新世界史』	特に東三省に駐屯する関東軍は……満州国をつくった。この侵略にたいして	特に東三省に駐屯する関東軍は……満州国をつくった。……これらの軍事行動にたいして
学校図書『日本史』	満州への侵略にはじまった一五年戦争	満州事変にはじまる一五年にわたる戦争
山川出版『要説世界史』	日本の行為を侵略だと断定した。	日本の行為を正当なものではないと判断した。
実教出版『世界史』	〔見出し〕日本の中国侵略	〔見出し〕満州事変・上海事変
実教出版『世界史』	〔地図キャプション〕日本の中国侵略	〔地図キャプション〕日本の中国侵入
山川出版『世界の歴史』	〔解説〕明治政府は……戦争や侵略をくりかえした。	〔解説〕明治政府は……対外膨張をつづけた。
帝国書院『新詳世界史』	この東南アジア侵略は、石油・錫・ゴム・米などの獲得をめざしていたので	この東南アジア進出は、石油・錫・ゴム・米などの獲得をめざしていたので
清水書院『世界史』	調査団は日本の行為を侵略と認めたので、	調査団は日本の行為を正当と認めず、
三省堂『日本史』	その報告にもとづいて日本の行動を侵略と断定した。	その報告は、日本の行動を正当な自衛権の発動とは認めなかった。

＊出版労連『「日本史」「世界史」検定資料集』による。

代後半から現在にいたるまでの歴史教科書検定の経過は、つねにこのような侵略肯定史観の強制でありました」(藤原彰「教科書問題で問われているもの」歴史学研究会編『歴史家はなぜ〝侵略〟にこだわるか』青木書店、一九八二年)というように、一九五五年の第一次教科書攻撃以降の検定制度改悪による検定強化の中で一貫して行われてきたことである。

一九四七年の学習指導要領試案では、「絶対主義、独占資本主義的傾向やさらに軍国主義的遺制が、日本をして侵略的な政策をとらせた」「日本の中国侵略」などと、「侵略」の用語を用いていた。

ところが、五一年の学習指導要領では「日本の大陸進出」に用語が変わり、以後、指導要領では「侵略」の用語は全く姿を消し、すべて「進出」に統一されてきた。そして、検定の中では、「侵略」の用語については、「自国の行為につき否定的な価値評価を含む『侵略』の用語は教育上好ましくない。『武力進出』など客観的な言葉と替えよ」(家永三郎『新日本史』への検定例)などという検定意見を付けて執拗に修正を迫ってきたのである(前掲『「日本史」「世界史」検定資料集』一九八二年/家永三郎監修、吉見義明・藤原彰ほか『教科書から消せない戦争の真実』教科書検定訴訟を支援する全国連絡会、一九九六年/俵義文『教科書攻撃の深層』学習の友社、一九九七年/俵義文「歴史教科書検定にアジアは猛反発」『週刊二〇世紀』四一号・朝日新聞社、一九九九年一一月四日参照)。

8　家永教科書裁判第二次訴訟・最高裁判決、差し戻し審・高裁判決

一九七五年（昭和五〇）一二月二〇日の原告・家永勝訴の畔上判決（第二次訴訟）に対して、国・文部省は最高裁に上告した。そして、最高裁でも敗訴するのではという危機意識を強めた文部省は、上告後になって裁判の門前払いを求める、「訴えの利益なし」という新たな問題（理由）を持ち出した。

学習指導要領の失効を持ち出した文部省

文部省は、第二次訴訟で論点になっている一九六七年検定に「適用された六〇年版学習指導要領は、七〇年版新学習指導要領が出されたことによって七六年度から完全に失効した。したがって判断基準の学習指導要領（以下、指導要領）が失効した今、裁判をする意味がない（訴えの利益が失われた）」と主張した。つまり、裁判で争っている家永教科書に対する検定の判断基準の学習指導要領が失効したので、不合格を取り消しても、教科書としては発行できないので「訴えの利益がない」という主張である。

最高裁第一小法廷は、この文部省の主張に乗っかり、一九八一年（昭和五六）七月九日に口頭弁論を開いた。最高裁が口頭弁論を開くというのは判決を変更する可能性を示すも

のであり、口頭弁論当日は全国から三〇〇人が最高裁の傍聴に参加し、夜の報告集会には八〇〇人が集まった。

こうした事態を受けて、歴史学関係者は「上告棄却を要請する」独自の署名を集める活動を強め、「教科書全国連」の最高裁要請署名は一六八万三〇〇〇筆を超え、教科書執筆者二五九名の連署の要請書も最高裁に出された。全国各地で街頭ビラまきや学習会が行われ、第二次訴訟支援は、教科書攻撃反対と連動して新たな高揚をもたらした。

最高裁の差し戻し判決

こうした運動があったが、八二年四月八日、最高裁第一小法廷（中村治朗裁判長）は、「原判決を破棄し、東京高裁へ差し戻す」という判決（中村判決）を出した。二審の畔上判決は破棄したが、文部省の要求した裁判の門前払いの主張も容認しないで、文部省が求めた理由について、「学習指導要領と教科書記述の関係をより綿密に検討する必要がある」という裁判のやり直しを命じるものだった。

この日の最高裁の傍聴には全国から六〇〇人が参加し、判決報告集会には八〇〇人が集まった。報告集会で家永は、「差し戻し審であらためて根本的な問題に立ち返ったたたかいが可能になった次第であるから、私には敗北感も挫折感も全くない」と語った。その日の夜、日比谷野外音楽堂で開かれた「四・八教科書裁判最高裁判決抗議、教育の反動化に反撃する国民大集会」には緊急にもかかわらず八〇〇〇人が結集した。集会でアピールを採択した後、家永を先頭に文部省前から新橋までデモ行進が行われた。

最高裁の判断によれば、六〇年版指導要領と七〇年新指導要領の差異が微小であれば審査基準に変化はないことになり、「訴えの利益あり」という結論になるので、差し戻し審の東京高裁では、指導要領の改訂が教科書記述にどの程度の影響を与えるかをめぐって、教科書執筆者や高校教員による証言が行われた。この「訴えの利益の有無」というのは、学習指導要領と教科書、教科書検定の関係を解き明かす重要な論点になった。

杉本判決に触れなかった高裁の「訴えの利益なし」判決

一九八九年（平成元）六月二七日、第二次訴訟の差し戻し審について、東京高裁の丹野達裁判長は、「訴えの利益なし」という判決（丹野判決）を言い渡した。家永や弁護団は、「学習指導要領の改訂という、裁判外の既成事実を理由に訴えを却下したもので、これでは国民の裁判を受ける権利という点でも問題を残した」不当判決だと丹野判決を厳しく批判した。

第二次訴訟は、東京地裁では杉本判決、東京高裁では畔上判決で、原告が全面勝訴し、国側が負けつづけた裁判である。丹野判決の主文は「原判決を取り消す。被控訴人の本件訴えを却下する」というもので、原判決（畔上判決）を取り消し、被控訴人（家永）の訴えを却下したが、それは「訴えの利益」がないために「取り消した」ものであり、杉本判決の本訴訟に関する見解＝判決内容には全く言及していない。丹野判決によって、杉本判決の内容は「取り消されて」いないのである。家永も「杉本判決に全く傷がつかなかったことだけが、唯一の救いであった」と述べている。

9 第一次訴訟控訴審・東京高裁の「不当！・最低最悪の判決」

一九八六年三月一九日、家永教科書裁判第一次訴訟控訴審の東京高裁（鈴木潔裁判長）は、原告全面敗訴の判決（鈴木判決）を出した。

第一次訴訟東京地裁『高津判決』（一九七四年七月一六日）の二年後に前述した旭川学テ最高裁大法廷判決があった。この判決は、「杉本判決をしき写しにした文言」（家永）もあり、評価できる面もあったが、次のような問題点があった。すなわち、杉本判決が全面的に否定した「国家の教育権」について、「必要かつ合理的な範囲で」認められるとして、指導要領についても「大綱的基準」である限りは教育基本法一〇条でいう「不当な支配」にあたらないと判断したのである。

そこで、家永側は東京高裁の法廷では、「（最高裁）大法廷判決の曖昧な基準が教育の本質を歪めていることや、学習指導要領によって些細な記述までチェックしている検定の実態を、多くの教育学者や歴史学者によって証言してきました。この間の法廷は、もっとも理論的レベルの高い証言が行われ、多くの歴史研究者がその証言準備に協力してきました。学界ぐるみの支援運動が展開されたのです」（前掲『家永教科書裁判のすべて』）とあるような数々の証言を行った。

鈴木判決は、こうした家永側の証言を一顧だにせず、最高裁「学テ判決」を恣意的に引用し、それを根拠に教科書検定を合憲・合法とした上で、争点となった個別箇所についても、高津判決が文部省検定の不当性を認めた部分も含めて、検定意見に「相応の根拠がある限り」検定による教育内容への介入は是認されるとした。まさに、『教科書裁判ニュース』（第二一七号、一九八六年四月）が一面の見出しを「不当！最低最悪の『鈴木判決』」としたような判決であった。

家永は、判決後に「最も憂えるのは、裁判所が司法権の任務を放てきして、法の護り手としての職務を自ら完全に投げ捨てたということ」であると、怒りの声明を発表した。家永側はただちに最高裁に上告した。

10　八〇年代検定を争う家永教科書裁判第三次訴訟

一九八〇年代になってからの第二次教科書攻撃を背景とした検定強化は、前述のように外交問題まで引き起こしたが、この検定強化は当然のごとく家永教科書『新日本史』の八〇年度と八三年度検定にもおよんだ。この七〇年代の教科書の改善を一挙にもとに戻そうとする文部省のすさまじい検定に対して、家永はあらためて激しい怒りを感じて、第三次訴訟の提訴を決意した。提訴にあたって家永は次のように述べている。

……輝かしい杉本判決の出た後しばらくは検定もやや緩やかになったように見えましたが、はげしいまき返しが始まり、一九八〇年度の検定は、三十年近い私の教科書執筆の経験のなかで前例をみないほどの「すさまじさ」を呈しました。ここでもう一度検定の不法不当な実態に対し徹底的に争わないままにすませるのでは、せっかく前例のない訴訟を提起し今日まで長期にわたるたたかいを続けてきたことの意義を十分ならしめないで終らせるおそれがあり、私としてもひとたび検定との対決に一身を投入しながら過去のそれを上まわる不法不当な検定を受忍したのでは、前記のような私の責任を中途半端な形でしか負わなかった結果となりかねません（『教科書裁判ニュース』

第一九二号、一九八四年一月）。

一九八四年（昭和五九）一月一九日、東京はこの日、珍しく大雪に見舞われ、降りしきる雪の中、家永をはじめ弁護団、支援者は、違法の検定による精神的苦痛への国家賠償を求めた訴状を東京地裁に提出した。八〇年代検定を裁く第三次訴訟のはじまりであった。

第三次訴訟の八つの争点

第三次訴訟で取り上げた検定例（争点）は次の八つである。

八〇年度検定での、①親鸞に関する記述、②幕末時の相楽総三らの草莽隊に関する記述、③南京大虐殺事件の記述、④八三年度検定での侵略という用語、⑤日清戦争時の朝鮮人民の反日抵抗に関する記述、⑥日中戦争での日本軍の中国人女性凌辱に関する記述、⑦七三一部隊に関する記述、⑧沖縄戦での日本軍の県民虐殺に関する記述、である。なお、八三年度検定は、八二年の教科書外交問題の後で近隣諸国条項が検定基準に加えられて以後、初めての検定である。

これらの争点（検定例）について説明する前に、家永教科書の検定当時の検定制度について若干説明しておく必要がある。当時、検定意見は修正意見と改善意見にわかれていた。修正意見は必ず修正しなければ不合格となる意見で、改善意見は理由を示して従わなくても不合格とはならない意見である。ただし、実際には改善意見についても、文部省・教科書調査官は執拗に繰り返し修正を要求していた。

以下、八つの争点について簡単に説明する。

①親鸞に関する記述

原稿記述の朝廷の弾圧に対して親鸞が「堂々と抗議の言を発して屈しなかった」という部分について、文部省は、親鸞は朝廷の弾圧に抗議しなかったという改善意見で変更を要求した。原告は、二回にわたって「拒否理由書」を提出して修正を拒否した。

②幕末時の相楽総三らの草莽隊に関する記述

「朝廷の軍は年貢半減などの方針を示して人民の支持を求め、人民のなかからも草莽隊といわれる義勇軍が徳川征討に進んで参加したが、のちに朝廷方は草莽隊の相楽総三らを『偽官軍』として死刑に処し、年貢半減を実行しなかった」という原稿記述に対し、「年貢半減」の方針を示した主体を「朝廷の軍」とした部分を再検討せよという修正意見が付いた。意見の理由は、「朝廷は年貢半減など約束していない。相楽総三が勅諚を得たうえで年貢半減の方針を打ちだしたとする史料は不確実である。この記述ではあたかも朝廷がみずから約束を破ったように読める」というものである。家永はやむなく「朝廷の軍は年貢半減などの方針を示して人民の支持を求め」を削除した。

③南京大虐殺事件の記述

一九七八年版の検定合格記述と全く同じ「［脚注］南京占領直後、日本軍は多数の中国軍民を殺害した。南京大虐殺《アトロシティー》とよばれる」に対して、「『日本軍は』というと、軍が組織的に虐殺をしたというように読み取れるので、『混乱の中で』ということを加えるか、『殺害したといわれている』と改めるべきだ」という修正意見が付された。家永は、やむなく「南京占領直後、日本は」の部分を「日本軍は、中国軍のはげしい抗戦を撃破しつつ激昂裏に南京を占領し、多数の中国軍民を殺害した」と修正せざるをえなかった。

④侵略という用語

中国に対する「日本の侵略」という原稿記述に対して、「自国の教科書で『侵略』という評価のある語を使うのは教育的見地から好ましくない。例えば『武力進出』といった表記にすべきだ」という改善意見が執拗に付けられた。家永は、「拒否理由書」を出し、「中国侵略は客観的事実であり、たんなる評価ではないから、修正しない」として、最終的に原稿記述のままとなった。

⑤日清戦争時の朝鮮人民の反日抵抗に関する記述

原稿記述の「一八九四（明治二七）年、ついに日清戦争がはじまった。その翌年にわたる戦いで、日本軍の勝利がつづいたが、戦場となった朝鮮では人民の反日抵抗がたびたびおこっている」に対し、「戦場となった朝鮮では」以下を削除せよという修正意見が付いた。この部分は、八〇年検定本にはなかった部分で、家永が最近の研究成果をふまえて追加した記述である。文部省の修正意見の理由は、「朝鮮人民の反日抵抗とは何を指すのかわからない。たとえ特殊な研究に発表されていても、啓蒙書によって十分に普及されている事例以外は取り上げるべきでない」というものである。

家永は、日清戦争についての研究の最高水準を示すものとして、中塚明『日清戦争の研究』、朴宗根『日清戦争と朝鮮』をあげ、両書では『朝鮮では人民の反日抵抗がたびたびおこっている』事実が、根本史料に基づき詳細に立証されている」という「意見申立書」を提出して抵抗したが認められなかった。家永は「戦場となった朝鮮では……」以下を「戦場となった朝鮮では労力、物資の調達などで人民の協力を得られないことがたびたびあった」と修正した。

⑥日中戦争での日本軍の中国人女性凌辱に関する記述

家永は八三年度検定で前記の南京大虐殺の記述を「日本軍は南京占領のさい、多数の中国軍民を殺害し、日本軍将兵のなかには中国婦人をはずかしめたりするものが少なくなかった。南京大虐殺《アトロシティー》とよばれる」と改訂した。これに対して、「日本軍将兵のなかには中国婦人をはずかしめたりするものが少なくなかった」を削除せよという修正意見が付いた。その理由は、軍隊による婦女暴行は「古代以来世界的共通慣行のこととして広く認められている」ので、「特に日本軍の場合にだけここについて書くのは、選択と配列の上で問題がある」というものである。また、華北の戦場について「日本軍はいたるところで住民を殺害したり、村落を焼きはらったり、婦人をはずかしめるものなど、中国人の生命・貞操・財産などにはかりしれないほど多大の損害をあたえた」という記述を改訂で追加したが、これについても同様の意見が付いた。家永はやむなく、南京事件では「日本軍将兵のなかには暴行や略奪などをおこなうものが少なくなかった」と修正し、華北の戦場については、「婦人をはずかしめるものなど」と「貞操」を削除した。

⑦七三一部隊に関する記述

家永は⑥の記述につづけて、「またハルビン郊外に七三一部隊と称する細菌戦部隊を設け、数千人の中国人を主とする外国人を捕らえて生体実験を加えて殺すような残虐な作業をソ連の開戦にいたるまで数年にわたってつづけた」と追加したが、これを削除せよという修正意見が付き、削除させられた。修正意見の理由は、「七三一部隊のことは現時点ではまだ信用にたえうる学問的研究、論文ないし著書などが発表されていないので、これを教科書に取り上げることは時期尚早である」というものであった。

⑧沖縄戦での日本軍の県民虐殺に関する記述

家永の改訂原稿「沖縄県は地上戦の戦場となり、約一六万もの多数の県民老若男女が戦火の中で非業の死をとげたが、そのなかには日本軍のために殺された人も少なくなかった」に対して、「沖縄県民の犠牲のなかには、日本軍のために殺された人も少なくなかったことは事実であるが、一般市民の場合は集団自決がいちばん多いので、それをまず第一に挙げてほしい」という修正意見が付いた。家永は後半を「約一六万の県民の老若男女が砲爆撃にたおれたり、集団自決に追いやられたりするなど、非業の死をとげたが、なかには日本軍に殺された人も少なくなかった」と修正した。

これらの争点（検定例）の内、①と②は朝廷批判を削除させる検定であるが、他の六つはいずれも日本のアジア侵略戦争と加害、植民地支配に関するものであり、これらの教科書記述に対する検定を争うのが第三次訴訟の主要なテーマであった（以上の争点については、家永三郎『「密室」検定の記録』名著刊行会、一九九三年／前掲『家永教科書裁判』参照）。

多くの研究者・著名人が証言に立った法廷

第三次訴訟の提訴を受けて、支援運動は新たな盛り上がりをみせた。「教科書全国連」の会員はさらに増え、個人と団体を合わせて二万人を超えた。八四年九月から「教科書裁判勝利！全国連鎖集会」が毎月各地の一〇か所以上で開かれ、八五年四月までに三二都府県一二〇か所で合わせて二万人が参加した。八五年六月一二日に提訴二〇周年を迎え、この日を中心に各地で署名やビラ配布、記念集会などの全国的な統一行動が展開された。

第一審の法廷では、南京大虐殺を現地取材したジャーナリストの本多勝一、七三一部隊を取材し『悪魔の飽食』を著した作家の森村誠一などが証言に立った。さらに、日中戦争、アジア太平洋戦争の記述が大きな争点だったので、藤原彰、江口圭一、大江志乃夫など多くの歴史研究者が証言を行った。南京大虐殺や七三一部隊については、裁判を契機に個別の研究会が組織され、教科書裁判の証言準備のためだけでなく、南京事件・七三一部隊の研究を大きく発展させた（南京事件の研究については笠原十九司『南京事件論争史』平凡社新書、二〇〇七年／平凡社ライブラリー・増補版、二〇一八年に詳しい）。

さらに、沖縄戦をめぐって、現地沖縄で法廷を開くようにという家永側の主張が認められ、八八年二月九日・一〇日の二日間、那覇地裁で教科書裁判の出張法廷が開かれた。沖縄では、復帰前の一九六七年二月一一日に「建国記念の日」に抗議する意味を込めて沖縄支援会が発足して活動していた。沖縄出張法廷にあたって新たに「沖縄出張法廷を支援する県民連絡会議」が発足し、独自の弁護団が結成された。

出張法廷では、大田昌秀（琉球大学教授）、安仁屋政昭（沖縄国際大学教授）、金城重明（沖縄キリスト教短期大学教授）、山川宗秀（県立普天間高校教員）の四人が証言した。この法廷では、「集団自決」とは「美しい死」だったのか、「強要された集団殺し合い（強制集団死）」だったのかをめぐって、後者を立証する貴重な証言が行われた。

沖縄には全国各地から二五〇人の支援者が駆けつけ、法廷報告集会や各地の支援集会、沖縄戦の戦跡と基地巡りなどに参加した。筆者もこれに参加したが、沖縄に行くのはこれが初めてであり、金城重明の集会での証言や戦跡・基地の実態に深い感銘を受けたことを今でも記憶している。

なお、家永教科書裁判は訴訟が三次にわたりかつ並行して進められているため複雑なので、その経過を**表5**で簡潔に示しておく。

表5　家永教科書裁判の三次にわたる訴訟経過

年	第一次訴訟	第二次訴訟	第三次訴訟
一九六五	六・一二　提訴［国家賠償請求訴訟］		
一九六七		六・二三　提訴［検定処分取消訴訟］	
一九六八	九・一四　地裁［検定文書提出命令］	一〇・七～九　京都出張法廷	
一九六九	一〇・一五　高裁［検定文書提出命令］		
一九七〇		七・一七　地裁　杉本判決［勝訴］	
一九七一	一二・一七　最高裁［検定文書提出命令］		
一九七四	七・一六　地裁　高津判決［一部勝訴］		
一九七五		一二・二〇　高裁　畔上判決［勝訴］	
一九八二		四・八　最高裁　中村判決［原判決破棄、高裁へ差し戻し］	
一九八四			一・一九　提訴［国家賠償請求訴訟］
一九八六	三・一九　高裁　鈴木判決［敗訴］		
一九八八			二・九～一〇　沖縄出張法廷
一九八九		六・二七　高裁　丹野判決［敗訴、訴えの利益なしで訴訟打ち切り］	一〇・三　地裁　加藤判決［一部勝訴］
一九九三	三・一六　最高裁　可部判決［敗訴］		一〇・二〇　高裁　川上判決［一部勝訴］
一九九七			八・二九　最高裁　大野判決［一部勝訴］

第八章　八九年の学習指導要領・検定制度改悪と九〇年代検定

1 復古調教科書『新編日本史』の発行

第七章で述べたように、「日本を守る国民会議」(「国民会議」)は一九八二年(昭和五七)以降、歴史教科書づくりに着手したが、八四年三月、歴史教科書作成に向けて「歴史教科書編纂委員会」(代表・村尾次郎、元文部省主任教科書調査官)が発足し、「国民会議」は八五年に昭和天皇在位六〇年を奉祝して高校教科書『新編日本史』(原書房)を検定申請した。この教科書は、歴史を歪曲した天皇中心・侵略戦争肯定の内容であるだけでなく、誤記や誤植も多いものだったが、文部省は多くの検定意見を付けて修正させたうえで検定合格させた。

この『新編日本史』の検定合格をめぐって中国などから激しい抗議があり、再び外交問題になった。一九八五年に靖国神社を公式参拝して批判を受けていた中曽根康弘首相は、「超法規的措置」として、海部俊樹文相に合格後の再検定を命じた。異例の再検定によって合格したこの教科書は、当時から「復古調教科書」「天皇の教科書」といわれ、批判の書籍や論文が数多く発表され、全国各地で抗議の集会や学習会が開催されるなど、広範な批判活動が展開された。

この教科書は、最高時(八九年度)九〇〇〇部以上使われていたが、採算が取れないいために原書房が発行をやめ、国書刊行会が書名を『最新日本史』として引き継いだが、同社も四年で撤退した。日本会議は、発行を引き継ぐために出版部門として明成社（初代社長は石井公一郎日本会議顧問）を設立して発行をつづけているが、明成社版『最新日本史』は、例年五〇〇〇冊以下の採択であった（子どもと教科書全国ネット21編『あぶない教科書・高校版徹底批判「最新日本史」』学習の友社、二〇〇二年を参照）。

二〇一二年度版から渡部昇一（上智大学名誉教授）を代表執筆者にして大宣伝を行ったが、高校は学校ごとの採択であり、高校教員の多くはこの教科書を支持しないので、二〇二〇年度は三五〇〇部ほど（〇・七％）しか使われていない。

2　臨時教育審議会答申と検定制度の抜本的な改悪

第二次教科書攻撃が終わったことによって、自民党は、進めていた「教科書制度改革案」「教科書国家統制法案」を断念せざるを得なかった。また、中教審が一九八三年六月に出した答申（「教科書の在り方について」）は、臨時教育審議会（臨教審）に議論が引き継がれた。

一九八二年一一月二七日に政権についた中曽根康弘は、「戦後政治の総決算」を掲げ、臨調行革・国鉄民営化などを強行した。その教育版として、戦後民主教育の総決算をめざし、「教育改革」によって憲法「改正」に必要な国民の意識づくりを目的に、八四年八月に臨教審（会長・岡本道雄京都大学名誉教授）を設置した。委員には、高橋史朗、屋山太郎、香山健一、石井公一郎など現在の日本会議系の人物が多く選ばれた。

中曽根首相は、臨教審によって教育基本法を改定し、国家主義的教育改革を推進することをめざしたが、臨教審法案審議で、「教育基本法を前提とした教育改革」という枠がはめられたために、中曽根首相の当初の目的は十分達成されなかった。それでも、臨教審は次々に答申を出し、八七年四月の第三次答申「教科書の在り方について」で、検定の三段階審査を一本化するなどの新制度を打ち出したが、検定制度の改善ではなく、制度を維持強化する方策であった。

臨教審答申を受けて、文部省は検定審議会に制度見直しを諮問し、検定審議会は、八八年九月に「教科書検定制度改善の骨子」を発表した。これに対して、一二月二一日、教科書執筆者三四九人が文部大臣宛に検定制度改善の要望書を提出した。しかし、こうした要望を無視して文部省は、検定審議会報告に基づいて八九年四月に検定制度を大幅に改定した。

その内容を簡潔にまとめると、①検定「合格」の留保、②修正期間の制限、③改訂検定（総ページ数の四分の一以内の改訂）の廃止、④文部大臣の訂正勧告権の新設、⑤検定周期の延長（三年を四年にし、採択周期も四年に）、⑥学習指導要領の「内容の取扱い」を検定基準に、⑦検定基準の「創意・工夫」の項目の削除、などである。

当時、マスメディアなどでは、臨教審答申の三段階審査の一本化などで検定制度が簡素化され、改善されたかのように報道したが、教科書検定問題に取り組んできた運動側は、これは検定制度の大改悪だと批判した。事実、この制度による検定がはじまった九〇年代前半には、五〇年代後半以来の大量検定不合格が出た。旧指導要領・旧検定制度下の最初の三年間（七八年〜八〇年）の検定不合格は七点だったが、八九年改訂の指導要領・検定制度下の三年間（九〇年〜九二年）の検定不合格は二六点で約四倍になっている。

このような検定結果をもたらした検定制度の主な問題点については第一四章で解説するが、二一世紀の教科書検定も基本的にはこの八九年度の制度によって行われている。ただし、二〇〇〇年代初めの「新しい歴史教科書をつくる会」の攻撃とそれに迎合した文部科学省によって、検定制度の改悪が行われ、さらに、安倍政権の下でいっそうの改悪が行われたが、それについても後述する。

3 一九八九年の学習指導要領改訂がめざしたもの

臨教審答申を受けて、一九八九年（平成元）三月一五日、文部省は小・中・高等学校の改訂指導要領を官報に告示した。当時、「リクルート汚職事件」（八八年六月一八日に発覚した贈収賄事件）によって、高石邦男文部事務次官（裁判で一審、二審、最高裁ともに有罪）をはじめ文部省の少なくない幹部職員がこの汚職事件に連座したといわれた。中曽根首相の主導で、汚職まみれの文部官僚によって作成された指導要領はこうした面からも批判されたが、内容的にも「史上最悪」と評価された。

一九八九年指導要領の主な問題点は、「日の丸・君が代」の強制、天皇への敬愛の強制、小学校社会で東郷平八郎など教えるべき歴史上の人物四二人の指定、小学校一・二年生の社会科・理科を解体して生活科を新設、教える内容を低学年に移して早くからの差別・選別・競争教育の導入＝「落ちこぼし」促進とそのいっそうの強化などである。

これらは、子どもたちがのびのびと豊かに育つ教育ではなく、競争社会の原理、企業社会の原理を教育に持ち込むものである。また、「国際貢献」の名で、自衛隊の海外派兵を推し進め、憲法を改悪して日本を「戦争のできる国」につくりかえ、それを支える国民づくり、子どもたちを「大国日本」の「戦士」に育てるための道具に教育を使おうとする、政府・自民党・財界の戦略を忠実に反映して、きわめて国家主義的な色彩の強いものであった。

新指導要領は、原案を発表して一か月で告示するという異常なものだったが、この間にも、多くの国民から批判的な意見が寄せられたにもかかわらず、原案を修正したのは自民党の意見を取り入れた部分だけであった。「国民の意見を全く聞いていない」という批判に対して、船田元自民党文教部会長は、「自民党は議会で多数だから、自民党の意見を聞けば国民の意見を聞いたことになる」という民主主義否定の暴論で答えていた。

八九年三月に新指導要領が告示されて以降、多くの国民がこれを批判してきた。これまでの指導要領改訂では例をみないことであるが、全国二五の地方議会が「新学習指導要領を白紙撤回せよ」という意見書を採択した。また、日本ペンクラブやYWCAなど多くの団体が声明や見解を発表して、白紙撤回を要求した。

4　教科書の記述・内容を歪めた新検定制度

学習指導要領が教員や子どもたちにとって最も身近で具体的な姿で登場するのは教科書である。したがって、八九年の改悪指導要領をいかに忠実に教科書に反映させるかが、政府・文部省にとっての大きな課題になった。そこで、政府・文部省は、八九年三月の指導要領告示につづいて、同年四月に検定制度の改悪を省令で発表したのは前述のとおりである。九〇年度の小学校、九一年度の中学校、九二年～九四年の高校教科書の検定は、この指導要領と検定制度によって行われたのである。

筆者らは当初から、指導要領に忠実な教科書づくりをさせるために検定制度が改悪された、新指導要領と新検定制度はワンセットであり、両者は一体となって教科書内容の改悪、教育・教科書の国家統制を強めるものだ、ということを明らかにしてきた。

この当時から文部省の野望であった、指導要領に忠実な教科書をつくらせ、教職員にその教科書を忠実に教えさせることによって、国家が求める子どもを育てる教育を実現する、そのために教科書検定制度を変える、ということは、二十数年後に安倍政権によって実現することになるが、それについては本書の第一二章で具体的に述べることにしたい。

ここで問題にした検定の実態については、俵義文『子どもたちがねらわれている――教科書はどう変えられたか』(学習の友社、一九九二年)、俵義文・石山久男『中学教科書はどう変えられたか――続・子どもたちがねらわれている』(学習の友社、一九九三年)、および『高校教科書検定と今日の教科書問題の焦点』(前掲)で詳しく紹介しているので参照されたい。

5 家永教科書裁判第一次訴訟・最高裁の不当な「可部判決」

一九九三年（平成五）三月一六日、最高裁第三小法廷（可部恒雄裁判長）は第一次訴訟の判決を出した。この判決は、当事者の家永本人や代理人の弁護士にも事前に知らせないで出された。こういう判決の出し方は当時の最高裁の慣例ということであるが、全くひどいやりかたであった。

「裁判所はここまで堕落したのか」

「可部判決」は「本件上告を棄却する」というもので高裁・鈴木判決をそのまま容認するものである。判決は、教科書検定は合憲・合法とし、裁量権の濫用についても、百数十か所を超える争点全部について個々に検討することなく、文部省の検定意見には「看過し難い過誤」がないので合法という、文部省の言い分を全面的に採用した不当判決だった。

家永は記者会見で「裁判所はここまで堕落したのか」、最高裁が「国側代理人に変身し」日本の恥さらしである、と可部判決を批判した。

この不当な可部判決に対して、全国的に大きな批判の声が広がった。「教科書全国連」は、広範な実行委員会（実行委員長・大田堯、事務局長・俵義文）を結成して、九三年五月二二日、日比谷公会堂で「教育にさわやかな風を お会いしませんか 五・二二 見つめよう 考えよう憲法・教科書 みんなのつどい」を開催し、一七〇〇人が参加した。

家永はこの集会でのあいさつで、可部判決を「なんともいえない低劣な判決」と痛烈に批判し、「たたかいはまだまだつづきます。最後までご支援を」とよびかけた。この集会を成功させるために、全国各地でプレ集会が開催された。

可部判決と新検定制度礼賛の座談会

可部判決が出た半年後、文部省の準機関誌ともいえる雑誌『文教』六四号（教育問題研究会、九三年九月）に、文部省ＯＢなどによる「教科書検定制度の現状と今後の展望」と題する座談会が掲載された。

この座談会は、可部判決から四か月後の七月に行われたもので、司会の加戸守行教育問題研究会理事（元文部官僚、その後愛媛県知事として「つくる会」教科書を採択した）がいう、「家永教科書裁判について最高裁の判決が下りまして、国側の主張が全面的に認められ、教科書検定をめぐる法的な論争にやっと最終的な決着がついた」ことと、「平成元年に改善された新しい検定制度も、小・中・高の一つのサイクルを終えて、新制度が定着しつつある現状」をふまえて、文部省関係者が教科書裁判の「勝利宣言」と新検定制度礼賛を行ったものである。

この中で、菱村幸彦国立教育研究所所長（元文部省初等中等教育局長）は、「（杉本判決の後、文部省は）学校管理者がこれで萎縮すると困るなということを心配して、反論の通知を出した」「国側の主張（文部省の通知―引用者）と今回の最高裁判決を比べてごらんになれば、国側の主張がそのまま認められた形になっていて、我ながらあの通知はよくできていたなと思います」「杉本判決の内容は、とうてい理解不可能な論理」と述べ、教育権論争は今回の最高裁判決で終わりになる、という考えを表明、教育法学者には「もう勢いがない」「教育権論争を今さらやる人は奇特な人以外ないと思います」とまで断定している。

さらに、新検定制度によって教科書検定は「いい方向に向かっている」「著者と文部省との緊張の場面、対立の場面というのは、非常に限られた教科書だけのことで、私は一割はない、五％ぐらいかと思います」「（家永さん以外の）ほかの教科書は著者と検定調査官との間は和気あいあいと、いいムードで検定が行われているんですね」と語っている。

また、教科書裁判第三次訴訟の対象になった家永の『新日本史』を検定した元教科書調査官の時野谷滋関東短期大学学長は、「家永先生は思想史を専門とされる方ですから、教科書の場合でも叙述がやはり評論的になる」「例えば、第二次世界大戦にしても、『無謀な戦争に突入をした』というふうに、ふっと出るんですね。これはやはり基礎的事実の学習を第一とする高等学校の教科書としては、適切な書き方ではない」「教科書としては不注意な間違いも多いし、表現も粗雑」「（可部判決文は）短いですけれども、常識にそったもので、これ以上の判決はないだろうというぐらい条理を尽くしている」などと述べ、あたかも、家永が教科書執筆者としては不適格であり、家永の教科書『新日本史』は、ミスだらけで水準の低いもののように描きだしている。

そして、日本史教科書の検定の場面については「対立、緊張関係というのはほとんど家永さんだけと言っていいかもしれませんね」「(家永さん以外とは)ほとんどは研究会のような調子なんですね」としている。

一部だけ紹介したが、文部省関係者の考え方が「正直に」あらわれている内容といえるだろう。

6　家永教科書裁判を引き継ぐ高嶋教科書裁判

検定による教科書執筆の断念と裁判提訴

一九九三年六月一一日、筑波大学附属高校教員の高嶋伸欣(後に琉球大学教授)が教科書検定の不当について横浜地方裁判所に提訴したが、この高嶋裁判での検定も前述の改悪された検定制度によって行われたものである。

高嶋は、『新高校現代社会』（一橋出版）で二つのテーマ学習を各二ページ執筆したが、一九九二年の検定で文部省は一六もの検定意見を付けて修正を強要した。高嶋は検定意見に応じた修正案をつくったが、文部省・教科書調査官がそれを受け入れないので、それ以上の妥協はテーマ学習の執筆意図が全面的に否定されると考え、さらに、検定意見に従わなければ教科書が不合格になり、他の著者や出版社に迷惑がかかると考え執筆を断念した。高嶋はそのことについて、部分的な修正では合格できない「理不尽な検定意見」によって、「結果的にはその原稿全文の撤回に追い込まれ」、やむなく教科書執筆を断念した、と語っている（高嶋伸欣『教科書はこう書き直された！』講談社、一九九四年）。

高嶋は、「違憲、違法な検定意見で執筆を断念させられ、精神的な苦痛を受けた」として、居住地にある横浜地裁に国家賠償を求める民事訴訟をおこした。この裁判は、横浜地裁に提訴したので当初は「横浜教科書裁判」と称したが、二審の東京高裁に控訴してからは「高嶋教科書裁判」と名付けられた。

高嶋教科書裁判の争点は何か

高嶋が『新高校現代社会』で執筆を担当したのは、「現代のマスコミと私たち」と「アジアの中の日本」という二つの「テーマ学習」四ページだった。これは高嶋が日常的に現場（筑波大学附属高校）の教育で実践している内容にかかわるものだった。「文部省は両方とも全面的な書き換えを要求してきたが、理由づけとして、この四ページに合計十数ヵ所のクレームをつけてきた。全体で約二百四十ページの教科書に対して、具体的なクレーム（検定意見—引用者）の数は約百ヵ所だったから、比率からみても、私の担当したこの四ページが狙い撃ちにされていたのは明らかだった」（前掲『教科書はこう書き直された！』）。高嶋が「全面的な書き換えを要求」されて、横浜教科書裁判の争点となっている原稿記述は、「横浜教科書訴訟を支援する会」の世話人総務であった柴田健によると、次のような内容だった。

「現代のマスコミと私たち」では、昭和天皇死去の際の報道のあり方、湾岸戦争時の情報コントロールについて、私たちの一般的感覚に即した記述をしている。つまり八九年一月七〜八日、二日間のテレビ放送が天皇・皇室一辺倒であった状況、湾岸戦争時の世界のマスコミの多くが米軍の情報コントロールにのり、アメリカの情報機関化していたことを公にされた雑誌・書籍などから紹介している。

一月八日の新聞のテレビ欄を資料提示することで、マスコミの天皇報道がジャーナリズムの原則に適合しているかどうかを考えさせる素材になっている。最近のテレビ朝日の事例に象徴される、権力に対する抵抗がまったくできない、腰のふらついた報道機関の問題点を考えさせるためにも有効な教材だといえよう。

「アジアの中の日本」では、福沢諭吉の『脱亜論』を、幕臣だった勝海舟の「朝鮮は昔お師匠様」という文章に見られる、偏見のないさばけた朝鮮観と対比している。

近代日本の代表的文化人である福沢諭吉の「脱亜入欧」という発想が広まったことにより、日本人にアジア蔑視観を根づかせることとなった。またそのことが「アジア太平洋戦争」における侵略の要因となったことを気づかせ、その上で戦争責任と戦後補償の問題を考えさせることができる（柴田健「横浜教科書訴訟が始まった」『教科書レポート』一九九四年版・第三八号、出版労連）。

もう一つの争点は、「アジアの中の日本」の話題として、アジアの国々が日本の自衛隊の動向に敏感であることから、湾岸戦争後の掃海艇の派遣について、その脚注で、「……東南アジア諸国からは、派遣を決定する以前に意見をきいてほしかったとする声が相次いで出された」と記述したのを不適当とされた件だった。

これらについての文部省の検定意見の趣旨は、「過剰報道というのは事実に反するし、マスメディアに関する話題として、天皇についての報道を事例とするのは不適当」「米軍の情報操作の事例の資料とした新聞記事（『朝日新聞』）と雑誌論文（月刊『文藝春秋』）は信憑性が疑わしい」「福沢諭吉のアジア観を示す資料としては『脱亜論』は不適当」「東南アジアの国々に意見を求める必要はない。低姿勢すぎるのではないか」などというものだった（前掲『教科書はこう書き直された！』）。

「逃げ」に終始した国と文部省

横浜教科書裁判が提訴されたのは、あの史上最悪の家永教科書裁判第一次訴訟・最高裁「可部判決」の三か月後だった。国・文部省関係者は、可部判決によって、教科書検定問題はけりがついたと語っていたちょうどその時に、「そんなことはない、検定には問題がある」と提訴したのが高嶋だった。

高嶋教科書裁判は、可部判決によっても、教科書検定問題には決着がついていないことを国民にアピールしたことや、家永の裁判を引き継ぐ、いわば「二番バッター」が登場したという意味でも意義があった。また、大学教授ではなく高校現場で教えている（検定教科書を使用している）一教員が検定に異議を申し立てたという点からも意味深いものであった。

高嶋教科書裁判は、短期間での決着をめざして、検定制度の違憲・違法性については争わないで、高嶋の原稿記述に対する検定意見の違憲・違法性のみを争点とした。横浜地裁の法廷では、被告である国・文部省側は、「あれは検定意見ではなく、教科書調査官の個人的感想であった」「原告が検定意見を曲解している」など「逃げ」に終始した。

そうした被告の「逃げ」や強弁を封じるために、横浜地裁は、九五年三月二九日、「調査官による口頭での検定意見の告知」が記載されている検定審議会の文部大臣への「答申書のうち検定意見を示す部分」の提出命令を決定した。

裁判の経過とその成果

高嶋は検定意見の内の四つを争点にして提訴した。横浜地裁では筆者も証人として出廷し、高嶋の原稿を検定した八九年改定の新検定制度の問題点について証言した。筆者の証言に対して国側からの反対尋問はなかった。一九九八年四月二二日の横浜地裁（慶田康男裁判長）判決は、四つの争点のうち、①福沢諭吉の『脱亜論』と勝海舟の『氷川清話』についての検定、②掃海艇派遣に関する検定の二つを違法な検定だったと認定した。しかし、二〇〇二年五月二九日の東京高裁判決（北山元章裁判長）は、一審判決の高嶋勝訴部分を取り消し、原告の全面敗訴となり、二〇〇五年一二月一日の最高裁第一小法廷（横尾和子裁判長）判決も高嶋側の上告を棄却した。

この裁判の中で、証人として出廷した教科書調査官が、口頭で通知した検定意見を「個人的感想だ」「検定意見は自分の頭の中にある」と主張したために、どこまでが個人的意見でどこからが検定意見かわからないということが問題になった。横浜地裁の検定一部違法の判決を受けて文部省は、一九九九年九月に検定規則を一部改定して検定意見を文書で通知するようにした。こうした検定制度の問題点が明るみに出たことは、高嶋教科書裁判の成果だった。

この検定意見の文書化については、もう一つの背景があった。一九九三年一一月に行政手続法が制定され、行政処分は文章で通知しなければならなくなった。これを受けて、出版労連や「教科書全国連」などが文部省に対して、検定意見は行政処分であるから文章で通知するように要求していた。ただし、文部省は、検定意見を「文章」ではなく、「文書」にしたために、教科書調査官に質問して説明を聞かなければ、検定意見の文書を見ただけでは、検定意見の内容すなわち問題になっていることがわからないという不十分さが残っている。

第九章　「検定に違法あり」最高裁の最後の判決が認定

1　家永教科書裁判第三次訴訟・東京地裁判決

一九九〇年代は家永教科書裁判の最後のたたかいの時代である。

一九八九年（平成元）一〇月三日、第三次訴訟の東京地裁（加藤和夫裁判長）で「加藤判決」が出された。第三次訴訟は日本のアジア侵略戦争と加害、植民地支配が大きな論点であり、法廷では多くの歴史研究者などが証言した。特に、「南京大虐殺事件」や「七三一部隊」については、教科書裁判の証言準備のためだけではなく、別個に研究会が組織され、継続的な研究や証言の発掘・収集など、それ自体の研究も大きく進展したことは前述した。

このような研究の進展とそれに基づく説得力ある証言が行われたにもかかわらず、加藤判決は、検定制度を合憲・合法とし、八つの争点の内「草莽隊」の検定一か所に裁量権の濫用を認めただけであった。加藤判決は、個別論点の大部分について家永側の論証に十分な根拠があることを認めながら、「しかしながら」といって最終的には検定意見も「社会通念上著しく妥当性を欠くものと断ずることはできない」と、結論的には文部省の主張を容認するものであった。家永側は「しかしながら判決」といって批判した。

判決直後の記者会見で家永は、「完全に行政追随の判決で不満」だが、「文部大臣の裁量の範囲にゆるやかながらも枠をはめたことは半歩前進」であると語った。家永側は直ちに控訴し、たたかいは東京高裁に移った。

2　検定の違法認定を増やした第三次訴訟・東京高裁判決

第三次訴訟の第二審は九〇年七月三〇日の第一回口頭弁論からはじまり、その後、家永側の証人として作家の加藤周一や歴史学者の笠原十九司、教育学者の山住正己・浪本勝年、生活経済学の暉峻淑子など多彩な人びとが証言をした。

一九九三年一〇月二〇日、東京高裁（川上正俊裁判長）は第三次訴訟について判決（川上判決）を出した。川上判決は、検定制度は合憲・合法としたが、東京地裁の「草莽隊」に加えて、「南京大虐殺事件」と「南京での日本軍の婦女凌辱」についての検定に裁量権の濫用があり違法だというものだった。

前述のような「看過し難い過誤」がない限り検定はすべて合法という最高裁「可部判決」のわずか七か月後の判決なので全面敗訴も予想されたが、違法箇所を二つ増やした勝利判決であった。「教科書全国連」と弁護団は「侵略戦争の事実を歪める検定の一部を違法と判断した意義は大きい」とした上で、敗訴した部分（争点）については上告した。川上裁判長はこの判決を出した翌日に裁判官を退職した。川上は職を辞する覚悟を決めて、最高裁「可部判決」に逆らった判決を出したと思われる。日本の司法の状況はここまでひどくなっていることを示す事例であった。

第三次訴訟の最高裁への上告によって、三〇年近くたたかってきた家永教科書裁判はいよいよ第三次訴訟の最高裁判決を残すのみとなった。最高裁での勝利判決をめざして、支援する人びとは最後の力を振り絞って運動に取り組んだ。全国各地で「可部判決」「川上判決」の学習会が数多く開催された。「教科書全国連」は、①最高裁に「みんなの証言・みんなの意見」を届ける運動、②「最高裁勝利のための一〇〇万人署名」、③「戦後五〇年 戦争と教科書を見つめる教科書展」の三つの運動を全国的に展開した。①「証言・意見」ではたくさんの意見が寄せられ、②署名は四六万七千余が集まり、③教科書展は約一年間で三〇都府県、五〇か所以上で開催され大きな反響を呼んだ。

この三つの運動の高まりの中で、西日本集会「いま見つめよう日本の教育」（九五年五月二一日、大阪・寝屋川市民会館）、東日本集会「風よおこれ！未来へはこべ」（六月二日、東京・千代田公会堂）、南日本集会「戦後五〇年 最高裁勝利をめざす」（一二月一一日、大分・別府市）が開催され、それぞれ大成功した。

第一次訴訟最高裁「可部判決」への怒り、批判、抗議が高まる中で、第三次訴訟の最高裁勝利に向けて家永教科書裁判の支援運動は大きく前進した。八四年の第三次訴訟提訴以降、「教科書全国連」の会員は増えつづけていたが、「可部判決」「川上判決」以降、新入会員がさらに増え、九五年には団体・個人合わせて七万になった。

3　検定の違法を認定した第三次訴訟・最高裁判決

最高裁第三小法廷（大野正男裁判長）は一九九七年（平成九）七月一八日に口頭弁論を開いた。最高裁が口頭弁論を開くのは高等裁判所の判決を見直す場合であり、最悪の場合は検定の違法を三か所認めた高裁判決を取り消す場合もあるし、逆にさらに他の争点で違法な検定を認めることもある。口頭弁論で弁護団は、七三一部隊や沖縄戦「集団自決」、日清戦争時の朝鮮人民の反日抵抗運動などについて弁論を展開し、最後に家永が三二年たたかってきた教科書裁判についての思いを語った。

検定制度に大きな風穴をあけた大野判決

九七年八月二九日、最高裁第三小法廷は高裁が認めた三か所に追加して七三一部隊の検定も違法とする「文部省の検定に違法あり」という「大野判決」を出した。第三次訴訟の論点・争点八か所のうち、四か所で裁量権濫用による違法を認定したので、検定は半数の箇所で違法だったと断罪したのである。つまり、家永側が五〇％も勝利したということであり、しかも、三つの裁判を通じて初めて最高裁が検定の違法を認めたのである。この判決の意味は重大であり、国家は教育内容への介入に「抑制的であるべき」という一九七六年の最高裁大法廷学テ判決の趣旨を活用しつつ、文部省の検定行政に大きな歯止めをかけたといえる。

判決後に憲政記念館で開催された記者会見で、原告の家永三郎は「全面勝訴ではないけれども、検定に違法があることを最高裁が認めたことは軽視できない。少なくとも検定制度に大きな風穴をあけることができただけでも喜びたい」と述べ、三二年にわたる教科書裁判勝利の意味を確認していた。会場にいた筆者は、会見で見せた家永の満面の笑みを今でも記憶している。なお、筆者は口頭弁論日も判決日も抽選に外れたが、抽選に当たった支援者から「今日は、あなたはぜひ入りなさい」と傍聴券を譲られ、この歴史的な弁論と判決に立ち会うことができたのである。

アジア諸国・欧米諸国のメディアはこの判決を大きく報道し、判決を高く評価していた(前掲『世界が報じた家永教科書裁判』参照)。

大切な内容を含んだ判決文

大野判決も「朝鮮人民の反日抵抗」に対する検定を違法だとはしなかったが、判決文の中で大野裁判長が「反対意見」で述べている内容は、とても大切であり、筆者は大学での講義でもこれを紹介してきたので次に掲載する。

特に近現代の歴史を記述するに当たっては、自国の発展や利害の視点のみに立って歴史的事象の取捨選択や評価をすべきではなく、広い視野に立ってこれを行うべきであり、このことは、昭和五七年（一九八二―引用者）の旧検定基準の改定によって「近隣のアジア諸国との間の近現代の歴史的事象の扱いに国際的理解と国際協調の見地から必要な配慮がされていること」との規定……が新たに設けられたことに徴しても明らかである。「朝鮮人民の反日抵抗」の原稿記述は、日清戦争を日本の近代化という側面からだけではなく、朝鮮への日本軍の軍事的進出が朝鮮人民に与えた影響という側面でも取り上げたものであって、その配慮に基づく記述を高等学校の歴史教科書から削除する必要があるとする教育的観点を発見することはできない。教育的観点を考えるならば、むしろ次の警世の言葉に留意すべきであろう。「教科書にうそを書く――とくにごく近年のことをすり替えた修辞で書く――国は、やがてはつぶれます」（司馬遼太郎『対談集・東と西』二四三頁）（前掲『家永教科書裁判』）。

また、大野裁判長は、第一次訴訟最高裁「可部判決」が文部省検定を合法と判断するために採用した「看過し難い過誤論」についても、「『看過し難い過誤』という用語は、最高裁昭和六〇年（一九八五―引用者）第一小法廷判決を踏襲したものであるが、右判決は、原子炉設置許可処分の取消訴訟における原子炉設置の安全性に関する審査につき、違法性に関する裁判所の判断の基準を示したものであって、右審査が高度に科学的専門技術的知見に基づく総合的判断であることを前提としている。しかし、その場合であっても右判決は行政庁に大幅な裁量権を認めたものではなく」とし、とりわけ国の教育内容への介入ができる限り抑制的であることが要請される教育に関して、「看過し難い過誤」論を適用し、大幅に文部省の裁量権を認めたことを批判している。

4 裁判で違法な検定を指摘されても是正しない文部省

最高裁第三小法廷での大野判決は、東京高裁判決が違法と認定した三か所に加え、さらに一か所の検定を違法と認定した。文部省の検定には違法なものがあることが最高裁によって断罪されたわけである。

文部省によるさらなる検定制度改悪

こうした司法の判断が出されたわけであるから、文部省は、違法な検定、間違った検定が行われないように、検定規則を改正して防止策を講じなければならないのであるが、文部省は最高裁の「検定に違法あり」の判決後から二〇年以上経った今日まで、違法な検定、間違った検定を防止するための制度改正は何もしてこなかった。何もしなかっただけでなく、この間にさらに検定制度の改悪を行った。文科省（二〇〇一年一月、文部省と科学技術庁が統合され文部科学省として成立）は、二〇〇二年（平成一四）九月に検定規則実施細則を一部改定し、次のような文言を盛り込んだ。

申請者は、文部科学省が申請図書の検定審査の結果を公表するまでは、当該申請図書並びに当該申請図書の審査に関し文部科学大臣に提出した文書及び文部科学大臣から通知された文書について、その内容が当該申請者以外の者の知るところとならないよう、適切に管理しなければならない。

これは、教科書出版社が検定申請図書（白表紙本）をはじめ検定に関する情報を検定終了まで公開することを禁じたもので、検定をいっそう密室化するものである。文科省がこうした改悪を行ったのは「つくる会」と「教科書議連」・「日本会議議連」の歴史修正主義者、自民党右派議員の要求を受け入れたものだった（第一〇章で後述）。

5　政府見解を絶対視する検定を撤回させた暉峻淑子の抗議

九〇年代には教科書検定をめぐってさまざまな問題があったが、筆者もかかわった特徴的な事例として、九一年度検定での次のようなできごとを紹介しておこう。

暉峻淑子埼玉大学教授のベストセラー『豊かさとは何か』（岩波新書、一九八九年）に、東京都荒川区で老女が無理に生活保護を辞退させられ自殺した事件のことが記述されていた。この話を一部要約の形で引用して、中学校公民教科書（日本書籍）に載せた「あなたが死ねと言ったから」と題したコラムに対して、文部省が検定意見を付けて他の題材に差し替えさせた。

文部省の検定意見は、厚生省（現厚生労働省）局長の「老女は自殺ではない」という「ウソの国会答弁」だけをより所にして、暉峻の著書は「重要な事実関係において誤りがある」というものだった。文部省のいう「誤り」というのは、厚生省局長の国会答弁と違うということである。検定不合格を恐れた日本書籍はこれを別の題材に変更して合格した。

暉峻は、この教科書の執筆者ではなく検定された当事者ではなかったが、「傷つけられた信用回復のために」文部省に検定撤回を要求して四年間たたかった。暉峻から相談を受けた筆者と岩波書店の『豊かさとは何か』の編集者宮部信明がこのたたかいをサポートした。

当初、文部省は「検定意見は正しい」と繰り返し、暉峻の抗議を無視しつづけた。しかし、暉峻の粘り強い交渉によって事態は大きく転換した。まず、橋本龍太郎内閣の菅直人厚生大臣が当時の局長答弁の誤りを認めて、九六年七月に謝罪した。これを受けて、文部省は検定意見の間違いを認め、暉峻に謝罪したが、検定意見は撤回しなかった。文部省が検定意見を撤回して暉峻の文を引用したコラムを復活させるのではなく、日本書籍側が「訂正申請」で復活させたのである。きわめておかしな手続きであった。

この交渉の中で、暉峻は文部省の清水潔教科書課長に面会し、老女の「恨みの手紙」のコピーを示して検定意見の誤りを追及したが、清水課長は「政府側委員の国会答弁によって検定を行うのは正しい」という答弁に終始した。そのやりとりは次のようなものである。

暉峻「このように実物を見せてもなお国会答弁が正しく、暉峻が誤りであるといわれるのなら、私が白い紙を目の前に見せても、その紙は黒だといい続けるのと同じになりますね」。

課長「厚生省は死因を調査の上で答弁したと思っています。厚生省がそういっている以上、それにしたがうのが文部省の立場です」。

暉峻「窓の外に雨がザアザア降っていても局長が『晴れ』だといえば、あなたは晴れだというのですね」（出版労連『教科書レポート一九九七年版・第四一号』）。

この事例は、政府は絶対に正しい、政府の主張には間違いがない、という前提の下に、政府の見解を一方的に教科書に押しつけるものであるが、こうした検定例も多く報告されている。

第一〇章　九〇年代の教科書の改善と第三次教科書「偏向」攻撃

1 「河野談話」と歴史教科書の改善

前述のように、一九八九年（平成元）の学習指導要領と新検定制度によって、検定は強化されたが、第二次教科書攻撃に反撃した運動や家永教科書裁判第三次訴訟の運動の高まりを背景に、八〇年代後半から九〇年代前半には歴史教科書は大きく改善されてきた。

一九九〇年代に入ると、日本のアジア諸国への侵略と植民地支配、加害に関する戦争責任問題が大きくクローズアップされるようになった。そして、一九九五年に戦後五〇年を迎える決議「五〇年決議」の前段として、一九九一年（平成三）一二月の国会において、アジア太平洋戦争開戦五〇周年にあたって不戦決議を行う企画があり、自民党案、社会党案、政府案（自民党単独政権）が準備されていた。その政府案の中には「アジア諸国に対し、過去における一時期の侵略行為や植民地支配のような日本軍国主義の行為について、心からのお詫びの気持ちを表明したい」という文言が盛り込まれていた（この国会決議は見送られた）。

日本軍「慰安婦」問題の浮上

こうした中で、日本軍「慰安婦」問題が大きな課題となって浮上してきた。

一九九〇年、九一年に「慰安婦」問題が国会で取り上げられたが、日本政府は、「慰安婦」は民間業者が連れ歩いていたと答弁し、「慰安婦」問題、「慰安婦」制度について、日本軍・政府の関与を否定した。この日本政府の答弁が韓国でも報道され、韓国の女性運動が立ち上がり、その支援の下で、九一年八月、韓国の金学順《キムハクスン》が「自分が生き証人」だと日本軍「慰安婦」にされた事実を初めて告白し、つらい経験を証言した。そして、一二月に日本政府に謝罪と賠償を求めて東京地裁に提訴した。

これをはじめとして、日本軍「慰安婦」問題、強制連行・強制労働問題、七三一部隊、住民虐殺、遺棄毒ガス、無差別爆撃、捕虜虐待などの戦後補償裁判が次々に提訴されるなど、日本政府の責任が厳しく問われるようになった。

また、一九九一年に吉見義明（中央大学教授）が防衛省図書館で「軍慰安所従業婦等募集に関する件」と題する「副官より北支方面軍および中支派遣軍参謀長あて通牒案」という「慰安婦」について軍の関与を示す史料を発見し、これを『朝日新聞』（九二年一月一一日）が一面トップで、「慰安所　軍関与示す資料『民間任せ』政府見解揺らぐ」との見出しをつけて報道した。その「通牒」は次のような内容である。

副官より北支方面軍及中支派遣軍参謀長宛通牒案

支那事変地に於ける慰安所設置の為、内地に於《おい》て之《これ》が従業婦等を募集するに当り、故《ことさら》に軍部諒解等の名儀を利用し、為に軍の威信を傷つけ、且《か》つ一般民の誤解を招く虞《おそれ》あるもの、或《あるい》は従軍記者、慰問者等を介して不統制に募集し社会問題を惹起する虞あるもの、或は募集に任ずる者の人選適切を欠き、為に募集の方法、誘拐に類し警察当局に検挙取調を受くるものある等、注意を要するもの少からざるに就《つい》ては、将来是等《これら》の募集等に当りては、派遣軍に於て統制し、之に任ずる人物の選定を周到適切にし、其実施に当りては、関係地方の憲兵及警察当局との連繫を密にし、以《もっ》て軍の威信保持上、並に社会問題上、遺漏なき様配慮相成度《あいなりたく》、依命《めいにより》通牒す。

陸支密第七四五号　昭和十三年（一九三八―引用者）三月四日

この「通牒」について吉見は次のように解説している。

これによれば、陸軍省は、派遣軍が選定した業者が、日本内地で誘拐まがいの方法で慰安婦の募集をおこなっていることを知っていた。しかし、このようなことがつづけば、日本軍に対する国民の信頼が崩れる。そこでこのような不祥事を防ぐために、各派遣軍（北支那方面軍・中支那派遣軍）が徴集業務を統制し、業者の選定をもっとしっかりするようにと指示したのである。また、徴集の際、業者と地元の警察・憲兵との連携を密接にするように命じている。

この文書は、兵務局兵務課が立案し、梅津美治郎陸軍次官が決裁している。梅津次官はのちに参謀総長となり、敗戦時に戦艦ミズーリで降伏文書に署名したことでも有名な陸軍の超エリートであった。また、「依命通牒す」とあるのは重要で、これは陸軍大臣（杉山元）の委任を受けて出されていることを意味する。すなわち、陸軍省がみずから慰安婦政策に関わることを宣言しているのだ（吉見義明『従軍慰安婦』岩波新書、一九九五年）。

慰安婦問題の調査開始と「河野談話」

これによって、日本政府も日本軍の関与と責任を認めざるを得なくなり、一九九二年一月一三日、加藤紘一官房長官が「お詫びと反省」の談話を発表し、一月一六日に訪韓した宮沢喜一首相が韓国の盧泰愚《ノテウ》大統領との会談で、「軍の関与を認めおわび」を表明し、「真相究明」を約束した（服部龍二『外交ドキュメント 歴史認識』岩波新書、二〇一五年）。

日本政府は「慰安婦」問題の調査を開始し、九三年八月三日、調査結果を公表し、河野洋平官房長官が「日本軍の関与」を認め、「募集、移送、管理等も、甘言、強圧による等総じて本人の意思に反して行われた」「当時の軍の関与の下に、多数の女性の名誉と尊厳を深く傷つけた問題である」とし、「反省とお詫びの気持ち」を表明し、「歴史研究、歴史教育を通じて、このような問題を長く記憶にとどめ、同じ過ちをけっして繰り返さないという固い決意」をあらわした次のような談話（「河野談話」）を八月四日に発表した。

慰安婦関係調査結果発表に関する河野内閣官房長官談話

いわゆる従軍慰安婦問題については、政府は、一昨年一二月より、調査を進めて来たが、今般その結果がまとまったので発表することとした。

今次調査の結果、長期に、かつ広範な地域にわたって慰安所が設置され、数多くの慰安婦が存在したことが認められた。慰安所は、当時の軍当局の要請により設営されたものであり、慰安所の設置、管理及び慰安婦の移送については、旧日本軍が直接あるいは間接にこれに関与した。慰安婦の募集については、軍の要請を受けた業者が主としてこれに当たったが、その場合も、甘言、強圧による等、本人たちの意思に反して集められた事例が数多くあり、更に、官憲等が直接これに加担したこともあったことが明らかになった。また、慰安所における生活は、強制的な状況の下での痛ましいものであった。

なお、戦地に移送された慰安婦の出身地については、日本を別とすれば、朝鮮半島が大きな比重を占めていたが、当時の朝鮮半島は我が国の統治下にあり、その募集、移送、管理等も、甘言、強圧による等、総じて本人たちの意思に反して行われた。

いずれにしても、本件は、当時の軍の関与の下に、多数の女性の名誉と尊厳を深く傷つけた問題である。政府は、この機会に、改めて、その出身地のいかんを問わず、いわゆる従軍慰安婦として数多の苦痛を経験され、心身にわたり癒しがたい傷を負われたすべての方々に対し心からお詫びと反省の気持ちを申し上げる。また、そのような気持ちを我が国としてどのように表すかということについては、有識者のご意見なども徴しつつ、今後とも真剣に検討すべきものと考える。

われわれはこのような歴史の真実を回避することなく、むしろこれを歴史の教訓として直視していきたい。われわれは、歴史研究、歴史教育を通じて、このような問題を永く記憶にとどめ、同じ過ちを決して繰り返さないという固い決意を改めて表明する。

なお、本問題については、本邦において訴訟が提起されており、また、国際的にも関心が寄せられており、政府としても、今後とも、民間の研究を含め、十分に関心を払って参りたい。

歴史教科書の研究活動が活発化

こうした中、日本の歴史教科書の記述に関しても、日韓両政府の合意による日韓合同歴史研究会が開催され、日本の教科書の韓国関連記述が詳しく検討された。そのほか、韓国や中国との間で、各種の歴史研究会が開かれ、研究や教科書、さらに授業研究などに関して活発な意見交換が行われた（君島和彦『日韓歴史教科書の軌跡』すずさわ書店、二〇〇九年を参照）。

例えば、九三年には早稲田大学で「アジアの教科書に書かれた日本の戦争」というテーマでシンポジウムが開催され、韓国、中国、フィリピン、マレーシアの研究者・ジャーナリストなどと一緒に、筆者は「日本の教科書に書かれた日本の戦争」について報告した。この報告はその後にまとめて、拙著『検証・一五年戦争と中・高歴史教科書』（学習の友社、一九九四年）として刊行し、家永三郎に巻頭言を書いていただいた。とても名誉なことだった。

こうした背景を受けて、九三年に検定申請された高校教科書（九五年度から使用）では、「戦後補償関連の記述」が初めて大幅に増加し、日本軍「慰安婦」が日本史教科書一四点のほとんどをはじめ、世界史、倫理、政治・経済にも登場した。

以上のような状況を受けて、九五年に検定申請された中学校歴史教科書（九七年度から使用）七社全点に日本軍「慰安婦」が初めて登場し、地理や公民にも記述された。さらに、戦後補償、南京大虐殺などを記述する教科書や、東南アジアでの加害やアジアの民衆の抵抗に言及するものもあった。

中学校教科書への「慰安婦」の登場は、高校日本史教科書などに「慰安婦」が記述されたことと「河野談話」が背景としてあった。つまり、「談話」の「われわれはこのような歴史の真実を回避することなく、むしろこれを歴史の教訓として直視していきたい。われわれは、歴史研究、歴史教育を通じて、このような問題を永く記憶にとどめ、同じ過ちを決して繰り返さないという固い決意を改めて表明する」という「河野談話」を実践するものであった。さらに、ほとんどの教科書が日本の行為を「侵略」と表現するなど、侵略・加害について、戦後で最も充実した中学校歴史教科書がこの九七年版であった。

2　第三次教科書「偏向」攻撃のはじまり

日本の戦後の教育・教科書の動向をみると、憲法・教育基本法制定以来、教育や教科書の改善とそれに対する反動＝教科書攻撃と国家統制の強まりが繰り返されてきたことがわかる。八〇年代後半から九〇年代前半にかけて、家永教科書裁判の運動を中心とした市民運動の高まり、執筆者・編集者の努力によって、前述のように歴史教科書が大きく改善された。

民間レベルでの攻撃と「自由主義史観」

それに対する反動として、権力からだけではなく、民間レベルでも教科書攻撃が活発化するのが九〇年代以降の特徴である。

八二年の教科書外交問題がおこり、国内の市民運動とアジア諸国の批判によって、検定基準に「近隣諸国条項」がつくられたために、政府・文部省は、日本のアジア侵略・加害に関する記述に露骨な検定・介入ができなくなった。これによる歴史教科書の改善に対して、政治家と連携しながら民間レベルの右翼勢力が教科書攻撃を仕掛けるようになった。これが九六年夏からはじまった第三次教科書「偏向」攻撃（これは筆者が命名した）である。九六年からといったが、この攻撃にはすでに前史ともいうべき、準備・動向があった。

その一つは、藤岡信勝（東京大学教授）の「活動」である。藤岡は、一九九一年からアメリカに行き帰国後に右翼に転向した。そして、一九九四年春から雑誌『社会科教育』（明治図書）誌上で「近現代史教育の見直し」をテーマに連載し、教科書の南京大虐殺記述を攻撃しはじめた。藤岡は、この連載に共鳴する高橋史朗（明星大学教授）や日本青年協議会（事務総長・椛島有三）の有力メンバー（福岡県立高校教員の占部賢志・入川智記等）などと「自由主義史観研究会」を発足させ、季刊雑誌『近現代史の授業改革』（明治図書）を九五年一〇月から発刊した。

この自由主義史観研究会の活動に目を付けた産経新聞社が藤岡たちに働きかけ、『産経新聞』紙上で「教科書が教えない歴史」の連載がはじまった。これが第三次教科書攻撃の前史の一つである。

自民党の「歴史・検討委員会」

もう一つは自民党による動きで、一九九三年（平成五）八月から九五年二月まで設置された自民党の「歴史・検討委員会」がその舞台である。

九三年六月、自民党の幹事長も務めた小沢一郎が自民党を批判して羽田孜らとともに離党し、「新生党」を結成してその代表幹事となった。この分裂によって七月の総選挙で自民党は敗北し、非自民の細川護熙（日本新党）連立内閣が誕生した。

細川首相は八月一〇日の記者会見で、「日本の戦争は侵略戦争だった」と発言した。この細川発言と同年八月四日の「慰安婦」問題の「河野談話」に猛反発した「日本を守る国民会議」や「英霊に応える会」などの右翼勢力は、「日本は侵略国ではない」という紙面の一ページを全部使った意見広告を産経新聞に二回掲載し、全国で抗議集会を開催した。

この右翼勢力の動きに呼応して同年八月、自民党内に「歴史・検討委員会」（委員長・山中貞則衆議院議員、事務局長・板垣正参議院議員）が設立された。この委員会には後に首相となる橋本龍太郎、森喜朗をはじめ、当時の自民党の派閥の責任者など幹部が多く参加していた。委員会は衆参一〇五名の委員で構成され、奥野誠亮・平沼赳夫・藤尾正行・武藤嘉文・江藤隆美・村上正邦をはじめ、自民党内の名うての右翼・歴史修正主義者がほとんど参加していた。

さらに、数年後に「日本の前途と歴史教育を考える若手議員の会」の中心メンバーになる当選後一か月の安倍晋三や、その盟友となる中川昭一・衛藤晟一などの若手議員たちも委員に任命されていた（前掲『教科書攻撃の深層』／俵義文ほか『安倍晋三の本性』金曜日、二〇〇六年参照）。

この委員会は、自民党の手で「大東亜戦争」の総括を行うことを目的にして、同年一〇月一五日から九五年二月一五日まで、右翼勢力・歴史修正主義者の学者・文化人一九人の講師を招いて二〇回にわたって「歴史・検討委員会」（勉強会）を開いた。そして、日本の敗戦五〇周年にあたる九五年八月一五日、その検討結果を『大東亜戦争の総括』（展転社）にまとめて出版した。

この委員会の主な結論は四つである。①大東亜戦争（アジア太平洋戦争）は侵略戦争ではなく、自存・自衛の聖戦であり、アジア解放の戦争だった、②南京大虐殺事件、「従軍慰安婦」などは中国・韓国によるでっち上げであり、日本は戦争犯罪を犯していない、③最近の教科書は、ありもしない侵略や加害を書いているので、それを無くすための新たな「教科書のたたかい」（新しい教科書「偏向」攻撃）が必要である、④前述の①・②のような歴史認識を国民の共通認識、常識にするための国民運動が必要である。その国民運動は自民党が前面に出ると誤解を招くので、自民党は後ろにいて、資金その他でバックアップし、学者を使って展開する必要がある、という内容であった。

この委員会のもう一つの役割は、奥野誠亮・平沼赳夫・藤尾正行・板垣正らの歴史歪曲（歴史修正主義）の思想や主張を自民党内の「若手」議員に引き継ぐ（教育する）ことでもあった。

従軍慰安婦の記述をきっかけに攻撃がはじまる

こうした動きを受ける形で、一九九六年（平成八）夏から第三次教科書攻撃がはじまった。きっかけは、前述のように九七年四月から使用する中学校の全歴史教科書に「従軍慰安婦」が載ったことを文部省が教科書検定の公開で、九六年六月二七日に発表したことからである。

翌二八日から、「慰安婦」や南京大虐殺などを教科書に載せるのは、「反日的・自虐的・暗黒的」であるから削除せよ、という右翼による攻撃が激しく行われた。彼らは、九七年版歴史教科書は、「反日史観・自虐史観・暗黒史観・謝罪史観」で書かれていて、子どもたちから日本に対する誇りを奪い、日本を嫌いにするものである、と主張した。

攻撃の内容を整理すると、①「従軍慰安婦」の強制連行は事実ではない、あれは「商行為」であり、元「慰安婦」は売春婦だった、彼女らの証言は信用できない、②南京大虐殺はまぼろしであり、その犠牲者が二〇万人、三〇万人というのはでっち上げである、③盧溝橋事件は中国の陰謀で、日中戦争は日本がはじめた戦争ではない、④日本軍が「焼きつくし、殺しつくし、奪いつくす」「三光作戦」を行ったというのはつくり話である、⑤八二年の「侵略→進出」書き替えの教科書検定問題は「誤報」によるものであり、近隣諸国条項は削除すべし、⑥日清・日露戦争は侵略戦争ではなく、祖国防衛の自衛戦争である、⑦大東亜戦争（アジア太平洋戦争）は侵略戦争ではなく、アジアを解放する聖戦であった、⑧日本の植民地支配は欧米とは違い、その国を近代化したよいものだった、⑨「侵略」などの「日本を悪」とする用語・記述が多すぎる、などであった。

こうした内容の教科書や歴史教育への誹謗・攻撃が、『産経新聞』をはじめとして、週刊誌・月刊誌などの右派メディアによって連日のようにつづけられた。

「日本を守る国民会議」は、九六年九月七日、「自虐史観・反日史観から子供たちを守ろう」というアピールを出し、教科書攻撃キャンペーンを開始した。このアピールは教科書会社への抗議を呼びかけ、そのために、教科書会社の社長名・住所・電話・FAXを公開した。

右翼勢力は地方議会に「慰安婦」記述などの削除を求める請願・陳情運動を展開し、それに反対する市民との間で激しい攻防がつづいた。また、右翼団体は教科書会社に街宣車を乗りつけて脅迫し、電話やＦＡＸで教科書会社や教科書執筆者に多くの脅迫状が送られた（俵義文『ドキュメント「慰安婦」問題と教科書攻撃』高文研、一九九七年／前掲『教科書攻撃の深層』を参照）。

「新しい歴史教科書をつくる会」と「日本会議」が発足

こうした攻撃の中心人物の西尾幹二（電気通信大学教授）、藤岡信勝（東京大学教授）、高橋史朗（明星大学教授）、坂本多加雄（学習院大学教授）、小林よしのり（漫画家）らは、九六年一二月二日、赤坂東急ホテルで記者会見し、現行教科書を「自虐史観」と攻撃するだけでなく、自分たちで中学校の歴史教科書を発行すると宣言し、九七年一月三〇日に「新しい歴史教科書をつくる会」（以下、「つくる会」）を設立した。「つくる会」は、九九年九月には会員が一万人を超え、全都道府県に四八の支部組織（東京は二つ）をつくり、年間一億三〇〇〇万円以上の予算（当時）で活動していた。この運動を財界人の多くが賛同者になって支援していた。

「つくる会」発足から一か月後の二月二七日、「つくる会」と連携しバックアップすることをめざして、「日本の前途と歴史教育を考える若手議員の会」（「教科書議連」）が結成された（詳細は後述）。さらに、同年五月三〇日、日本を守る国民会議と宗教右翼組織の日本を守る会が組織統一して「日本会議」が発足し、連携する「日本会議国会議員懇談会」

（「日本会議議連」）が前日の五月二九日に設立された。こうして現在の右翼勢力の組織体制がこの一九九七年にできあがった。

後に、「つくる会」と日本会議が共同して、多くの右派組織を結集し、二〇〇〇年（平成一二）四月、「教科書改善連絡協議会」（「改善協」）が発足した。会長は元文化庁長官の三浦朱門（作家）、副会長は住友電気工業元会長で関西経営者連盟（関経連）元会長の亀井正夫、ブリヂストンサイクル元会長の石井公一郎（日本会議副会長、現日本会議顧問）である。

「つくる会」は「日本会議議連」「教科書議連」、さらに自民党系の地方議員と結びついて、自分たちの教科書を検定に合格させ、多くの採択地区・学校で採択されるように、教育委員会や地方議会に圧力をかける「国民運動」を展開した。「改善協」はこの運動の主要な担い手になった。「つくる会」は九九年一〇月に歴史教科書のパイロット版として西尾幹二著『国民の歴史』（扶桑社）を発刊した。そして、一億円以上の費用をかけて、この『国民の歴史』をばら撒き、「歴史学習運動」と称して講演会・学習会などを各地で開催した。

自民党の歴史・検討委員会がめざした「学者を中心とした歴史認識改善の国民運動」が、このような「つくる会」運動となって具体化されたのである。

皇国史観で書かれた「あぶない教科書」が検定合格

「つくる会」が二〇〇〇年四月に検定申請し、〇一年四月に検定合格した中学校の歴史（西尾幹二、藤岡信勝ほか『中学社会 新しい歴史教科書』扶桑社）と公民（西部邁ほか『中学社会 新しい公民教科書』扶桑社）の教科書は、戦前の日本史教科書「国史」同様に、皇国史観に基づいて書かれていた。天皇は神の子孫であるという神話を歴史的事実とするこの教科書は、日本の国を「天皇中心の神の国」（森喜朗元首相の発言）にすることをめざすものだといえた。それだけでなく、植民地支配を正当化し、日清・日露戦争は祖国防衛戦争、大東亜戦争は自衛のためのアジア解放戦争だったかのように記述し、昭和天皇を美化・礼賛するもので、ネオ・ナショナリズムと排外主義をあおるような内容になっていた。

もちろん、日本の加害や戦争犯罪については一言も書いていない。略奪と虐殺の戦争を、今日においてもなお、政治的対立を解決する正義の方法だと教える「あぶない教科書」であり、日本国憲法を敵視し、憲法改悪をめざす内容の教科書である。一言でいえば、戦争を肯定し、日本を「戦争できる国」にするための教育を行う教科書だといえる（小森陽一・坂本義和・安丸良夫編『歴史教科書 何が問題か――徹底検証Q&A』岩波書店、二〇〇一年／俵義文『徹底検証 あぶない教科書』学習の友社、二〇〇一年／『別冊世界 歴史教科書問題――未来への回答』岩波書店、二〇〇一年／子どもと教科書全国ネット21編『ここが問題「つくる会」教科書』大月書店、二〇〇五年等を参照）。

自民党は、一九九九年、周辺事態法など日米新ガイドライン（戦争の実行を具体化する日米協定）関連法を制定し、国旗国歌法を制定させた。これは、日本を「戦争できる国」「戦争をする国」にするための法整備である。「つくる会」などの歴史改ざん・歴史修正主義の策動は、それをイデオロギー面・教育面から補完し、侵略・加害を否定し、「日本国民としての自覚と誇り」を高揚させる歴史認識によって、国家の下で「国民意識の統合」をねらう新しいナショナリズム運動で、「軍事大国日本」「戦争国家日本」をめざすものである。「日の丸・君が代」の強制、法制化はこれらと連動したものであり、彼らの次のねらいは、平和憲法と教育基本法の改悪であった。

3 自民党「教科書議連」の活動

ここで、第三次教科書攻撃で重要な役割を果たした自民党の議員連盟について、述べておこう。

前述したように、一九九七年（平成九）二月二七日、自民党の当選五回以下の議員を中心に、「日本の前途と歴史教育を考える若手議員の会」（「教科書議連」、二〇〇四年に名前から「若手」を削除した）が衆参一〇七人の議員が参加して結成された。代表は中川昭一、副代表は中山成彬、森田健作ほか、事務局長は安倍晋三、事務局長代理・松下忠洋、事務局次長・下村博文、山本一太ほか、幹事長は衛藤晟一、幹事長代理は高市早苗、小山孝雄、副幹事長・古屋圭司、森英介ほかである。

「河野談話」を攻撃

「教科書議連」は、九七年三月から六月まで一八人の講師を招いて九回の「勉強会」を開催し、それをまとめて同年一二月に、日本の前途と歴史教育を考える若手議員の会編『歴史教科書への疑問』（展転社）を出版した。一八人の講師には、「慰安婦」問題を研究してきた吉見義明（中央大学教授）なども含まれているが、多くは「つくる会」の高橋史朗、藤岡信勝、坂本多加雄や「慰安婦」否定論者の西岡力（『現代コリア』編集長）、大阪府の公立中学校教員で右翼思想による勉強会「一日会」を主宰する長谷川潤、文部省の教科書課長や外務省の課長、教科書会社社長などである。

同議連メンバーと意見を異にする人たちには、侵略戦争や「慰安婦」問題の教科書記述について激しい詰問・追及を行った。さらに、「慰安婦」問題で旧日本軍と日本政府の関与と責任を認めた九三年の河野洋平官房長官談話については、河野を「勉強会」に呼びつけて「談話」の発表と内容を追及した。同書には、講演内容および講師と議連メンバーの議員とのやり取りのほかに、「慰安婦・教科書問題——若手議員は発言する」と題した二八人の議員の主張が収録されている。

安倍晋三は同書の中で、「河野談話」のもとになった韓国の元「慰安婦」の証言について、「私は慰安婦だったと言って要求している人たちの中には、……明らかに嘘をついている人たちがかなり多くいるわけです」と述べ、「吉見先生も、何回も河野官房長官談話をまさに証拠として金科玉条として出すわけですね」「文教委員会で質問をしても、文部省の答弁としては自分たちは不本意だということをにじませながら、『しかしこれは河野官房長官談話でやったから、そこまで認定をせざるを得ない』という説明なんですね」「ストライクゾーンをちょっと左においたら、一番左側にストライクが絶対に入る。すべてそこに集中するということがあると、これは談話の方向を変えない限り……」と、河野談話の見直しを主張している。

さらに、「若手議員は発言する」の中で安倍は、河野官房長官談話は、「当時の作られた日韓両国の雰囲気の中で、事実より外交上の問題を優先し、また、証言者十六人の聞き取り調査を、何の裏付けも取っていないのにもかかわらず、軍の関与、官憲等の直接な加担があったと認め、発表されたものであることも判明しました」と断定している。

同じ本の中で、「この時点においてアジア外交を構築する意味でやはりそういう気持ちが働いたということは事実だと私は思うんです」という衛藤晟一に対して、河野洋平は「アジア外交を進めなければならない時代背景があったから、事実なかったものをあったようにこちらが事実を譲ったということがあったかと言えば、それはありません。そんなことはすべきでないし、なかったということは、これははっきり申し上げていいと思うんです」と明確に答えているが、安倍はそれさえも無視しているのである。

「つくる会」と「教科書議連」が連携

「教科書議連」は、二〇〇一年（平成一三）の中学校教科書の採択で、「つくる会」教科書（扶桑社版）の採択活動を全面的にバックアップし、「つくる会」教科書が採択されやすいように、採択制度を改悪する活動を行った。二〇〇一年の採択後しばらくは目立った活動をしていなかったが、二〇〇五年の採択を前にした〇四年二月、センター試験問題で朝鮮人強制連行が出題されたことを問題にして活動を再開し、会の名称から「若手」をとり、「日本の前途と歴史教育を考える議員の会」となり、〇四年六月一四日には、「つくる会」教科書の〇四年度検定、〇五年採択を支援するために自民党教科書シンポジウムを開催した。

〇四年〜〇五年に自民党幹事長・幹事長代理だった安倍晋三は、〇五年の中学校教科書採択で「つくる会」教科書（扶桑社版）を採択させるために全力をあげて支援した。安倍は自民党幹事長として、〇四年六月に「歴史教科書問題は、教育基本法改正、憲法改正と表裏一体の国家的重要課題であり、国と地方が一体化して（「つくる会」教科書採択に）取り組む必要がある」と自民党の地方組織に通達を出し、〇四年六月（これは「教科書議連」主催）

と〇五年三月には全国の地方議会議員を東京に集めて、教科書採択問題の学習会や決起集会を開催した。安倍幹事長代理の下で、自民党は〇五年一月の党大会で〇五年の重点課題に教育基本法改正と「偏ったジェンダー・フリーに偏重した教科書の是正」を掲げた。

〇六年の「教科書議連」総会では、当面の活動方針として一九九三年の河野洋平官房長官談話の見直し・撤回を進めることを確認し、日本軍「慰安婦」問題を検証するために小委員会（中山泰秀委員長）を設置した。

ここで「教科書議連」のその後の活動を述べておこう。〇九年の総選挙で自民党が大敗した中で、中川昭一代表をはじめ「教科書議連」の中心メンバーも多く落選した（中川は直後の一〇月に急死）ために、しばらく活動を停止していたが、二〇一一年の中学校教科書採択を前にした一一年二月二三日に総会を開催し、活動を再開することを決め、新役員を選出した。新役員は、代表・古屋圭司、代表代行・衛藤晟一、幹事長・下村博文、事務局長・義家弘介で、安倍は顧問に就任した。

同議連は、二〇一一年の採択で「つくる会」系の教科書（「つくる会」は〇六年に分裂するので育鵬社版、自由社版の二つになった）の採択のために活動し、一二年三月末の高校教科書の検定公開後には、自民党文教部会と合同会議を開き、高校教科書に「慰安婦」や南京事件などが記載されていることを攻撃した。この会議には安倍も出席し、呼びつけられて参加していた文科省の官僚を「第一次安倍政権で『慰安婦』の強制連行はなかったと閣議決定しているのに、なぜ『慰安婦』が記述されているのか」と問い質した。

同議連は第二次安倍内閣発足後の二〇一五年の中学校教科書採択でも、日本教育再生機構（後述）・「教科書改善の会」の育鵬社版教科書、「つくる会」の自由社版教科書の採択を支援する活動を行った（特に育鵬社教科書の採択を支援）。

第三次安倍改造内閣では、顧問の安倍をはじめ、高市早苗、岸田文雄、馳浩、塩崎恭久、林幹雄、中谷元、遠藤利明、菅義偉の九人が大臣になり、文科副大臣の義家弘介、首相補佐官の衛藤晟一、官房副長官の萩生田光一もこの議連メンバーである。

4　「つくる会」教科書採択に反対する二〇〇一年の取り組み

前述したような自民党や右翼勢力の支援がありながら、二〇〇一年の中学校教科書の採択結果は、「つくる会」教科書（扶桑社版）に反対する市民とその運動の圧倒的な勝利に終わった。扶桑社版教科書は公立の採択地区では一地区も採択されなかった。ただ残念ながら、石原慎太郎知事と加戸守行知事が介入した東京都と愛媛県の養護学校の一部で、扶桑社版歴史と公民教科書が採択された。また、ごく一部の私立中学校で歴史と公民教科書が採択された。採択は歴史五三一冊（採択率〇・〇四％）、公民八四八冊（同〇・一％）であった。

しかし、採択の前には、「つくる会」が、『国民の歴史』（前述）や西尾幹二・藤岡信勝著の『国民の油断——歴史教科書が危ない！』（ＰＨＰ研究所）を教育委員会に送りつけるなど、教育委員にさまざまに働きかけ、その結果、「つくる会」ホームページには、目標の一〇％（約一三万冊）は内定した、という記事が出るほど危機的な状況だったのである。

「あぶない教科書ＮＯ！」の運動

一方、歴史を歪曲し、戦争を肯定・賛美する教科書、人権をないがしろにし、個人よりも国家を優先させ、憲法改悪をめざす「あぶない教科書」を子どもに渡してはならない、学校に持ち込ませてはならない、という保護者・市民・教員・研究者・労働者などが各地で立ち上がって、「つくる会」教科書の採択阻止の活動に取り組んだ。教科書は全国五四二（当時）の採択地区ごとに選定されるので、それぞれの地域で『つくる会』のあぶない教科書ＮＯ！」の声をあげていく必要があった。

一九九七年の家永教科書裁判の終結後、その成果を引き継ぐため、翌九八年六月に結成された全国的な市民組織「子どもと教科書全国ネット21」などの呼びかけで、全国各地に四〇〇を超える教育・教科書の市民組織がつくられ、千数百か所で学習会・集会が開催された。

「つくる会」などは、「あぶない教科書」に反対する運動側のことをマイノリティだといっていたが、「つくる会」もまたマジョリティではない。圧倒的な多数派は中間にいる人びとである。この人たちが、「つくる会」教科書の「あぶない」内容を知って、「こんな教科書を採択しないで」と声をあげ、筆者たちと一緒に、あるいは独自に地域で活動した。その多くは、普通の母親・父親・市民たちであった。こうした地域の草の根の活動・世論が各地の教育委員会を動かして、内定状況にあったところも含めて、最終的には「つくる会」教科書を公立中学校五四二の採択地区で一地区も採択させなかったのである。

扶桑社版が検定合格したときは、「子どもと教科書全国ネット21」の呼びかけで一〇以上の団体が記者会見を開いて「つくる会」教科書に反対する共同アピールを出した。「子どもと教科書全国ネット21」は「つくる会」教科書批判の書籍（『こんな教科書子どもにわたせますか』大月書店、二〇〇一年）を発刊し、さらに、より多くの人びとに知らせるために一〇円のパンフレットを作成し、二五万部以上を普及・活用した。さらに市民からのカンパによって「つくる会」教科書批判の意見広告を『朝日新聞』『読売新聞』『毎日新聞』『教育新聞』、韓国の新聞などに掲載した。そうした活動の成果でもあった。

西尾幹二「つくる会」会長は、採択結果判明後の記者会見で、「首に縄をつけて教育委員を水辺に連れて行ったけれど、水を飲まなかった」「教育委員が最後に裏切った」と教育委員を非難して悔しがった。こうして「つくる会」歴史教科書はほぼゼロ採択の結果に終わり、公民教科書もほぼ同様であった。

生きていた草の根民主主義

もちろん、この成果には、日本国内の運動だけでなく、韓国や中国の市民や研究者との連帯した活動があったし、中・韓だけでなく、アジア諸国からの「つくる会」教科書への批判や、アメリカ、ヨーロッパなどの著名な歴史学者二〇〇名以上の批判アピール発表の活動などもあった。

広島市に住む筆者の知人は、採択結果が判明して家に帰ったとき、お連れ合いや娘さんから「お父さん、これまでいろんな活動をしてきたけど、初めて勝ったね」とはげまされた、と話していた。このような「ドラマ」が全国各地に生まれた。「つくる会」は自民党や民主党の一部の政治家と結びついてその支援を受け、財界のバックアップも受けていた。力関係では圧倒的に有利な状況にもかかわらず、「つくる会」教科書が事実上のゼロ採択に追い込まれたのは歴史的なことだといっていい。こうした結果をもたらした決定的な要因は地域である。地域の草の根の活動、草の根民主主義がまだ生きていたのだ。

筆者は、一九九九年九月の「つくる会」総会で会員が一万人を超え、全都道府県に支部ができ、財界や政治家の支援体制がつくられ、一〇月には歴史教科書のパイロット版『国民の歴史』が発刊されることを知り、重大な決意を迫られた。そして、「はじめに」で述べたように、ボランティアで事務局長を務めていた「子どもと教科書全国ネット21」の活動に専念して、〇一年に迫った「つくる会」教科書の採択を阻止するため、定年まで二年を残して早期退職し、専従となった。これによって自由に活動する時間を確保でき、一年間に全国一五〇か所以上で講演活動をすることができた。このことも大きな要因になったといえよう。

「つくる会」の白表紙本流出と検定制度改悪

二〇〇二年（平成一四）九月に検定規則実施細則が改悪されたことは第九章で述べたが、その背景にあったのが、「つくる会」の白表紙本流出問題であった。

「つくる会」などは、二〇〇一年の教科書採択で「つくる会」教科書（扶桑社版）が惨敗した原因の一つは、その白表紙本が早い時期に出回り、そのために、検定終了前からこの教科書に対する批判が国の内外から湧き起こったこと、検定終了後の早い時期に「つくる会」教科書を批判する書籍などが多数出版され、「こんな教科書を子どもに渡せない」という「つくる会」教科書批判の世論が広範につくられたためだと考えた。そこで、文科省に対して、「静ひつな検定環境の確保」という名目で、白表紙本をはじめ検定資料の非公開を制度化するように、自民党右派議員を動かして要求した。これを受けて文科省は前述のような制度改悪を行ったのである。

実は、「つくる会」の白表紙本の流出は、扶桑社の社員が学校現場を回って教職員に白表紙本を見せ、請われるままに教職員に貸与し、それがコピーされて広がったもので、いわば「つくる会」による「マッチポンプ」の事件であった（前掲『徹底検証　あぶない教科書』参照）。

こうした検定のいっそうの密室化の中で、二〇〇六年度高校日本史教科書の検定で、沖縄戦における強制集団死（「集団自決」）の記述から「軍の強制」を削除させるという誤った違法な検定が行われた（この沖縄戦検定問題については、石山久男『教科書検定』岩波ブックレット、二〇〇八年を参照）。この問題を含めて、政府・自民党による教科書制度改悪については第一二章以降で詳述する。

5　二〇〇五年の「つくる会」教科書採択阻止のたたかい

二〇〇一年の採択で惨敗したにもかかわらず、「つくる会」は、四年後の次回採択（二〇〇五年）で「リベンジする」として、その後も歴史歪曲と教科書への誹謗・攻撃をつづけ、〇四年四月に中学校の改訂版歴史・公民教科書（扶桑社版）を検定申請し、〇五年四月に中山成彬文科相（後に「教科書議連」の会長となる）の検定に合格した。〇五年六月〜

八月に全国五八四の採択地区などでこの教科書の採択をめぐって二度目の激しい攻防が行われた。

教育基本法改悪を糸口と考えた右翼勢力

教科書攻撃で共同する「つくる会」や日本会議、自民党は、教育基本法が変われば、学校教育法をはじめ学習指導要領も変わる、教育基本法に「国を愛する心」や「伝統・文化」が盛り込まれれば、教科書はすべて「つくる会」教科書と同じような内容に変えて「改善」できると考えていた。

例えば当時の日本会議の資料では、「学習指導要領」に明確に「伝統文化の尊重」や「愛国心の育成」の規定がありながら、教科書記述が改善されないのは、教育基本法の条文の中に、「伝統文化」や「愛国心」といった理念が明確に規定されていないからであり、教育基本法に、「我が国の伝統・文化の尊重」や「愛国心の育成」が明記されれば、必然的に、教育基本法に関連する「学校教育法」などさまざまな法令も改められ、「学習指導要領」の記述内容のいっそうの深化と、教科書の記述内容の改善をはかることができる、などと主張していた。

この間、教育基本法改悪推進を求める地方議会決議は、都道府県では三三議会、市区町村では二三六議会になっていた（二〇〇四年六月時点）になった。これをテコにして、国民世論は教育基本法「改正」に賛成、というキャンペーンを展開していた。さらに、この決議を行った議会に教科書検定・採択制度「改正」を求める請願・陳情が出され、茨城・千葉・神奈川・新潟・和歌山県議会などではすでに意見書が採択されていた。

こうして「つくる会」や自民党などは、教育基本法「改正」と歴史教科書問題は一体のものだと位置づけて、二つの課題を連携させる活動を展開した。二〇〇五年の採択では、このような情勢が背景にあったのである。

わずかな採択に終わった「つくる会」教科書

前述のように安倍晋三幹事長の指導下で自民党が党をあげて「つくる会」教科書の採択をバックアップする体制をとり、「教科書議連」と自民党地方議員も全力で取り組んだ。「つくる会」は〇五年四月末に全国会議を開催したが、そこで、藤岡信勝は、「東京都は横山洋吉教育長の協力で二〇地区以上、愛媛県は加戸知事の協力で全県が採択の方向で、一〇%の採択率は固まった」と報告した。

「子どもと教科書全国ネット21」は、この情報を入手して、なんとしても一〇%の採択を阻止するために〇一年同様にブックレット『ここが問題「つくる会」教科書』（大月書店、二〇〇五年）を発行し、一〇円パンフレットの普及・活用、全国各地での学習会、新聞意見広告の取り組みなど全力をあげて「つくる会」教科書採択を阻止する活動を行った。

全国五八四の採択地区の内、公立中学校では、栃木県大田原市で歴史と公民、東京都杉並区で歴史が採択されたほか、〇一年同様に東京都と愛媛県の養護学校および新たに開設された中高一貫校で採択された。しかし、全国の市民・教員・保護者・在日の人びとなどが、韓国をはじめアジアの人びととも連携して活動し、二〇〇五年の採択も「つくる会」教科書（扶桑社版）を一〇％はおろか、ほんのわずかな採択（歴史〇・三九％、公民〇・一九％）に終わらせた。

「つくる会」の内紛と分裂

〇五年の採択が一〇％は確実といっていたのに、このような惨めな結果に終わったことから、その責任問題をめぐって「つくる会」の内部で激しい内紛が生じ、その結果、〇六年四月に会は事実上分裂した。「つくる会」の元会長だった八木秀次（高崎経済大学教授、その後、麗澤大学教授）は「つくる会」から退会して、同じく退会した日本会議系の理事たちと「日本教育再生機構」（「再生機構」、会長・八木秀次）と「教科書改善の会」（代表世話人・屋山太郎）を発足させた。

扶桑社は教科書発行が赤字の原因になったために社員の批判も多く、〇六年末に教科書事業からの撤退を決めたが、新たに教科書事業を専門に行う子会社を、フジテレビから三億円の出資を得て設立した。この会社が二〇一二年度版から「再生機構」と「教科書改善の会」が主導する教科書を発行している育鵬社である（発売は扶桑社）。一方、扶桑社から絶縁状を突きつけられた「つくる会」はその後、自由社から教科書を出すことになり、二〇〇九年に最初の採択が行われた（具体的な経過などは俵義文『〈つくる会〉分裂と歴史偽造の深層』花伝社、二〇〇八年に詳述）。

6　二〇一一年、一五年の教科書採択

二〇一一年（平成二三）の夏に「つくる会」系の中学校教科書（育鵬社と自由社）の三回目の採択があった（一部の地域では二〇〇九年に採択替えがあった）。これに向けて、「再生機構」と「教科書改善の会」は、二〇一一年五月一〇日に「教科書改善シンポジウム・日本がもっと好きになる教科書誕生！」を開催した。安倍晋三議員は、元内閣総理大臣の肩書（当時民主党の菅直人内閣）でこれに参加し、「特別挨拶」で次のように主張した。「安倍政権において六〇年ぶりに教育基本法を改正したことは私の誇りとするところである。特に『教育の目標』に日本の『歴史と文化を尊重する』ことを書き込むことができた。……この新しい教育基本法の趣旨を最もふまえた教科書は育鵬社であると私は確信しているところだ」と述べ、そのうえで、「しかし残念ながら、現在シェアトップであり、六〇

％のシェアを超える東京書籍は、とても教育基本法の趣旨を踏まえた教科書とはいえない。例えば、拉致問題の記述を見ると、北朝鮮との外交関係の障害になっているように記述している。また自衛隊について『武器を持たないというのが、日本国憲法の立場ではなかったのかという意見もあります』と自衛隊についてこう記述している」（日本教育再生機構機関誌『教育再生』二〇一一年六月号）と育鵬社を持ち上げ、他社の教科書を誹謗した。

さらに、下村博文「教科書議連」幹事長も同シンポジウムで、「教育基本法も変わり、学習指導要領も全面改訂され、平成二一年（二〇〇九─引用者）には文科省は新しい教科書検定基準を示した。だから今度は立派な教科書が出来るだろうと思っていたら、以前よりもっと悪い教科書になった」（同前）と、他社の教科書を攻撃した。

このような安倍晋三をはじめとする「教科書議連」や日本会議、日本会議地方議員連盟などの支援を受けて、育鵬社教科書が採択を伸ばした。二〇一一年は何よりも全国で一番生徒数の多い横浜市での採択が大きかった。

横浜市は、すでに二〇〇九年に、中田宏市長に任命された今田忠彦教育委員長の主導のもと、自由社の歴史教科書を一八地区中八地区で二〇一〇年度用として採択していた。一一年の採択では、一八に分けられていた採択地区を市内全域一地区に統一し、その上で、育鵬社の歴史と公民の教科書を教育委員の無記名投票で採択した。この横浜市をはじめ東京都大田区や武蔵村山市、神奈川県藤沢市などで、歴史は一〇地区約四万七八〇〇冊

（三・六％）、公民は一二地区約四万八六〇〇冊（四・〇％）採択された。

さらに、一五年の採択では、橋下徹市長（大阪維新の会）によって大阪市でも二四の採択地区が市内全域一地区とされ、育鵬社の歴史と公民教科書が採択された。育鵬社版教科書は、二〇二〇年の時点で、歴史は一八地区など約七万二五〇〇冊（採択率六・四％）、公民は一六地区など約六万一二〇〇冊（同五・八％）であった。

育鵬社版などの教科書採択阻止の運動は、この間およびその後も市民や教職員によって粘り強くつづけられていき、二〇二一年の採択（二〇二一年四月から使用の教科書）では育鵬社版激減という結果になるが、これについては「あとがき」で述べる。

第一一章　教育基本法改悪の動きと反対運動の広がり

1　二〇〇六年教育基本法改悪への道

第一次安倍政権・自民党・公明党は二〇〇六年（平成一八）一二月一五日、改正教育基本法案を強行採決した。これによって、一九四七年（昭和二二）の教育基本法は改悪というよりも廃止され、名前は同じだが、全く理念も内容も異なる教育基本法が制定・施行されることになった。この〇六年の教育基本法（新教育基本法）成立への経過やその内容と問題点、改悪に反対する運動などについてみていくことにする。

国家の教育権を復活させた「21世紀日本の構想」懇談会

一九九九年（平成一一）三月、小渕恵三首相は、私的諮問機関として「21世紀日本の構想」懇談会（座長・河合隼雄国際日本文化研究センター所長、後に文化庁長官）を発足させた。同懇談会は、二〇〇〇年一月、「日本のフロンティアは日本の中にある——自立と協治で築く新世紀」と題する最終報告書を提出した。その第五章「日本人の未来」で、「二一世紀の日本を構想することは、広い意味での教育、教養と活力ある人材を育成する仕組みを構想することに帰り着く」として、明らかに憲法・教育基本法に反する教育観が、述べられていた。この内容は、教科書検定訴訟の杉本判決や旭川学力テスト最高裁判決で確認された「国民の教育権」を排除し、「国家の教育権」を復権させるものであった。報告書は次のように主張した。

……国家にとって教育とは一つの統治行為だということである。国民を統合し、その利害を調停し、社会の安寧を維持する義務のある国家は、まさにそのことのゆえに国民に対して一定限度の共通の知識、あるいは認識能力を持つことを要求する権利を持つ。（中略）教育は一面において警察や司法機関などに許された権能に近いものを備え、それを補完する機能を持つと考えられる。（中略）納税や遵法の義務と並んで、国民が一定の認識能力を身につけることが国家への義務であるということにほかならない。

（中略）先駆的な才能を持つ人々を国家が支援し、そのために財政的な支出を行うことは、それ自体が国益にかなうものとして国家の機能のうちに数えられるべきであろう。

（中略）国家は常に注意深く、統治行為としての教育とサービスとしての教育の境界を明らかにしていかなければならない。そして、必要最小限度の共通認識を目指す義務教育については、国家はこれを本来の統治行為として自覚し、厳正かつ強力に行わなければならない。同時に、サービスとしての教育の分野においては、その主要な力を市場の役割にゆだね、あくまでも間接的に支援の態度を貫くべきである（第五章Ⅱ「教育のもつ二面性」）。

……現在ではサービスとしての教育の多過ぎる分野をその中に取り込み、強制とサービスの境界がほとんど見失われた段階にあるといえる。（中略）統治がサービスと混同されたことの別の弊害として、子どもたちが教育を国民の義務として理解し、それに畏敬の念を持つことを忘れかけていることである。義務教育はサービスではなく、納税と同じ若き国民の義務であるという観念を復活しない限り、教師の自信も回復されず、昨今さまざまに憂慮される教室の混乱が起こるのも当然だと言える（Ⅲ「日本の教育をめぐる現状と課題」）。

（中略）今後の日本は国際化と文化的な多様化を求められるはずであるから、それを先取りし、促進するために、精選された義務教育の内容は、なるべく民族的、文化的に中立性の強いものが望ましい。もちろんそれは、公正で普遍的な人間性に基づく国家を愛することとは矛盾しない。（中略）国家の重要性は自明であり、生徒に対してそれを敬愛することを教えるのは義務教育の範囲の中にある（Ｖ「最後に」）。

「義務教育は国家の統治行為」であるとして、公然と「国家の教育権」が主張され、憲法二六条の教育を受ける権利は、教育を受ける義務にされている。『広辞苑』によると、「統治」とは「主権者が国土および人民を支配すること」で、「統治行為」とは「統治の基本にかかわる高度に政治的な行為で、裁判所の審査権が例外的に及ばないとされる行為」ということである。

教育を統治行為として強制し、愛国心教育の押し付けも義務教育の範囲だとし、他方では、統治でない教育は「市場の役割」だとして新自由主義がうたわれている。教育は「人間の内面的価値に関する文化的営み」（旭川学テ最高裁判決）であり、教育への権利は、それを受ける側にこそあって、国家には教育の権利はない。子どもが教育を義務と自覚しないために「教室の荒れ」が起こっているというのは一方的な主張に過ぎない。「報告書」は教育の基本的な理念を逆転させ、「国家の教育権」を復権させたのである。この考えは、新教育基本法に盛り込まれていくことになる。

小渕・森政権のもと、教育基本法「見直し」を打ち出した教育改革国民会議

国旗国歌法成立の翌日、一九九九年（平成一一）八月一〇日、自民党教育改革実施本部の教育基本法研究グループ（主査・河村建夫衆議院議員）は、教育基本法の見直しに着手することを決定し、九月八日、小渕首相が「教育基本法の見直しに着手する」と言明した。新聞は「首相は、国旗・国歌法の制定を踏まえ、『歴史・伝統の重視』『愛国心・道徳教

育』などを色濃く反映させた改正を目指すものとみられる」（『毎日新聞』一九九九年九月九日）と報道した。

さらに小渕首相は、二〇〇〇年一月二八日、第一四七回通常国会の施政方針演説で「内閣の最重要課題として教育改革に全力で取り組むことをお誓いする」と表明し、これを受けて、二月一日、自民党幹事長だった森喜朗議員が「戦後教育を支えてきた基本理念である平等、自由、権利を考え直すべきだ」と質問し、小渕首相は賛意を表明した（『朝日新聞』二〇〇〇年二月一日）。小渕首相は、二月三日の衆議院予算委員会でも、自民党・亀井静香議員（「日本会議議運」）の「教育改革を抜本的に取り組むべきではないか」という質問に答えて、「戦後の大きな方針を打ち立ててきた教育基本法について（見直しを）検討していかなければならない」と答弁した（『読売新聞』二〇〇〇年二月四日）。

そして二〇〇〇年三月二七日、小渕首相は、私的諮問機関として「教育改革国民会議」を設置した。その座長はノーベル物理学賞受賞者の江崎玲於奈（筑波大学学長）、副座長はウシオ電機会長の牛尾治朗だった。

その直後に、小渕首相の急病で政権の座に就いた森喜朗首相は、四月一一日、「教育基本法見直し」を推し進める国会答弁を行い、四月一四日、教育改革国民会議の第二回会合に町村信孝首相補佐官を伴って自ら出席し、教育基本法を「見直す」よう求めた。会議では、当初、「見直し」を主張する委員は少数だったが、森首相や担当者だった町村首相補佐官などの強い要求で、一二月二二日の最終報告「教育を変える一七の提案」では、内部の反対を押し切って、「新しい時代にふさわしい教育基本法を」という項を設け、「政府においても……教育基本法の見直しに取り組む必要がある」という文言を盛り込んだ。これには、「日本会議議連」が一〇月一三日に総会を開催し、「教育基本法改正問題に関する決議」を採択し、教育改革国民会議に圧力をかけたことも関与している（子どもと教科書全国ネット21編『ちょっとまったぁ！教育基本法「改正」』学習の友社、二〇〇三年参照）。

教育改革国民会議の委員だった藤田英典（東京大学教授、後に都留文科大学学長）から筆者が聞いた話によれば、会合では、ほとんど議論はなく、委員が順番に発言して、誰かの発言内容について意見をいおうとしても座長が指名しないので討論できなかった、ということである。勝手に出された意見の中で都合のいいものだけを座長と事務方がまとめて報告をつくり上げたのが実態だった。

ジャーナリストの斎藤貴男の取材によると、座長の江崎は、教育改革国民会議が打ち出した能力に応じた教育について、「最初はクラスの中でできる子とできない子を机の列で分ける程度だが、ヒトゲノム解析もできたし、人間の遺伝子が分かるようになると、就学時に遺伝子検査をしてできる子にはそれなりの教育をして、できない子にはそれなりの教育をすればいいんだ」と、優生思想的な話を斎藤に語っている。できない子のための「それなりの教育」とは、元文化庁長官の三浦朱門によれば、「非才、無才はただ実直な精神だけを養ってくれればいい」ということなのである（斎藤貴男「構造改革とグローバル資本」『現代思想』二〇〇一年六月号／同『機会不平等』文藝春秋、二〇〇〇年）。

中教審が教育基本法の「見直し」に着手

教育改革国民会議の報告を受けて、二〇〇一年（平成一三）一一月二六日、遠山敦子文科相は、中央教育審議会（中教審）に教育基本法「見直し」を諮問した。中教審（会長・鳥居泰彦慶應義塾塾長）は、〇二年一一月一四日に中間報告を出し、それに、「現行法には、新しい時代を切り拓く心豊かでたくましい日本人を育成する観点から重要な教育の理念や原則が不十分であり、それらの理念や原則を明確にする観点から見直しを行うべきであるとの意見が大勢を占めた」と記した。

そして中教審は〇三年三月二〇日、答申「新しい時代にふさわしい教育基本法と教育振興基本計画の在り方について」を遠山文科相に提出した。答申は、「直面する危機的状況を打破し、新しい時代にふさわしい教育を実現するためには、（中略）各分野にわたる改革を進めていくことが求められる」とし、「心豊かでたくましい日本人の育成を目指す観点から、（中略）教育の理念や原則を明確にするため、教育基本法を改正すること、が必要である」と、ほぼ中間報告どおりの内容であった。

教育基本法の「具体的な改正の方向」では、「新たに規定する理念」として、個人の自己実現と個性・能力、創造性の涵養、社会の形成に主体的に参画する「公共」の精神、道徳心、自律心の涵養、日本の伝統・文化の尊重、郷土や国を愛する心と国際社会の一員としての意識の涵養、生涯学習の理念などが強調されている。

ところで、中間報告・答申でもなぜ「見直し」が必要なのか、「見直し」の内容について、ほとんど深められていない。基本問題部会の委員の出席状況はきわめて悪く、一六回の部会中、全員出席は一度もなく、「見直し」内容の検討に入ってからは、定数ぎりぎりの出席であり、中間報告素案・報告案を議論した部会は定数に満たず、部会不成立で懇談会として開催した。決をとったりすることもなく、正式な議論もないまま「報告案」がつくられた。中間報告・答申は、委員たちの思いつきのような意見を、都合のいい部分だけを切り取って文科省官僚が作文したものだったといえよう。

中教審は答申提出に先立って、〇二年一一月三〇日〜一二月一五日に全国五か所（東京、福岡、福島、京都、秋田）で「一日中教審」（公聴会）を開催していた。公聴会の意見発表者は意図的に賛成者を多く採用し（筆者も東京会場の意見発表者に応募したが選ばれなかった。東京会場は反対意見者一名、賛成・中間意見者九名だった）、東京会場では制服・私服の警察官を臨席させるという異常なものだった。

公聴会での教育基本法改悪を支持する意見の内容は、教育基本法や戦後民主主義教育を敵視し、「エリート教育」「日本の伝統文化・愛国心」の重視、「ニッポン」や「家庭秩序の回復（家庭の復権、家父長制への回帰）」の強調、「男女共同参画」の敵視などだった。中には戦時中の国防婦人会のような発言をした女性もいて会場がどよめいた。後述する日本会議の民間教育臨調発足集会には、東京公聴会で「改正」支持発言をした七人中四人が参加していた。

政財界の動きと超党派の「教育基本法改正促進委員会」

ここで政財界の動きを振り返ってみると、〇二年一月三〇日、自民党は、政務調査会内に教育基本法検討特命委員会（委員長・麻生太郎、委員長代理・中曽根弘文、事務局長・河村建夫）を発足させた。特命委員会は、右翼勢力が大同団結して結成した「新しい教育基本法を求める会」（以下、「求める会」、後述）の高橋史朗、西沢潤一、石井公一郎などを講師に毎週一回会合を開催した。

教育基本法改悪を推進したのは自民党だけではない。二〇〇四年二月、自民党と民主党（一九九六年九月に、鳩山由紀夫と菅直人が中心になって結成）の有志議員が中心になって、超党派議連「教育基本法改正促進委員会」が設立され、衆議院議員二四八人、参議院議員一三〇人が参加し、民主党からも四〇人以上が参加した。

役員は（以下、民主党のみ「民」と表記、無記入は自民）、最高顧問・森喜朗、西岡武夫（民、元文部大臣）、顧問・中山太郎、麻生太郎、鳩山由紀夫（民）など、委員長・亀井郁夫、委員長代理・下村博文、事務局長・岩屋毅、事務局長代理・松原仁（民）、事務局次長・古川禎久、有村治子、森ゆうこ（民）など、副委員長・古屋圭司、衛藤晟一、小此木八郎、西村真悟（民）、中山義活（民）、羽田雄一郎（民）など、理事・石崎岳、中野正志、西川京子、西村康稔、城内実、萩生田光一など自民党から一六人、小泉俊明、大江康弘、浅尾慶一郎など民主党から一〇人、これらの役員には「日本会議議連」メンバーが多く含まれていた。自民・民主以外にも国民新党、公明党などの議員が参加した。

この間、財界も教育基本法「改正」を要求してきた。中央教育審議会は、〇二年一二月一三日、一七日、一九日の三回、経団連など五つの財界団体からヒアリングをした。経団連は、企業の即戦力になる人材育成を教育が担うための教育基本法「改正」を求め、経済同友会は、一二月一三日、機関決定した「教育基本法を考える会」名の「教育基本法改正に関する意見書」を提出した。

民間の右翼勢力の動き

こうした政財界の動きと呼応して、民間の右翼勢力の動きも活発になった。

一九九九年（平成一一）八月二九日、「つくる会」などと一緒に教科書攻撃をしていた元校長などで組織する右翼的教育組織の全国教育問題協議会は「教育荒廃の根源を衝く――いまのままでいいのか現行教育基本法」と題したシンポジウムを開催した。このシンポジウムを日本会議、日本弘道会、日本評論家協会、東京教育協議会、全国教育問題国民会議、日本童謡の会などの団体が協賛し、読売新聞社、産経新聞社、日本教育新聞社などが後援した。次いで、同年一〇月二日、産経新聞社の企画で、日本の未来を開く会主催で中曽根康弘元首相を講師に「教育再興シンポジウム」を開催し、財界五団体（経団連、日経連、経済同友会、日本商工会議所、東京商工会議所）が後援した。

このような改悪運動を進める中で、二〇〇〇年四月一四日、「つくる会」、日本会議、教育改善協議会などの右翼組織が大同団結して「新しい教育基本法を求める会」（「求める会」）を設立した。会長は、西沢潤一（岩手県立大学学長）、事務局長・高橋史朗（「つくる会」副会長）、代表委員は石川忠雄（元慶應義塾塾長）、稲葉興作（日本商工会議所会頭・日本会議会長）、石井公一郎（日本会議副会長）、亀井正夫（住友電気工業相談役・日本会議副会長）など、「つくる会」の幹部、日本会議の正・副会長や財界人が名を連ねていた。

日本会議は、翌五月に教育部門の専門委員会といえる日本教育会議を発足させ、さらに、〇三年一月二六日に「求める会」を衣替えして「日本の教育改革」有識者懇談会（略称・民間教育臨調、会長・西沢潤一、運営委員長・高橋史朗）を発足させた。役員には日本会議の役員が多数就任した。現在でも活動をつづける日本会議のフロント組織の一つである。

自民・公明の合意で法案を国会上程

こうした中、自民党・公明党は、二〇〇三年五月に設置した「与党教育基本法に関する協議会」（座長・保利耕輔元文相）を翌〇四年一月、「与党教育基本法改正に関する協議会」に名称をあらため、その下の「改正に関する検討会」で議論をつづけた。両党は、現行法の部分改定ではなく、法律の基本理念などを全面的に見直すことで一致し、〇六年四月一三日、自公の間で長く対立してきた「愛国心の表記」についても合意に達した。それは、「伝統と文化を尊重し、それらをはぐくんできた我が国と郷土を愛する……態度を養う」というものである。

与党は、この合意を含んだ最終報告書をもとに法案化し、〇六年の国会への上程、成立をめざすことを決定、政府は、四月二八日、現行法とは全く異質の教育基本法案を閣議決定し国会に提出した。

2　新教育基本法案の問題点

国会に上程された政府案は次のような多くの問題点をもつものであり、日本国憲法を守る立場からは、とうてい容認できない内容であった。

憲法との関係を断ち切る

第一に、現行教育基本法は憲法と密接に結びついた準憲法的な教育の根本法規であるが、政府案はこの憲法との関係を断ち切るものであった。「前文」に「日本国憲法の精神にのっとり」という文言は残したが、さまざまな項目で憲法の精神に反する内容が盛り込まれている。現行法の「前文」にある憲法九条と深く結びついた「真理と平和を希求する」を「真理と正義を希求し」に変えたのもその一つである。私たちはアメリカのイラク侵略戦争をはじめ近代の戦争、とりわけ過去の日本のアジア侵略が「正義」の名で行われたことを忘れてはならない。

また、「第一条 教育の目的」から「個人の価値をたっとび」を削除し、それに代わって、「前文」に「公共の精神を尊び」「伝統を継承し」などを入れた。さらに、「教育の目的」に盛り込まれた「必要な資質」という規定は、国家が「必要とする資質」を国民に要求できるというものである。

これらは、個人と国家との関係を一八〇度転換して、まず、国家があって個人はそれに従う存在、教育は個人のためではなく国家のために行われるということに大転換するものである。これも憲法の理念に反するものである。これらは、自民党の新憲法草案（当時）とも共通するもので、憲法改悪を先取りし、「戦争をする国」の国民をつくる教育を基本法に定めるねらいだといえる。

「伝統」と「愛国心」を結び付ける

第二に、現行法の「教育の方針」を「教育の目標」に変え、「我が国と郷土を愛する……」をはじめ多くの徳目を盛り込み、それらの徳目について「態度を養う」ことを教育の目標としている。「我が国と郷土を愛する」の前に「伝統と文化を尊重し、それらをはぐくんできた」という文言があるので、「統治機構の国を愛するのではない」としているが、それは「愛国心教育」の歯止めにはならない。

そのことは、国旗国歌法の国会審議で政府が何回も「強制しない」と答弁したにもかかわらず、法成立後、文部科学省を先頭に東京都教育委員会などによって国旗国歌への異常な強制が行われてきたことをみれば明らかである。しかも、何を「伝統」とするのかがあいまいなままで、「伝統」と「愛国心」が結び付けられて教育される危険性を、私たちは戦前・戦中にいやというほど体験してきたことを想起すべきである。

政府案には、この「第二条　教育の目標」と「前文」に「国と郷土を愛する」「公共の精神」など二〇を超える徳目が盛り込まれている。「目標」である以上、これらの徳目は評価の対象になる。心は目にみえないもので、それがあらわれるのが「態度」であり、したがって、「態度を養う」という規定によって、心の中にまで国家や行政が踏み込んでくることになる。学校・教員は、この目標が達成されているかどうかを絶えずチェックさせられ、また、教科書もこの目標を書き込むことが求められることになる。新教育基本法は、国が教育のあり方をがんじがらめにしばり上げる法律になり、本来の教育基本法の性格を根本的に変質させるものである。

「21世紀日本の構想」懇談会（前述）の報告（二〇〇〇年一月）や「教育改革国民会議」（前述）の報告（二〇〇〇年一二月）がめざした、教育は「国民の権利」ではなく、「国家の権利」であり、「若き国民の義務」「国家の統治行為」という国家主義の立場を教育基本法の基本精神にするものといえる。

国家・行政の教育への介入禁止を骨抜きに

第三に、現行法第一〇条の「教育は、不当な支配に服することなく」は残したが、教育に国家や行政が介入してはならないことを規定した、教育は「国民全体に対し直接に責任を負って行われるべきものである」を削除している。さらに、「第九条 教員」の項で、教育が国民全体に直接責任を負うことを意味する、現行法第六条二項の「教員は、全体の奉仕者」を削除している。

これらの規定は、教育が国家（政府・文科省）や地方行政（教育委員会など）に対して責任を負うものではなく、直接に国民に責任を負うものであることを定め、教育の自由を規定し、国家・行政の教育への介入を禁止したものである。これらを削除したことによって、「不当な支配に服することなく」はたんなるお題目になってしまう。

こうした骨抜きを行ったうえで政府案は一六条で、教育は「この法律及び他の法律の定めるところにより行われるべき」と書き加え、さらに「国は、……教育に関する施策を総合的に策定し、実施しなければならない」と規定している。これと教育振興基本計画（一七条）を基本法に盛り込むことによって、政府・行政権力が「法律にそってやっている」と主張すれば、「日の丸・君が代」の強制や愛国心教育を進める根拠に使われ、政府・行政が教育内容や教育方法に公然と介入し、「不当な支配」ができることになる。

さらに、こうした規定を入れることによって、国が子どもを「できる子」「できない子」に選別し、国家に有用な一部の人材を育てるエリート教育と、圧倒的多数には「ただ実直な精神」（三浦朱門）だけを学ばせる、という差別教育を公然と推進することを可能にするものである。

第四に、「学校教育」や「家庭教育」の項目の内容は、子ども・国民の学習権を基礎として国民の教育権を保障するものではなく、むしろ、国家の教育方針に国民全体を従わせ、動員するものである。男女平等教育を基本にすえた「男女共学」の削除、義務教育九年間の年限規定の廃止なども重大な問題をもっている。

また、新たに加えた「生涯学習の理念」「大学」「私立学校」「幼児期の教育」などの項目は、どうしても教育基本法に入れなくてはならないものではない。すでに、学校教育法や私立学校法に書かれているものもあり、必要な場合は、現行教育基本法に基づいて法を制定すればすむものである。

異常な秘密主義でつくられた与党案

政府案は、前述の「与党教育基本法改正に関する協議会」の最終報告とほとんど同じ内容である。与党の検討会・協議会は、会議の中で配布された資料やメモをすべて会議終了後に回収するという異常な秘密主義で行われた。

教育は、国民一人ひとりに直接かかわる重要な問題であり、社会や国のあり方をも左右するものである。教育の主人公は子どもであり、教員や保護者、国民である。政府は、その主人公の目から隠れ、与党の自民党・公明党の一部議員だけでまとめた「寄木細工」「妥協の産物」の与党案を、その発表からわずか二週間で政府案として国会に上程した。このような短期間での上程は、国民が内容について十分に知り、議論を尽くし意見を述べる機会さえ奪う民主主義に反する暴挙というほかない。

政府と自民党・公明党は、この政府案について、特別委員会を設置し国会の会期内に成立をめざすとした。これは、総裁選挙や統一地方選挙、参議院選挙をにらんで、何がなんでも今国会中に成立させるという自民党・公明党の党利党略によるものであった。

南原繁の警鐘が現実に

第二章でも触れたように、一九四七年の教育基本法の作成・制定に深く関与した南原繁は、アメリカの占領政策が転換し、「池田・ロバートソン会談」後に「逆コース」のはじまりと呼ばれた教育の反動化が進みはじめたときに、次のように警鐘を鳴らした。

近年、わが国の政治は不幸にして、一旦定めた民族の新しい進路から、いつの間にか離れて、反対の方向に動きつつある。その間、教育の分野においても、戦後に性格転換をとげた筈の文部省が、ふたたび往年の権威を取り戻そうとする傾向はないか。新しく設けられた地方教育委員会すら、これと結びついて、文部省の連絡機関となる惧れはないか。戦後、教育者の団体的行動のうち、自粛反省を要するものがあったにしても、それを理由に昨年（一九五四年―引用者）制定された教育二法の施行の結果、全国多数のまじめな教師の間に、自由や平和がおのずから禁句《タブー》となりつつある事実は、何を語るか。いま世間では、新大学制度の問題にとかくの論議が集中されている間に、最も基礎的な国民教育において、制度はそのままでも、見えない変化が静かに進行しつつあるごとくである。

このような状況のもとで、その意識していると否とを問わず、ふたたび「国家道徳」や「愛国精神」を強調することが、いかなる意味と役割をもつものであるかは、およそ明らかであろう。わが民族の失われた独立は、ふたたび「天皇中心」主義をおし立てて、旧い国民道徳に立ちかえることにあるのではない。民族独立の真の道は、人間天皇をはじめとし、国民のひとりびとりが人間の尊厳の自覚による人間性の回復と、かような人間がおのおのの仕事を通して共同の事業に参加し、悦びをもってそのために身をささげ得るような平和的文化共同体の建設のほかにはない。それは日本再建の唯一の道であるとともに、時代の危機に直面して、いま世界が要求している人類共同の課題でもあるのである。かような国民の新しい理想と使命に対する自覚に基づいてこそ、真の愛国心は喚起されるであろう。そして、かかる国民の自覚と愛国心を喚び起すものは、教育の力を措いて、ほかにはない。

この意味において、新しく定められた（教育基本法の――引用者）教育理念に、いささかの誤りもない。今後、いかなる反動の嵐の時代が訪れようとも、何人も教育基本法の精神を根本的に書き換えることはできないであろう。なぜならば、それは真理であり、これを否定するのは歴史の流れをせき止めようとするに等しい。ことに教育者は、われわれの教育理想や主張について、もっと信頼と自信をもっていい。そして、それを守るためにこそ、われわれの団結があるのではなかったか。事はひとり教育者のみの問題ではない。学徒、父兄、ひろく国民大衆をふくめて、民族の興亡にかかわると同時に、世界人類の現下の運命につながる問題である（前掲「日本における教育改革」『南原繁著作集』）。

まさに、南原が危惧したように、「真理」を投げ捨て、「歴史の流れをせき止めようとする」、南原が予想もしなかったような「反動の嵐」が吹きはじめたのである。

3 国定道徳副読本『心のノート』発行と使用の強制

教育基本法改悪の動きが進められる中、文部科学省は、二〇〇二年（平成一四）四月、全国すべての小・中学生（約一一〇〇万人）に「人間として生きていく上での大きなプレゼント」（柴原弘志文科省初等中等教育局教科調査官）として道徳副読本『心のノート』を配布し、教員に対してその使用を強制した。『心のノート』は小学校低学年用・中学年用・高学年用、中学校用の四種類が発行された。『心のノート』は、文科省が編集・著作し、落札した民間出版社が発行している。これは戦前の国定教科書と同じ形態である。『心のノート』の奥付には「発行　文部科学省」とあるだけで、部署名や電話番号、監修者・著作者名もないが、これも戦前の国定教科書と同じである。実際は、前述の「21世紀日本の構想」懇談会座長の河合隼雄が編集責任者になり、彼のグループの臨床心理学者たちが全面協力してつくられたものである。

日本会議の要求でつくられた『心のノート』

文科省は、「文部科学省の権限と責任において製作した」（矢野重典文科省初等中等教育局長）と国会で答弁しているが、この『心のノート』は日本会議の要求によってつくられたものである。次にその経過を紹介する。

二〇〇〇年三月一五日、参議院文教科学委員会で、自民党の亀井郁夫議員が「戦後、私たちは物質的に豊かになった反面、大切な『心』を失った。それが学級崩壊につながっている」「学校の教育を高めていくことが重要だが、道徳の教科書がない。文部省は道徳問題についてもっと突っ込んで取り組んでほしい」「少なくとも『道徳の冊子』をつくって教えるようにすべきではないか」という趣旨の質問をし、中曽根弘文（中曽根康弘の息子）文部大臣は、亀井のいう「冊子」を意図的に「副読本」と解釈して、「道徳の副読本のような教材は非常に大切であると思う。研究してつくっていったらいいのではないか」と答弁し、すぐに作成のための予算化が行われた。

ところで、亀井郁夫は「日本会議議連」の中心メンバーであり、中曽根文相は当時「日本会議議連」の副会長である。「日本会議議連」メンバーが質問し、それを「日本会議議連」の幹部である文相が取り上げて発行された「副読本」が『心のノート』なのである。

日本会議は、前述のように二〇〇〇年五月に日本教育会議を設立し、道徳教育の推進に力を入れて取り組んでいた。そして、道徳教育推進のために「道徳副読本」の作成を要求していたが、〇一年三月の総会議案書の中で「本会の国会質疑を契機に文部科学省は『心のノート』という道徳教材の作成を決定した」と成果を誇っている。右翼組織の方針を連携する議連の議員が国会で取り上げ、それが国の教育行政として実施されるという恐ろしい構図がつくられているのである（以上については、前掲『ちょっとまったぁ！教育基本法「改正」』を参照）。

『心のノート』は「副読本」であったが、それは文科省による道徳の教科化（第一三章で詳述）の布石であることは明らかであった。なお、『心のノート』は民主党政権時に事業仕分けの対象となって配布をやめた。しかし二〇一二年、第二次安部政権が発足すると、翌一三年に全面改訂した上で配布を復活させている。

4　教育基本法改悪に反対する市民などのたたかい

教育基本法の改悪に反対し、それを守り生かそうとする側は、中教審への諮問がされた〇一年一一月頃から改悪反対の運動の取り組みを強めるようになった。

次々と結成された反対運動の組織

二〇〇〇年〜〇一年は「つくる会」教科書採択反対の運動と連動させながら取り組みが行われたが、本格化するのは二〇〇二年からである。〇二年五月には『『子どもたちを大切に――今こそ生かそう教育基本法』全国ネットワーク」が結成された。

代表委員は、大田堯（東京大学名誉教授、前都留文科大学学長）、小森香子（日本子どもを守る会副会長）、津田玄児（弁護士）、福田雅章（子どもの権利のための国連NGO・DCI日本支部代表）、堀尾輝久（東京大学名誉教授、前日本教育学会会長）、丸木正臣（和光学園園長）。この顔ぶれからもわかるように、広範な組織と人びとを結集した反対運動の組織である。

次いで同年一二月に、「子どもと教科書全国ネット21」と「子どもの育ちと法制度を考える21世紀市民の会」（子どもと法21）が呼びかけて、「教育基本法『改正』反対市民連絡会」が結成され、市民の中に賛同を広げていった。二〇〇二年には、知識人・文化人による組織「教育と文化を世界に開く会」が結成された。この会の呼びかけ人も多彩で、筆者も名を連ねたが次のような人びとだった。

味岡尚子（全国PTA問題研究会）、石井小夜子（弁護士）、尾木直樹（教育評論家、法政大学教授）、奥地圭子（東京シューレ）、川田龍平（人権アクティビストの会）、喜多明人（早稲田大学教授）、小森陽一（東京大学教授）、佐藤学（東京大学教授）、俵義文（子どもと教科書全国ネット21事務局長）、辻井喬（作家）、暉峻淑子（埼玉大学名誉教授）、中川明（弁護士）、なだいなだ（作家・精神科医）、西原博史（早稲田大学教授）、藤田英典（国際基督教大学教授、前東京大学教授、前教育改革国民会議委員）、増田れい子（エッセイスト）、牟田悌三（俳優）、毛利子来（小児科医）。

〇三年の中教審答申後の五月には、これらの団体が集まって「教育基本法改悪反対・『多彩な意見広告』の会」が結成され、改悪法が成立した〇六年一二月まで、「街頭ビジョン」や新聞、タウン紙など多種多様なメディアに創意工夫した多彩な内容の意見広告を六〇回にわたって掲載した。「多彩な意見広告の会」の呼びかけ人は、石坂啓（漫画家）、梅原猛（哲学者）、大田堯（教育学者）、小山内美江子（シナリオライター）、落合恵子（作家）、川田龍平（人権アクティビストの会）、姜尚中（東京大学教授）、高橋哲哉（東京大学教授）、竹下景子（女優）、辻井喬（作家）、暉峻淑子（埼玉大学名誉教授）、灰谷健次郎（作家）、山田洋次（映画監督）だった。

教育学関連学会や日弁連なども立ち上がる

一方、教育学関連一五学会も教育基本法改悪に反対して早くから動きはじめた。〇二年九月に「教育学関連一五学会共同公開シンポジウム準備会」が発足し、〇六年一二月までの間に七回の公開シンポジウム・研究会を開催したが、この取り組みがその後の教育学関係者のさまざまな取り組みの母体となった。一五学会はシンポジウムの記録を毎回単行本にして発刊して市民・教員・研究者などの学習に役立てた。

さらに、〇一年の「つくる会」教科書阻止のとき草の根で活動した全国各地の市民の多くが立ち上がり、「教育基本法『改正』反対市民連絡会」に集まった人びとなどによって、全国規模の集会開催が呼びかけられた。この実行委員会にはさらに幅広い人たちが結集して、〇三年一二月二三日、「一二・二三」全国集会を四〇〇〇人以上の参加で成功させた。

その成果を引き継いで、大内裕和（松山大学助教授）、小森陽一（東京大学教授）、高橋哲哉（東京大学教授）、三宅晶子（千葉大学教授）の四人が呼びかけ人になって、〇四年四月、「教育基本法の改悪をとめよう！全国連絡会」（全国連絡会）が発足し（筆者は事務局メンバーとして参加）、以後、〇六年一一月までに六回（内四回は「多彩な意見広告の会」と共同）の大規模な全国集会やデモを開催して、世論を高めるうえで大きな働きをした。

全国連絡会の運動は、教職員組合などが組織の違いを超えた共同の運動を全国的に発展させるうえで大きな役割を果たした。また、各地では、教科書採択問題に取り組んだ市民組織が教育基本法改悪反対で立ち上がった。

さらに、日本弁護士連合会（日弁連）は、各界・各団体に呼びかけて、教育基本法問題の懇談会を継続的に開催して情報交換のセンターの役割をし、また、弁護士団体の自由法曹団は特別の対策委員会を設置し、反対運動への参加、ブックレットの発行・普及、講師活動に取り組んだ。歴史教育者協議会が協力した、堀尾輝久・浪本勝年・石山久男編著『今、なぜ変える教育基本法Q&A』（大月書店、二〇〇三年）も出版され活用された。各中央団体が作成配布したブックレット、パンフレット、チラシ類は数千万部に達した。各地でも手作りで作成されたものも含めて、多種多様なものが発行されている。

また、日本教育法学会教育基本法研究特別委員会（委員長・成嶋隆新潟大学教授、事務局長・世取山洋介新潟大学助教授）は法案検討会を行い、それをまとめて『憲法改正の途をひらく教育の国家統制法』（母と子社、二〇〇六年）を緊急出版して、法案内容の批判に大きな役割を果たした。そして教育法学会は〇六年五月、政府案およびそれと同様の問題点を含んだ民主党の対案（「日本国教育基本法案」）の廃案を求める声明を会長名で出した。

筆者も全国一〇〇か所以上を駆け巡って講演活動を行い、「私は一九四七年に小学校に入学したので、『憲法・教育基本法一年生』であり、私の生涯に決定的な影響をもったこの二法改悪は絶対に許せない」と訴えた。

前述の「教育と文化を世界に開く会」は教育基本法改悪に反対する声明文を出し、辻井喬（作家）・永六輔（放送作家・ラジオタレント）・永井路子（作家）・安野光雅（画家）など一二九人が賛同し、〇五年一月二〇日に筆者も参加した記者会見で発表した。

さらに、政府が「改正」案を国会に上程すると次のような緊急アピールを出した。

〈緊急声明〉与党が密室で協議した教育基本法「改正」案の上程に反対する

四月一二日、与党の「教育基本法改正検討会」は、自公の間で長く対立してきた「愛国心の表記」について、合意に達したと報じられました。それは、「伝統と文化を尊重し、それらをはぐくんできた我が国と郷土を愛する……態度を養う」というものです。与党は、この合意をもとに法案化し、今国会での上程、成立を目指すと言われます。

教育基本法は、戦後、日本国憲法の精神に沿い、平和的な社会、国家を形成する主権者を育てるために、教育の大原則を定めた法律です。教育刷新委員会の学識経験者たちが議論し、新憲法下の国会で作られました。いま与党で合意されたのは、この準憲法的な性格をもつ基本法を、「改正」と言いながら全面的に書き変えてしまおうとするものです。もともと法律になじまない「愛国心」や道徳律などを書き込み、戦前と同様、行政が国民の心に介入できるようになる恐れがたいへん強い「改正」案です。

教育は、一人一人の国民にとって、直接かかわりのある重大な問題であると同時に、これからの日本社会を担っていく子どもたちの、知力、学力、体力、生きていく力、そして心のあり方にもかかわり、また社会全体を変えてしまう可能性を持っています。こうした重要な問題を、与党は一部議員だけの密室の協議で行い、内容も議論の過程も、一切国民に知らせませんでした。「百年の計」といわれる教育の根本原則を、二つの政党の「寄木細工」でつくることなどありうるでしょうか。このまま国会に上程し、数の力で成立を押し通すなど、絶対に許されないことです。

与党検討会の秘密主義は、会議の中で配布された資料や議論の内容をめぐるメモまで、会議終了後にすべて回収するという常軌を逸したものです。与党に持ち帰って合意を取り付けるといっても、すべて口頭という無責任さです。このままではすべての国民はもとより、ほとんどの与党議員ですら、教育基本法をめぐる議論から排除され、結論だけを押し付けられることになります。

私たちは、こうした密室協議で生まれた法案の上程に反対します。教育の議論は拙速を避け、様ざまな問題を勘案しながら、国民的な議論と合意をとりながらなされるべきだと考えます。

二〇〇六年四月一四日

喜多明人（早稲田大学教授）、小森陽一（東京大学教授）、石井小夜子（弁護士）、大内裕和（松山大学助教授）、尾木直樹（教育評論家・法政大学教授）、加藤周一（作家）、桂敬一（立正大学講師）、北沢洋子（国際問題評論家）、佐藤学（東京大学教授）、杉田敦（法政大学教授）、俵義文（子どもと教科書全国ネット21事務局長）、辻井喬

（作家）、暉峻淑子（埼玉大学名誉教授）、西原博史（早稲田大学教授）、藤田英典（国際基督教大学教授）、間宮陽介（京都大学教授）、最上敏樹（国際基督教大学教授）、毛利子来（小児科医）、山口二郎（北海道大学教授）

参考人・公述人がアピールを発表

通常国会がはじまってからは、国会に向けたたたかいが行われ、連日国会を取り囲み、国会傍聴、院内集会、国会前集会、座り込み、議員要請などが取り組まれ、多くの市民・教員・研究者・学生などがこれらの行動に参加した。最終盤には、さらに幅広い市民などを結集することをめざして、国会前ヒューマン・チェーンが一一月八日、一六日、一二月六日、一三日の四回にわたって行われた。

政府・与党は参考人質疑や地方公聴会を開催し、何とか教育基本法「改正」賛成の世論をつくろうとしたが、それらに出た参考人、公述人の憲法学者、教育学者たちのほとんどは教育基本法は変えるべきではないと、改悪に反対する意見を強く表明した。

最終盤の局面で、筆者は世取山洋介と相談して、これらの参考人・公述人に共同のアピールをつくっていただき、それを国会議員や市民に広く配布することに取り組んだ。

まず、西原博史（早稲田大学教授、公述人）、広田照幸（日本大学教授、公述人）、藤田英典（国際基督教大学教授、参考人）の三人に呼びかけ人になることを依頼し引き受けていただいたが、皆多忙のために三人の意見をもとにアピール案は筆者が作成して、呼びかけ人・参考人・公述人の意見を聞いたうえで完成させることになった。そして、参考人・公述人にお願いしたところ、ほとんどの人の賛同を得て、次のような共同アピールを発表した。長文だが、この問題の本質をつかめる内容なので紹介しておく。

〈アピール〉公述人・参考人として教育基本法案の徹底審議を求めます

私たちは、衆議院及び参議院の教育基本法に関する特別委員会において、参考人、地方及び中央公聴会での公述人として意見を述べた者です。私たちはそれぞれ自分の研究している専門的な立場などから、政府の教育基本法案について様々な危惧や問題点を指摘しました。

それらは、例えば次のような問題です。

一、政府法案は、「教育基本法（……）の全部を改定する」としていますが、なぜいま教育基本法の全面改定が必要なのか、ということが何も明らかにされていません。さらに、GHQによる押しつけなどという教育基本法制定史についての誤った認識が払拭されていません。

二、政府法案のように改定したら教育がどうなるのか、こんにち教育や学校が直面している「いじめ」をはじめとした諸問題が政府案によって解決されるのか、また、それらは現行教育基本法ではなぜ解決できないと考えているのか、などが何も明らかにされていません。

三、政府法案一七条の教育振興基本計画には学力テストが盛り込まれることが予定されておりますが、これにともない、自治体の判断による各学校ごとのテスト成績の公表やテスト成績に基づく生徒一人当りの予算配分の制度なども導入されようとしています。これらの政策が、学校選択の「自由化」や「学校評価」「教員評価」とあいまって、教育をますます競争主義的なものとし、子どもの成長発達に今以上の歪みをあたえることは明白です。

四、現行の教育基本法は、教育の基本的な理念・原則・枠組と政治・行政の責務を規定したものです。その特徴は、憲法第九九条「天皇又は摂政及び国務大臣、国会議員、裁判官その他の公務員は、この憲法を尊重し擁護する義務を負ふ」という規定と同様、近代立憲主義の原則に立ち、国家権力・行政権力を拘束する規範（権力拘束規範）になっているという点にあります。それに対して、政府法案は、子ども・家庭（保護者）・大学などに命令する規範（国民命令規範）が目立つものとなっています。政府には、このような重大な変更を行う正当な理由を明示する責務がありますし、立法府には、その是非を十分に審議検討する責務があります。

五、教育基本法のような理念法、教育の根本法規に「教育の目標」を規定すれば、その達成度の評価を通じて、教育の自律性・自主性や個人の内心の自由が侵害される危険があります。しかも、「目標」には「愛国心」をはじめ二〇を超える徳目が盛り込まれていますが、これは、国家が特定の「道徳規範」を強制することになります。

六、政府法案は現行法一〇条一項の「教育は不当な支配に服することなく」という規定を残していますが、政府法案の「不当な支配」とは何を指すのか、誰の何に対する支配のことなのかが明確ではありません。現行法第一〇条一項の「（教育は）国民全体に対し直接責任を負って行われる」の文言を削除し、「（教育は）この法律及び他の法律の定めるところによって行われる」という規定に変えた政府法案は、国会で多数で決めれば政府がどんなことでもできるようにしています。これは、国家・政府による教育への介入を無制限に許すことにつながります。

七、政府法案は憲法に違反するのではないかと危惧される内容を多々含んでいます。憲法との関係、子どもの権利条約との関係について、各条文の検証が必要です。特に、政府は、法案一六条一項の根拠として、七六年の最高裁学テ判決を援用していますが、その援用が最高裁学テ判決の理解としては誤っているばかりか、最高裁学テ判決に照らしても違憲と判断されうる内容となっています。

八、政府法案第一三条の「学校、家庭及び地域住民その他の関係者は、教育におけるそれぞれの役割と責任を自覚する」というのは、具体的には何を意味するのか不明です。

以上に例示したことはほんの一部に過ぎません。私たちが述べた審議すべき重要な課題について、衆議院の特別委員会ではほとんど審議されませんでした。中央公聴会の場合は、私たちが述べたことは、一度も審議する時間もないままに与党のみによって法案採決が行われました。

教育基本法は教育における根本法であり、憲法に準ずる大切な法律です。それを廃止して新法を制定しようとするならば、国民の意見を十分に聴き、それを国会審議に反映させるべきです。私たちが述べた意見は国民の意見の重要な構成要素だと確信しています。それについて、ほとんど議論がなされないままに法案が採決されるのは重大な問題であり、将来に禍根を残すことになります。

最近の世論調査でも、政府法案について、「今国会成立にこだわるべきではない」が五五％で、「今国会での成立が必要」というのは一九％に過ぎません。自民党支持者でさえ「今国会成立にこだわるべきではない」が五三％で、「今国会での成立が必要」は二五％です（日本経済新聞一一月二八日）。また、教育基本法「改正」で教育はよくなると思うかという質問に対して、「よくなる」と答えた人は四％、「悪くなる」が二八％、「変わらない」が四六％です（朝日新聞be一一月二五日）。国民の多数は今

るといえます。国会での成立を望んでいませんし、十分な時間をかけた徹底的な議論をこそ求めてい

与党の中には、「何時間やったのでもう議論は十分」という意見があると伝えられています。しかし、このような大切な法律の制定では、何時間ということよりも、何をどのように議論したかということこそが問われなければなりません。参議院においても私たちが指摘した法案の内容そのものについての議論はきわめて不十分だといわざるをえません。

以上のようなことから、私たちは十分な議論のないままの拙速な採決に反対します。私たちは現行教育基本法と政府法案の関係、法案の各条文、条文と条文との関係などについて、十分な時間をかけた徹底審議を要求するものです。

二〇〇六年一二月六日

石躍胤央（徳島大学名誉教授、公述人）、市川昭午（国立大学財務・経営センター名誉教授、参考人）、岩本一郎（北星学園大学教授、公述人）、大内裕和（松山大学助教授、公述人）大田直子（首都大学東京教授、公述人）、尾木直樹（教育評論家・法政大学教授、参考人）、粕谷たか子（静岡県高等学校障害児学校教職員組合執行委員長、公述人）、喜多明人（早稲田大学教授、公述人）、高橋哲哉（東京大学教授、公述人）、

土屋基規（神戸大学名誉教授、公述人）、出口治男（弁護士・日弁連教育基本法改正対策協議会議長、公述人）、戸塚悦朗（龍谷大学教授、公述人）、中嶋哲彦（名古屋大学教授、参考人）、中森孜郎（宮城教育大学名誉教授、公述人）、成嶋隆（新潟大学教授、参考人）、西原博史（早稲田大学教授、公述人）＊、広田照幸（日本大学教授、公述人）＊、福田誠治（都留文科大学教授、公述人）、藤田英典（国際基督教大学教授、参考人）＊、堀尾輝久（東京大学名誉教授、参考人）、世取山洋介（新潟大学助教授、参考人）

＊は呼びかけ人

以上のような市民らの大きな反対の声を無視して、安倍政権、自民・公明は、与党のみの単独採決で衆議院特別委員会において可決し、次いで本会議でも採決を強行し、直ちに参議院に回付し、二〇〇六年一二月一五日に参議院本会議で可決成立させた。「子どもと教科書全国ネット21」は次のような声明を出して抗議した。

〈声明〉与党の政府・教育基本法案の「可決」に断固として抗議する

子どもと教科書全国ネット21常任運営委員会

自民党・公明党の与党は、一二月一四日一八時過ぎに参議院特別委員会で政府の教育基本法案を強行採決し、一五日の参議院本会議で数を頼みに可決・成立させた。慎重審議・徹底審議を求める圧倒的多数の国民の声に背を向け、野党の反対を押し切った強引な採決である。私たちはこの政府・与党の暴挙を絶対に許すことはできない。私たちは心からの怒りを込めて断固として抗議する。

衆議院でも参議院でも、法案審議はきわめて不十分であった。いま何故、教育基本法を「改正」する必要があるのか、「いじめ」をはじめとした教育が政府法案によって改善されるのかどうか、現行教育基本法では「教育危機」になぜ対応できないというのか、政府法案がめざす具体的な教育像などについても、まともな政府答弁はなされていない。教育が良くなるという展望を示すことができない法案の強行採決は、教育の破壊をめざすものである。特別委員会の参考人や公聴会公述人の意見は、法案審議にほとんど反映されていない。政府法案反対、今国会での成立反対・徹底審議を求める圧倒的多数の国民の声は無視され続け、法案審議に反映されなかった。

政府法案は、「やらせ」と「サクラ」、税金無駄づかいのタウンミーティングによって、教育基本法の「改正」が必要という世論を誘導したものである。偽造された世論を基にした法案はいったん廃案にすることが政府の責任であり、民主主義のルールである。この点からみても政府法案の成立は容認できないものである。

教育基本法は憲法と一体の教育における根本法規である。政府法案は、憲法との関係を断ち切り、憲法改悪をねらう「自民党の新憲法草案との整合性を考えて」（伊吹文明文科相）つくられた、憲法改悪を先取りした「違憲法案」である。政府法案は、個人の「人格の完成」を「個人の尊厳」にもとづいて行う教育から「国家のための教育」に変え、個人の権利としての教育を、国家の権利に変質させるものである。国家や行政は教育に介入してはならないという重要な規定を変質させ、政府や行政による教育への介入を無制限に許すものである。政府法案は、学校教育はもちろん全ての人びとの精神活動について、国定の道徳規範を「目標」として、その達成を強制するものであり、国民の内心の自由は容易に蹂躪されることになる。政府法案によって教育における競争はいっそう熾烈なものになり、教育格差はいっそう拡大し、子どもたちは早くから「勝ち組」「負け組」に選別されることになる。子どもたちの心はいま以上に荒廃して「いじめ」などの「教育危機」はさらに激しくなることが危ぐされる。（中略）政府の教育基本法案は、「戦争をする国」をつくるために、国のために「命を捧げる人」（安倍晋三首相）をつくる教育をめざすためのものである。私たちはまだあきらめることはしないし、落胆もしない。私たちは、「戦争をする国」を阻止するために、教育基本法改悪と同じ根を持つ改憲手続き法案、共謀罪、少年法改悪などに全力をあげて反対していく決意である。

教育基本法改悪阻止の活動の中で、現行教育基本法の理念や精神、その良さが多くの国民によって共有されるようになったことは大きな成果であった。私たちは憲法と現行教育基本法の理念と精神、国連・子どもの権利条約を大切にし、それを使った教育や社会のあり方を追求し、これらの理念や精神、基本原則によって「新教育基本法」の違憲性を具体的に批判し、安倍政権がすすめる「教育改革」の名による教育破壊に反対していく。「新教育基本法」にもとづく学校教育法をはじめとした法「改正」や学習指導要領に対しても、具体的な内容に即して批判を展開する予定である。私たちは「お国のための教育」ではなく、子どものための教育の実現をめざして活動する決意である。さらに、「新教育基本法」第二条の愛国心をはじめとした国定の道徳規範にもとづく教育や教科書づくりを許さない活動に取り組むことを表明する。

二〇〇六年一二月一五日　子どもと教科書全国ネット21

代表委員：石田米子、尾山宏、小森陽一、高嶋伸欣、田港朝昭、鶴田敦子、西野瑠美子、藤本義一、山田朗、若桑みどり、渡辺和恵

事務局長：俵 義文

こうして、個人の尊厳を基本にして一人ひとりの人格の完成をめざすことを教育の目標にした平和憲法と一体の教育基本法は、前述の南原繁の危惧どおり、個人よりも国家を優先する、「国家の教育権」を基本にすえた新教育基本法にとって代わられてしまったので

ある。

5　教育基本法改悪についての安倍晋三の主張

この世紀の悪法を強行採決させた安倍晋三は、数年後に次のように語っている。

新しい教育基本法は、安倍政権で約六〇年ぶりに改正したのですが、その第一の（教育の）目標には、わが国の国民の育成につとめるとともに、「道徳心」をはぐくむことを書き込みました。

法改正の「一丁目一番地」には、道徳教育の充実が掲げられています。つまり、「わが国と郷土を愛し」、文化と伝統を培うとともに、われわれ大人は道徳をきちんと教える責任があるのです（『教育再生』二〇一二年三月号）。

この発言は、育鵬社教科書をつくり採択活動をしている日本教育再生機構（「再生機構」）と「道徳教育をすすめる有識者の会」が、二〇一二年（平成二四）二月二一日に東京で開催した『13歳からの道徳教科書』（育鵬社発行・扶桑社発売）の「出版記念の集い」で、野党時代の安倍晋三議員が、元内閣総理大臣の肩書で来賓あいさつとして行ったものである。「再生機構」は、安倍がやがて自民党総裁・総理大臣に復帰すれば、必ず道徳の教科化を実現すると予想し、教科化が実現すれば教科書が必要になるので、道徳教科書を発行することを予定し、中学校道徳教科書のパイロット版として、二〇一二年二月にこの本を扶桑社から出版した（小学校用パイロット版『はじめての道徳教科書』は二〇一三年一一月刊行）。

旧教育基本法には日本の「香り」が全くしない

さらに安倍は、新教育基本法のねらいについて別の集会で次のように述べている。

> 教育基本法を改正したことについてですが、日本が占領時代に様々な法律や体制が作られ―憲法も、旧・教育基本法もそうです―、戦後、この長く続いてきた体制や精神を含めて、私は「戦後レジーム（旧体制）」とよんでいますが、この「戦後レジーム」から脱却しなければ、日本の真の独立はありえないというのが、私の信念です。（中略）旧い教育基本法は立派なことも書いてますが、日本の教育基本法でありながら日本国民の法律のようには見えません。日本の「香り」が全くしないのです。まるで「地球市民」を作るような内容でした。（中略）
> しかし、新・教育基本法では、人格の完成とともに日本のアイデンティティを備え

た国民を作ることを「教育の目標」に掲げています。その一丁目一番地に「道徳心を培う」と書きました。伝統と文化を尊重し、郷土愛、愛国心を培うことを書きました。関連法も改正し、教員免許更新制や、指導が不適切な教員の免職も含めた人事の厳格化も行い、頑張った先生が評価される「メリハリのある人事評価」を目ざしました。主幹教諭・指導教諭を付けて校長・教頭だけだった管理職も増やしました（『教育再生』二〇一二年四月号）。

安倍が、一九四七年の教育基本法に、日本の「香り」が「全くしない」というのは、かつて中曽根康弘が教育基本法を攻撃して「日本の水の味がしない」といったことにならったようであるが、安倍のいう日本の「香り」とは修身の「香り」、つまり軍国主義と皇国史観に彩られた愛国の「日本の香り」（渡辺国男『ドキュメント「森友事件」の真相』日本機関紙出版センター、二〇二〇年）のことであろう。ここでいう「戦後レジーム」とは、ポツダム宣言にもとづく戦後体制であり、日本国憲法と教育基本法、東京裁判が主要なものだといえる。教育におけるそこからの脱却とは、戦前・戦中の教育（特にそのシステム）――教育勅語と修身による「軍国主義と皇国史観による愛国教育」の復活以外には考えられまい。

大阪のシンポジウムで維新の会の教育条例にエールを送る

安倍晋三は、愛国心をはじめ、道徳や公共の心、伝統文化などをせっかく教育基本法に書き込んだのに、この「大切なこと」が教員組合や現場教員の抵抗によって子どものところまで届かないと思い込んでいた。そこで新教育基本法に忠実な学習指導要領（第一三章で詳述）をつくり、それを忠実に反映した教科書にするために教科書制度を変え（第一二章で詳述）、さらに教員への統制を強める必要がある、と民主党政権下で野党だった安倍は考えたといえる。

前記の「旧い教育基本法は日本の『香り』が全くしない」という発言は二〇一二年二月二六日、「再生機構（大阪）」が大阪で開催したシンポジウム「教育再生民間タウンミーティング」でのものである。この時のパネリストは、元内閣総理大臣としての安倍晋三議員と松井一郎大阪府知事（大阪維新の会幹事長）、八木秀次「再生機構」理事長だった。

当時、大阪府議会では、大阪維新の会が「大阪府教育基本条例案」を提案していた。この条例案はあまりにも問題の多い内容のために、府教育委員会をはじめ多くの府民が反対し、府議会では自民党も反対していた。

このシンポジウムで松井知事は、「安倍先生が教育基本法を改正されたのと同じですが、今は、あまりにも政治が教育から遠ざけられています」。現在は教育委員会が定めることになっている教育の目標や目的は、「我々の条例（府議会に提案している教育基本条例案）では知事や首長が定める方向になっています」などと述べた。これについても安倍は、「維新の会の条例は、（教育基本法の）法改正と方向性が一致していると思います。〝教育委員会が役割を果たしていない〟という点でも、大きな問題提起をしています。あらゆる批判をものともせずに進めている。ある意味、閉そく状態にあった教育現場に風穴をあけるという大きな意義があると、私は評価しています」と維新の条例案を持ち上げて賛意を示した。

さらに、維新の会の条例のように首長が教育に介入できることを重要だとする主張の具体例として、横浜市の育鵬社教科書採択をあげて次のように述べた。

「その意味で、横浜市で育鵬社中学教科書が採択されるのは本当に驚くべきことです。首長が相当の覚悟で教育委員を選んで、教育委員一人一人が全部の教科書を読み込んで、事務局に対抗しないといけない。議論して説得できる教育委員に変えていくことができれば、現在の制度でも（育鵬社採択は）不可能ではありません。そういう地域もあります」（前述のようにこの安倍の主張を取り入れた橋下徹市長の下で、市全体を一つの採択区にした大阪市は二〇一五年に育鵬社教科書を採択した）。

そして、松井知事が「（条例に反対している）自民党さんにも是非とも賛成していただきたいですね（笑）。目指す方向は我々と同じだと思っています」といったのに対して、安倍は「条例を作成することによって（六十数年間続いた）戦後の岩盤のような体制を崩していく役割を担ってほしいと思います」とエールを送り、八木は「このシンポジウムによって条例は『戦後レジームからの脱却』の〝大阪版〟であることが確認できたと思います」と締めくくっている（『教育再生』二〇一二年四月号）。

シンポジウムの一か月後、自民党も賛成に回って府議会で条例（名称を変えた「教育行政基本条例」と「府立学校条例」および教職員も対象にした「職員基本条例」）が可決・成立したことはいうまでもない（この問題については斉加尚代・毎日放送映像取材班『教育と愛国』岩波書店、二〇一九年を参照）。

森友学園「瑞穂の國記念小學院」とのつながり

二〇一二年一二月に復活した第二次安倍政権のもと、国有地売却・購入問題に端を発し、二〇一七年（平成二九）以降大きな事件となったのが森友学園問題である。

森友学園では、安倍首相夫人が、学園が二〇一七年に開設を予定していた「瑞穂の國記念小學院」の名誉校長を引き受けていた。昭恵夫人は、学園が経営する塚本幼稚園で三回も講演しているが、一五年九月五日、名誉校長の名で行った講演では、「こちらの教育方針は大変、主人も素晴らしいと思っている。（卒園後）公立小学校の教育を受けると、せっかく芯ができたものが揺らいでしまう」と、公立学校の教育内容を批判した。

そして、塚本幼稚園の思想教育をつづけるためにも小学校をつくるのだとして、「瑞穂の國記念小學院は、優れた道徳教育を基として、日本人としての誇りをもつ、芯の通った子どもを育てます。そこで備わった『やる気』や『達成感』、『プライド』や『勇気』が、子ども達の未来で大きく花開き、それぞれが日本のリーダーとして国際社会で活躍してくれることを期待しております」（あいさつ文）と、その意義を語っていた。この昭恵夫人の主張こそが、安倍首相が森友学園の小学校開設に期待した目的だといえよう。

森友学園の幼稚園や開校をめざした小学校での教育は、日本会議の教育方針の具体化といっても過言ではない。それは同時に、政府・自民党がめざす「戦争する国」の教育を体現したものであり、森友学園は安倍政権がめざす、新しい教育基本法に則した教育の「モデル校」だったといえる。

大阪でのシンポジウムや森友学園問題については拙著『日本会議の野望』（花伝社、二〇一八年）で論証したので参照されたい。森友学園に関しては、前掲『ドキュメント「森友事件」の真相』にも同様の指摘がある。

第二章　「教育再生」政策から生まれた新検定基準

1　政府と自民党による「教育再生」政策の強行

安倍晋三は、二〇〇九年（平成二一）九月の総選挙で自民党が野党に転落した後、自民党総裁・内閣総理大臣への復権をめざして活動し、一二年九月二六日の自民党総裁選挙で、日本会議・「日本会議議連」などの支援によって、地方の党員票では負けていた石破茂を国会議員投票で逆転して当選し、自民党第二五代総裁になった。そして、同年一二月の総選挙で自民党は圧勝して与党に復帰、安倍は内閣総理大臣となり第二次安倍内閣が誕生する。

自民党「教育再生実行本部」を設立

安倍は自民党総裁になってすぐに「教育再生実行本部」（「実行本部」）の設立を党に指示し、「実行本部」は二〇一二年一〇月二四日に発足した。本部長は、下村博文衆議院議員（元官房副長官、後二〇一三年〜一五年に文部科学大臣）で、五つの分科会を設置した。分科会は、「教育委員会制度改革分科会」（座長・義家弘介参議院議員＝自民党文部科学部会長）、「教科書検定・採択改革分科会」（座長・松野博一衆議院議員）、「いじめ問題対策分科会」（座長・馳浩衆議院議員）、「大学教育の強化分科会」（座長・山谷えり子参議院議員）、「基本政策分科会」（座長・遠藤利明衆議院議員）である。

同年一二月の総選挙での自民党の教育に関する政策・公約は「教育再生実行本部の提言を、改正教育基本法に沿って着実に実行」する内容だった。

同本部は、一一月にはほぼ毎日のように分科会、全体会を開催した。そして、この会合には、文科省の官僚（課長、審議官、企画官、参事官、室長など）が五〜八人、さらに、衆議院法制局、参議院法制局の課長も出席していた。ここから明らかなように、この「実行本部」での議論・提言は、政権をとる前から法改正や法制化をねらっていたということを示している。

『朝日新聞』（二〇一二年一一月一日）がこの「実行本部」について、「教育欄」で次のように大きく取り上げている。

一〇月二四日午前、東京・永田町の自民党本部で「教育再生実行本部」（本部長＝下村博文・元官房副長官）の会合があり、衆参両議員約三〇人が集まった。本部長の下村氏が「今の教育委員会制度をよいと思っている国民はほとんどいない。GHQ（連合国軍総司令部）がつくった制度だが、ほとんど形骸化している」と口火を切り、大きな拍手がわいた。政権復帰への期待と高揚感で、会場には熱気がこもる。出席者が一〇人に満たないこともあった一年ほど前の党文部科学部会とは、雰囲気が全然違う。（中略）二四日は「教育委員会制度改革分科会」（座長＝義家弘介・参院議員）の初会合。（中略）下村氏が「教委制度の廃止も含めて議論を」と呼びかけ、自治体の首長が教育行政にどの程度かかわるかが話し合われた。（中略）この日午後には「教科書検定・採択改革分科会」（座長＝松野博一・衆院議員）があった。主な話題は教科書の「偏向記述」。歴史の教科書を「国定教科書」にする考えや、慰安婦問題に「おわびと反省」を表明した一九九三年の河野洋平官房長官談話の削除を求める声が上がった。

「実行本部」による教科書検定・採択の「改革」とその要点

自民党の「実行本部」は、まだ野党だった二〇一二年（平成二四）一一月に「中間取りまとめ」を公表した。教科書検定について「教科書検定・採択改革分科会」が出した「日本の伝統文化に誇りを持てる教科書を」と題した提言の内容を紹介しておこう。自民党が政権復帰後の翌一三年六月には、「教科書検定の在り方特別部会」（主査・萩生田光一）が「議論の中間まとめ」を出すが、内容的にはこの「中間取りまとめ」が土台になっている。

「教育基本法」が改正され、新しい「学習指導要領」が定められてから、初めての教科書の採択が、小・中・高等学校で行われたが、多くの教科書に、いまだに自虐史観に立つなど、問題となる記述が存在する。

教科書検定・採択の構造的な問題点を是正し、真に「教育基本法」・「学習指導要領」に適った、「伝統と文化を尊重し、それらをはぐくんできた我が国と郷土を愛するとともに、他国を尊重し、国際社会の平和と発展に寄与する態度を養う」(「教育基本法」)ための教科書で、子供達が学ぶことができるようにするため、以下の通り、制度改正の提言を行う。

(1)教科書検定について

「義務教育諸学校教科用図書検定基準」(以下、「教科書検定基準」)について、以下の通り、改善する。

①「教科書検定基準」につき、文部科学大臣が、各教科書共通で記載すべき事柄を具体的に定める方式に改める(現在は、多くが「〜でないこと」との形式となっている)。あわせて、大綱化が進んでいる「学習指導要領」の記述についても詳述化する。共通で記載すべき事柄の例としては、例えば、歴史教科書における事件や人物など。

②複数の説がある事項について記述する際は、多数説(政府見解、最高裁判所判例、通説など)・少数説を明記する。

③数値(特に歴史的事項)について、複数の説がある際は、その根拠について明記する。

④「教科書検定基準」における、いわゆる「近隣諸国条項」に関しては、見直す。

「教科用図書検定調査審議会」及び「教科書調査官」の役割・責任については透明性と公平性を徹底する。

（2）教科書採択について

「地方教育行政の組織及び運営に関する法律」及び「義務教育諸学校の教科用図書の無償措置に関する法律」の法的な整合性を図る。

教科書に関しては、「実行本部」の提言がほぼそのまま自民党の選挙政策・公約になっていた。公約では取り上げていないが、学習指導要領の大綱化をやめて、詳述化するというのも重大である。また、「多数説」の例示が「政府見解」や「最高裁判例」としているのも問題である。

2 「教育再生」政策が反映された新検定基準の問題点

安倍政権・自民党による「教育再生」政策は、二〇一三年（平成二五）一月二四日に設置された首相直属の教育再生実行会議（「実行会議」）と文部科学省・中央教育審議会（中教審）、自民党「実行本部」などによって急ピッチで推進されてきた。その結果として文科省によって改定された教科書の新検定基準について述べることにする。

教育再生実行会議の提言とその具体化

「実行会議」は、二〇二〇年八月までに四七回の会議をもち、これまでに、第一次提言「いじめの問題等への対応について」（一三年二月二六日）から、第一一提言「技術の進展に応じた教育の革新、新時代に対応した高等学校改革について」（一九年五月一七日）まで、一一の提言を安倍首相に提出してきた。「実行会議」の提言は、そのほとんどが自民党の「実行本部」の「中間取りまとめ」（前述）やその後の「実行本部」の「提言」をもとにした内容であり、その多くが、安倍政権によって法制化され、実現されてきた。

そして二〇一三年一一月一五日、下村博文文科相が「教科書改革実行プラン」を発表した。このプランは、教科書を編集、検定、採択の各段階において統制する内容である。これを受けて文科省が検定基準などの改定案を作成し、教科用図書検定調査審議会（検定審議会）が一一月二二日と一二月二〇日のたった二回の会議で改定案を了承した。その内容は自民党の案をそのまま追認したもので、政権政党とはいえ、一政党の意見をそのまま取り入れて検定基準を改定するのは文科省が自民党の下請け機関化したことを示すものであり、自民党による教育への「不当な支配・介入」といわざるをえない。

文科省は、一二月二五日から翌二〇一四年一月一四日までパブリックコメントの募集を行い、六五〇〇件以上あった意見などは無視して、一四年一月一七日、「義務教育諸学校教科用図書検定基準」と「高等学校教科用図書検定基準」の改定を原案どおりに官報に告示した。

では、異常な拙速で改悪された検定基準の問題点をみていくことにしよう。

歴史の事実を教科書から削除し、歴史歪曲を正当化する

改定・追加された小・中学校社会科（高校は地歴・公民）の検定基準は次の三つである。

①未確定な時事的事象について断定的に記述していたり、特定の事柄を強調し過ぎていたり、一面的な見解を十分な配慮なく取り上げていたりするところはないこと。

②近現代の歴史的事象のうち、通説的な見解がない数字などの事項について記述する場合には、通説的な見解がないことが明示されているとともに、児童又は生徒が誤解するおそれのある表現がないこと。

③閣議決定その他の方法により示された政府の統一的な見解又は最高裁判所の判例が存在する場合には、それらに基づいた記述がされていること。

①の「未確定」「特定の事柄」「強調」などは何を指すのか、誰が、何を基準に判断する

のか、きわめて曖昧で抽象的な基準である。文科省は「判断するのは検定審議会」だといっているが、これまでの検定の実態からみれば実際に判断するのは教科書調査官（検定官）であろう。判断する側が「特定の考え」に基づいて判断する危険性はつきまとう。歯止めのない規定である。

②については、「何が通説か」「通説があるかないか」を誰が判断するのか、ということが問題になる。これも文科省の教科書調査官が恣意的に判断する危険性がある（〇六年の「沖縄戦検定問題」が好例である）。ここでも、南京事件や「慰安婦」などの歴史の事実を排除するねらいが透けて見える。

①と②はともに「バランスの取れた記述」を求め、少数説も書けという基準である。歴史修正主義の主張も「少数説」として書かされる危険性があり、「つくる会」系教科書の歴史を歪曲した内容も容易に検定合格させるねらいである。

教科書を政府の広報誌に変え、事実上の「国定教科書化」に

③の閣議決定などの政府見解や最高裁判決に基づく記述を要求するのは、具体的には、領土問題で政府見解どおり「北方領土や竹島は日本の固有の領土なのにロシアや韓国が不法に占拠している」「尖閣諸島は日本の固有の領土であり、領有権問題はない」などの記述を求めるものである。さらに、戦後補償（徴用工問題）や「慰安婦」問題でも韓国との

間では、一九六五年の日韓基本条約で解決済み、「慰安婦」の強制連行はなかったなどと書かせるねらいである。

政府が「原発は安全」と決めればそのとおりに教科書に書かされる。安倍政権が解釈によって「集団的自衛権の行使が可能だ」と閣議決定したので、教科書に「憲法九条があっても集団的自衛権を行使して戦争ができる」と書かされることになる。TPPや消費税、社会保障や労働法制などの問題でも同様である。歴史・社会科だけではなく、原発やジェンダー平等教育、家庭科や国語の教材などで、政府の見解と異なるものは排除されることになりかねない。

政権が変わるたびに教科書の内容が変わることになり、政府の見解がすべて正しいとは限らないのに、特定の見解を教科書に書かせて子どもたちに押しつけるのはもはや教育ではない。これは「教化」であり、子どもたちをマインドコントロールするものである。教科書を政府の広報誌に変えるものであり、事実上の「国定教科書化」といってよい。

自民党「実行本部」の「中間取りまとめ」と教科書検定の在り方特別部会の「中間まとめ」、自民党の衆議院選挙・参議院選挙の公約では、「多くの教科書が自虐史観で偏向している」と主張してきた。

社会科の検定基準改定案がターゲットにしているのは、「自虐史観や偏向」した記述であり、対象にされているのは、南京大虐殺（南京事件）や日本軍「慰安婦」、強制連行、侵略戦争、植民地支配など、日中一五年戦争、アジア太平洋戦争時の日本の侵略・加害の記述である。そのことは、次の事実をみただけでも明らかであろう。

二〇一三年（平成二五）九月に文部科学副大臣になった西川京子議員は、一三年四月一〇日の衆議院予算委員会で、南京事件はなかったということは自分たち「日本の前途と歴史教育を考える議員の会」（「教科書議連」）の調査で明らかになった、また、「慰安婦」は当時は合法だった売春の話であり、政治的にも歴史学的にも決着していない問題である、それらを教科書に載せるのは「自虐史観」「偏向」だと主張したのである。

「一発不合格」で教科書会社を威嚇する

文科省は、検定基準の改悪だけでなく、「教科用図書検定審査要項」（検定審議会の内規）を一四年四月に改定し、検定不合格の判定方法として「教育基本法に示す教育の目標並びに学校教育法及び学習指導要領に示す目標等に照らして、教科用図書としての基本的な構成に重大な欠陥が見られるものや、一単元や一章全体にわたる極めて重大な欠陥が見られ、適切な修正を施すことが困難と判断されるもの」という規定を追加した。

このような「審査要項」の追加は、教科書発行者を威嚇する究極の検定強化の制度である。下村文科相は、「重大な欠陥があれば、個々の内容を審査しないで不合格にする」と説明している。安倍政権が強行成立させた特定秘密保護法は「何が秘密かは秘密」という悪法であるが、この要項もそれと同じ構造である。何が「重大な欠陥か、それは秘密」として理由を明示されないまま不合格にされる。

従来は不合格になっても、小・中学校教科書はその年度に、高校は翌年度に再提出できた。しかし、この新審査要項による不合格の場合は、不合格の具体的な理由＝「欠陥箇所」が示されないので、訂正のしようがなく、再提出はむずかしくなる。

しかも文科省は、二〇一六年三月に審査要綱をさらに改定し、欠陥箇所数がページ数の一・二倍を超えた申請図書は「欠陥箇所数が著しく多いもの」に該当するとして、「一発不合格」とされるようにした。そして、審査の手続きなどを規定した「教科用図書検定実施細則」の改悪により、小・中学校教科書も不合格になると同年度内の再提出は禁止、翌年度の六月でなければ再申請できないことになった。再申請をしても、採択は検定年度の翌年に行われるので、一度不合格になれば、採択にも参加できない。次の周期まで四年間待つ以外にないので、事実上教科書としての発行は不可能になる（二〇一九年度検定で、四〇五か所もの欠陥箇所を指摘された「つくる会」の自由社版中学歴史教科書がこのケースで発行不能になり、採択対象から除外された）。

「重大な欠陥」の存否は誰が判断するのか。判断するのは検定審議会（実際は教科書調査官）ということだが、文科大臣や自民党の意見でも判断されることになりかねない。

さらに文科省は、二〇一六年来問題になった「白表紙本閲覧謝礼問題」に関連して、二〇二〇年三月、「教科書採択の公正確保について」という通知を教科書会社に対して出した。教科書会社は意見を聞くためと称して検定申請する白表紙本を採択関係者に送り、謝礼を出した。目的は採択してもらうための宣伝で、これが問題とされた。通知の中には次のような文言がある。

なお、検定、採択、発行に関し不公正な行為をした申請者による当該事案に関係する種目の申請図書については、直近の年度の検定において内容審査に入ることなく検定審査不合格の決定を行うこととなること。

具体的には、「不公正な行為」があった場合、その行為をした教科書会社の行為に使われた教科書（例えば国語）について、次回検定において当該会社の当該教科書（国語）の検定申請は受理するが、申請図書の内容審査に入らないで不合格にする、というものである。これも教科書会社を統制するきわめて強い制度になる。

検定基準改定案は「近隣諸国条項」を骨抜き・無効化する

検定基準の「近隣諸国条項」（第七章で詳述）は、近現代史について、日本と近隣アジア諸国との関係について国際理解と国際協調を深める立場で書くことを求める条項である。

さらに、日本の侵略・加害について歴史的事実であれば、検定で削除・修正を求めないという検定基準である。

安倍首相や下村文科相をはじめ、自民党は「近隣諸国条項を見直す」と主張し、選挙公約にも掲げてきた。しかしこの条項は、第七章で詳述したように、一九八二年に文部省が教科書検定で日本の侵略戦争・加害の事実を歪曲していることがアジア諸国に知られ、中国・韓国をはじめアジア諸国から抗議され、外交問題になったことを端緒として生まれたものである。

このとき、宮沢喜一官房長官は、「アジアの近隣諸国との友好、親善を進める上でこれらの批判に十分耳を傾け、政府の責任において是正する」という談話（「宮沢談話」前述）を出し、外交問題に決着をつけた。この談話に基づいて追加された検定基準が近隣諸国条項であり、それは日本政府のアジア諸国への国際公約であり、日本国民への公約でもある。

下村文科相は、今回の検定基準改定では、「近隣諸国条項」の見直しはしていないと述べている。しかし、検定基準改定案は、この近隣諸国条項を骨抜き・無効化し、実質的に廃止するものである。

安倍政権・自民党がこの近隣諸国条項の見直しを行おうとしていることに対して、アジア諸国、とりわけ韓国・中国からの批判があり、見直しを行えば外交問題に発展することは明らかである。そこで安倍政権は、見直しを先送りして、近隣諸国条項を骨抜き・無効化する検定基準を別に定めて、実質的な見直しを行おうとしている。これは、明文改憲がすぐにはできないので、解釈改憲や国家安全保障基本法、安保法制＝戦争法の制定などで、事実上、九条改憲を行おうとしたことと同じ手法である。

新教育基本法の「目標」で教科書を統制する

新検定基準には「教育基本法に示す教育の目標並びに学校教育法及び学習指導要領に示す目標を達成するため、……各項目に照らして適切であるかどうかを審査するものとする」とある。新教育基本法における「目標」（第二条）には「道徳心を培う」や「伝統と文化を尊重」「我が国と郷土を愛する」「国際社会の平和と発展に寄与する態度を養う」などの文言が含まれている。

二〇〇九年三月に文科省が教科書発行者に出した通知「教科書の改善について」でも、「教育基本法や学校教育法が示す教育の理念や目標、新しい学習指導要領に示す各教科の目標、内容等を正確に理解し、教科書記述に的確に反映していくこと」が求められている。

教科書発行者は検定申請時に提出する編修趣意書にそれらを書かざるをえず、その結果、教科書の画一化が進み、「愛国心教科書」「道徳心教科書」へ向かうことは必至である。

第一三章　道徳の教科化と子ども不在の新学習指導要領

1　子どもの内心まで国が介入・統制する道徳の教科化

中央教育審議会（中教審）は二〇一四年（平成二六）一〇月二一日、道徳を「特別の教科　道徳」として正規の教科に格上げする答申を出した。答申に至る経緯は次のとおりである。

今なぜ道徳の教科化か

道徳を教科にするのは、戦前・戦中の修身につながるといえよう。道徳が正規の教科ではなく特設の「道徳の時間」という扱いを受けてきたのは、修身の復活に反対する学校現場や教育学界、国民世論のためであった。

しかし、「道徳の教科化」は第一次安倍政権（〇六年九月〜〇七年九月）の「教育再生」政策の「目玉」の一つだった。当時も首相直属の教育再生会議（座長・野依良治、ノーベル化学賞受賞者）が二〇〇七年六月の「第二次報告」で「徳育の教科化」（報告では「徳育」を「道徳」の意味で使用している）を提言し、伊吹文明文部科学大臣が中教審に諮問したが、中教審は、評価や検定教科書作成など問題が多く、正規の教科になじまないと、教科化に反対する答申をまとめたために実現しなかった。これが急浮上したのは、二〇一一年に滋賀県大津市の中学生が「いじめで自殺」した事件が利用されたためである。

第二次安倍政権が二〇一三年（平成二五）一月に設置した首相直属の教育再生実行会議（「実行会議」）は、わずか三回、計四時間ほどの議論で二月に「いじめの問題等への対応について（第一次提言）」を出し、いじめをなくすために、道徳の教科化と「社会総がかりでいじめに対峙していくための法律」の制定（「いじめ防止対策推進法」として一三年六月二八日に成立）が必要だと主張した。

これを受けて、下村博文文科相は、第一次安倍政権時の失敗を踏まえて、すぐに中教審に諮問しないで、一三年四月に「道徳教育の充実に関する懇談会」を設置した。この有識者会議に、育鵬社教科書を作成している日本教育再生機構（「再生機構」）の運営委員で、『道徳教育の教科書』『教えることのすすめ――教師・道徳・愛国心』などの著作がある貝塚茂樹武蔵野大学教授など道徳教科化の推進論者を多く入れ、同懇談会は「道徳の教科化が必要」だという「報告」を一三年一二月に出した。

下村文科相は「実行会議」の提言とこの報告に基づいて、一四年二月、「道徳の教科化」について中教審に諮問した。諮問に先立って、下村文科相は中教審が再度教科化に反対する答申を出さないように、前年にジャーナリストの桜井よしこ（「美しい日本の憲法をつくる国民の会」共同代表）などを中教審委員に任命していた。中教審の道徳教育専門部会は、九月に「答申案」をまとめ、中教審は一〇月二一日の総会で、「道徳の時間」を「特別の

教科 道徳」として正規の教科にする必要があるという答申を出した。答申は「特別の教科 道徳」への検定教科書の導入も主張していた。下村文科相の「リベンジ」が成功したのである。

「いじめをなくすために道徳教育の充実・強化が必要」というのは科学的な根拠のない幻想である。中学生がいじめで自殺した大津市立の中学校は文科省の「道徳教育実践研究事業」推進指定校であり、文科省発行の道徳副教材『心のノート』を使って熱心に道徳教育を実践していた。このことからみても、道徳を正規の教科にして道徳教育を強化・充実すればいじめがなくなるという根拠はないといえる。

中教審答申を受けた文科省では、二〇一五年三月に学校教育法施行規則を改正して、「道徳」を「特別の教科である道徳」とし、小学校では移行措置を経て二〇一八年度から、中学校では二〇一九年度から完全実施することを決めた。正規の授業として「道徳」が復活したのである。

「特別の教科 道徳」とは何か

中教審「答申」は、「道徳教育の使命」は、「人格の基盤」となる「道徳性」を育てることにあり、道徳教育は「教育の中核をなすべきもの」としている。これに基づいて、①道徳を「特別の教科 道徳」として正規の教科に格上げして道徳教育を義務化する、②「道徳の時間」を〝要〟として「学校の教育活動全体を通じて行う」。そのために教育課程を「改善」する、③国が検定基準を定める検定教科書を導入する、④道徳性の評価に当たっては、児童生徒の「作文やノート、質問紙、発言や行動の観察、面接」などをもとに「資料等を収集する」などと記している。さらに、現在、道徳の時間がない幼稚園や高等学校、特別支援学校でも道徳教育を「充実」させることも提言している。この答申がほぼそのまま実施されていくのである。

政府の「教育再生」政策のねらいが、国家にとっての「人材」をつくるために道徳を正規の「特別な」教科にして全教科の上におき、「愛国心」などを植えつける教育を強化することにあることは明らかである。実際、「特別の教科 道徳」の学習指導要領には、小学校（第三、第四学年と第五、第六学年）で「……国や郷土を愛する心をもつこと」と書かれ、中学校では「日本人としての自覚をもって国を愛し、国家及び社会の形成者として、その発展に努めること」と明記されており、道徳と愛国心が結びつけられている。

新自由主義的教育政策が推進され、子どもたちがいっそうの競争を強いられ、「道徳性」で心や態度が評価されれば、子どもたちのストレスが増大し、いじめや荒れ、不登校の増加が危惧される。その対策として、道徳教育を徹底し、「ゼロ・トレランス（不寛容）」による厳罰主義によって、国家や大企業に従順な人材の育成に向かおうとしているのである（子どもと教科書全国ネット21編『徹底批判!!「私たちの道徳」道徳の教科化でゆがめられる子どもたち』合同出版、二〇一四年を参照)。

ヘイト本出版の関連会社がつくった道徳教科書

道徳の教科書はすでに刊行され、小学校は二〇一八年度から、中学校は二〇一九年度から学校で使われている。その中学校道徳教科書発行者の中に、見慣れない教科書会社名がある。教科書発行に新規参入した日本教科書株式会社である。

日本教科書は、日本教育再生機構理事長の八木秀次麗澤大学教授らが二〇一六年四月に設立した会社で、当初は八木が代表取締役社長に就任した。設立時の所在地は日本教育再生機構(「再生機構」)の事務所と同じ場所にあった。八木は安倍首相直属の教育再生実行会議の有識者委員で、「道徳の教科化」を推進した中心人物である。

「再生機構」は育鵬社から中学歴史・公民教科書を発行している。前述したように、道徳教科書も育鵬社から発行することをめざして、教科書のパイロット版として第一一章で述べた『13歳からの道徳教科書』(中学校用)と『はじめての道徳教科書』(小学校用)を同社から発刊した。ところが、中学校歴史・公民教科書は六%前後の採択があるものの、毎年赤字で発行しているために、育鵬社(および親会社の扶桑社)は道徳教科書を出せばさらに赤字が増大すると考えて、道徳教科書の発行をやめたと推測される。そのため、「再生機構」は小学校道徳教科書を検定申請できず、中学校は、自分たちで教科書会社を設立して教科書をつくり、検定申請したと考えられる。

八木は二〇一七年九月に日本教科書の代表取締役を退任し、後継の社長には出版社である晋遊舎の代表取締役会長の武田義輝が就任した。教科書発行には一定の編集経験がある役員が必要などの教科書発行資格の規定があるために、このような形にしたのではないかと思われる。さらに、社長は検定合格後に上間淳一に代わっている。

晋遊舎は『マンガ嫌韓流』や元「在特会」会長の桜井誠の本などのヘイト本を出版し、アダルトコミックも発行していた出版社である。日本教科書の現在の所在地は、東京都千代田区の晋遊舎の中にあり、社長を交代した武田義輝はまだ晋遊舎の代表取締役の役職にある（二〇二〇年現在）。

こうした事実から、日本教科書は晋遊舎の「関連会社」になったと思われる。日本教科書のホームページには、同社は「道徳専門の教科書会社」で「文部科学省検定教科書の発行及び供給」を事業とすると記されている（前掲『日本会議の野望』参照）。

2　子ども不在、政権の意図を全面的に取り込んだ新学習指導要領

「道徳」の教科化につづいて、文科省は中教審が二〇一六年（平成二八）一二月二一日に

出した学習指導要領の改善についての答申を受けて、一七年二月一四日、幼稚園の次期教育要領案と小・中学校の次期学習指導要領案を発表した。指導要領案は、二月一四日から三月一五日までパブリックコメントの募集を行い、三月三一日に新学習指導要領（以下、新指導要領）を官報に告示した。さらに高等学校の新指導要領（後述）は翌一八年に告示された。ここで教科書の内容とも結びついている新指導要領についてみていくことにする。

「教育再生」政策を実行する新指導要領

学習指導要領は、一九四七年（昭和二二）に「試案」として初めて作成され、その後七回の全面改訂が行われ、今回が八回目の改訂である。

過去の改訂指導要領もそれぞれ問題があり、筆者らはそれを批判してきた。それでもこれまでの指導要領は、日本国憲法・教育基本法の下で作成されたので、その枠の中でつくられてきた。前回の改訂は二〇〇八年（平成二〇）で、その時には第一次安倍政権によって教育基本法が改悪され、同名であるが全く別物の新教育基本法ができていた。

しかし、〇八年の改訂作業は新教育基本法制定の前から議論がはじまっていたために、新教育基本法は不十分にしか反映されなかった。そのため、安倍首相や下村博文元文科相らは、教育基本法を改定し、〇八年に指導要領も改訂したにもかかわらず、教育基本法改定を最もよく反映しているのは育鵬社だけで、他の教科書は前より悪くなった（第一〇章で前述）、と批判し、新教育基本法を全面的に反映した指導要領改訂をめざしていた。新指導要領では、初めて前文を設け、新教育基本法の一条（教育の目的）と二条（教育の目標）だけを取り上げ、「公共の精神」や「我が国と郷土を愛する態度」などを明記している。こうして、「教育再生」政策を実行する指導要領がつくられたといえる。

新指導要領はどこが問題か

新指導要領の問題点をまず整理しておくと、次のような特徴をもつものといえる。

①教育の目的を、個人の人格の完成をうたいつつ、全体として国家の政策目的にかなう「人材」の育成へ、大きく転換した。その前提となっているのは、多国籍化した企業にとっての先行き不透明感であろう。その中で、国家の発展のためにどのような人材が必要かという観点から、教育の目的を整理し打ち出した。ここには、平和・人権・民主主義を求め発展させてきた二〇世紀以後の民衆の運動と、それを世界人類の共通の価値観に押し上げてきた世界の大きな変化発展という観点は視野に入っていない。領土問題の記述が加えられたこともそのあらわれといえる。

②「人材」として必要な「資質・能力」の育成を教育のすべての課程と内容に徹底させようとして、指導要領に新設された前文（その中に新教育基本法第二条の教育の目標が

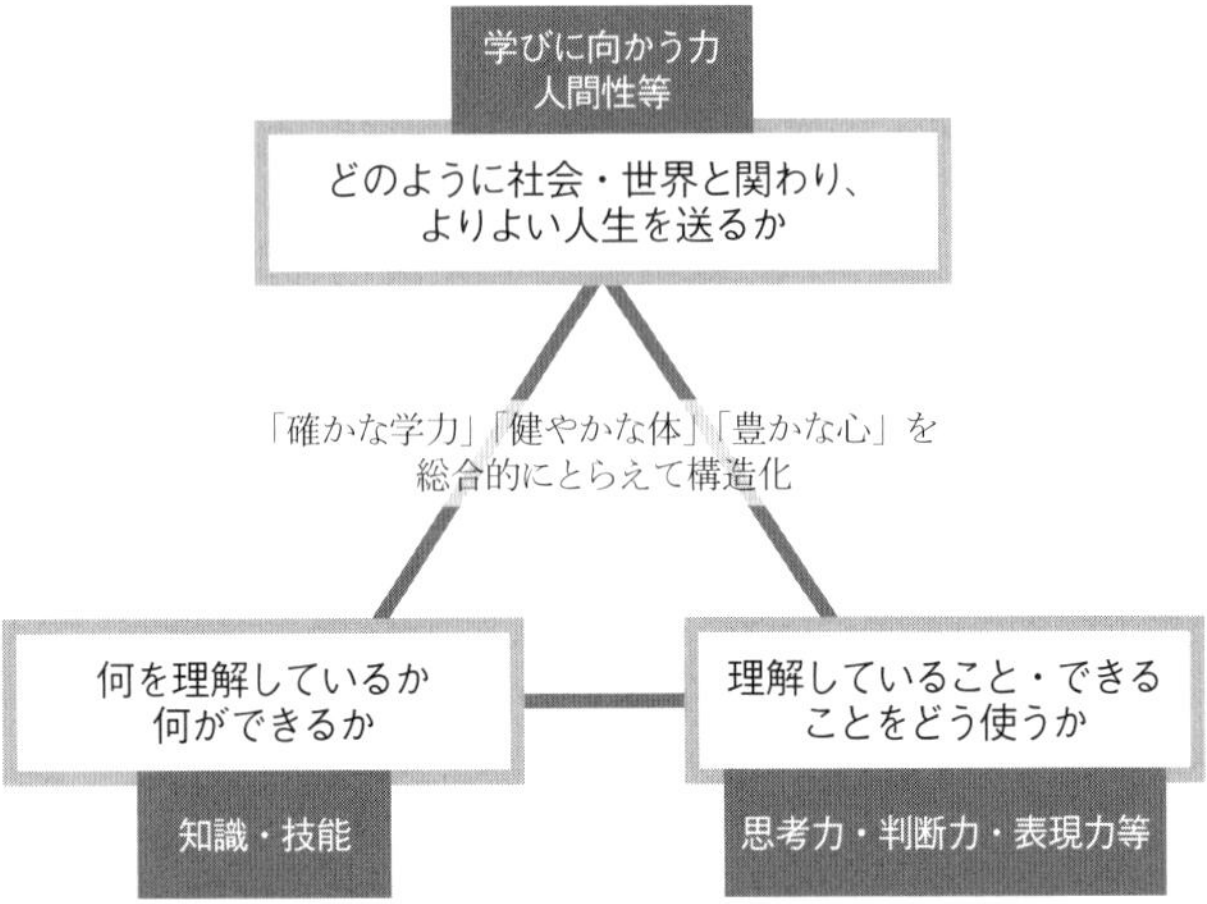

図　育成を目指す資質・能力の三つの柱（中教審答申〈2017年12月〉補足資料による）

全文引用されている）と、総則、各教科および教科外活動の目標で、その点を繰り返し強調している。そして、資質・能力の育成にかかわる三つの要素として、「知識及び技能の習得」「思考力、判断力、表現力等の育成」をあげ、最後に道徳性と結びつく「学びに向かう力、人間性等の涵養」をあげている。「特別の教科　道徳」が重視されるゆえんである。中教審答申の補足資料で「育成を目指す資質・能力の三つの柱」として図解されたものを**図**で示しておく。

③しかもそのような新指導要領を徹底させるために、「主体的・対話的で深い学びの実現に向けた授業改善」

などによって授業方法にも強い規制をかけた。同時に、教員に対する上からの指導の重点をもっぱら授業方法に向け、教員の関心もその方向に向けようとしている。その結果、教育内容についての自主的な研究から教員を遠ざけ、教育内容についてはもっぱら文科省と教育行政の指導に従う体制がつくり上げられることになる。

④文科省の「新しい学習指導要領の考え方――中央教育審議会における議論から改訂そして実施へ」という文書には、「教育内容の質の向上に向けて、子供たちの姿や地域の現状等に関する調査や各種データ等に基づき、教育課程を編成し、実施し、評価して改善を図る一連のＰＤＣＡサイクル（Ｐ＝Plan、Ｄ＝Do、Ｃ＝Check、Ａ＝Action―引用者）を確立する」という項目がある。企業の生産現場における品質管理の手法「ＰＤＣＡサイクル」を使って、児童生徒・教職員・学校に対する評価体制の確立を盛り込み、そのもとで学校全体を、指導要領を徹底させる体制に変えようとしている。それが指導要領の役割の一つとして位置づけられたのである。

さらに、新指導要領の徹底について地域や家庭にも協力を求めている。そのため、文科省は新学習指導要領についてのパンフレットを保護者に配布することを計画し、地方教育委員会の中には、住民向けの新指導要領説明会を実施したところもある。

では新指導要領について、高等学校の例を中心として、その問題点を具体的に明らかにしてみることにしよう。

3　高等学校の新学習指導要領の問題点

文部科学省は二〇一八年（平成三〇）三月一四日、二〇二二年度から実施される高等学校の新学習指導要領（以下、新指導要領）を官報に告示した。教科全体として五五科目中二七科目が新設または内容の見直しがなされているが、特に必履修科目が大きく変わるのは「地理歴史科」（以下、「地歴」）と「公民科」（以下「公民」）である。

例えば、「地歴」では現行の「世界史」必履修を廃止し、日本と世界の近現代史を学ぶ新設の「歴史総合」、同じく新設の「地理総合」がともに必履修となった。「公民」では選択必履修の「現代社会」が廃止され、主権者教育などを掲げた新設の「公共」が必履修となり、同じく選択必履修科目であった「倫理」と「政治・経済」が、それぞれ選択となった。まず全体的な特徴と全教科・科目に共通の問題点を取り上げ、さらに、「地歴」「公民」について新指導要領の問題点を指摘する。

（1）全体的な特徴と問題

新教育基本法の「理念」の全面的な実現をめざす

第二次安倍政権下で安倍首相の指示で自民党内に設置された「教育再生実行本部」（「実行本部」前述）は、ほかならぬ第一次安倍政権が二〇〇六年に「改正」した教育基本法の理念が教育現場や教科書に生かされていないとして、これを克服するために新教育基本法の理念を忠実に反映した詳細な内容の学習指導要領をつくる必要がある、と主張してきた。実際、高等学校の「次期指導要領」は、A４判六五二ページとなり、分量がそれまでの倍に増えている。

分量の大幅増加は小・中学校新指導要領でも同様である。小・中学校の新指導要領と同様に前文を新設し、新教育基本法第一条「社会の形成者として必要な資質」や第二条「教育の目標」（「公共の精神、伝統と文化を尊重、国と郷土を愛する」等）の実現を強く求めている。これらは、国民の間での見解の違いを無視して特定の価値観を小・中・高等学校を通じて教育に押しつけるものである。

このような分量の大幅増加と詳細化は、教科書や教育現場を隅々まで規制しようとする政府・自民党の意図を反映させたものといえる。これは、学習指導要領が憲法違反ではないのは「大綱的基準」である限りである（詳細な内容にすれば違憲になる）とした一九七六年の旭川学力テスト事件最高裁大法廷判決に違反するといわざるをえない。

「見方・考え方」ですべての教科・科目を拘束

高校の新指導要領全体の特徴および問題は、小・中学校指導要領の問題点が引き継がれたことである。中央教育審議会の議論で奨励していた「アクティブ・ラーニング」は、さまざまな批判の前に、「主体的・対話的で深い学び」として表記された。その学びは、「各教科・科目等の特質に応じた物事を捉える視点や考え方」（総則第三款。以下、「見方・考え方」）という一律の用語によって、あらゆる教科・科目のあり方を拘束しようとしていることが重要な特徴であり問題点である。

どの教科・科目でも「〇〇についての見方・考え方を働かせ」「資質・能力を育成する」と冒頭に記述したのち、目標を記述する体裁をとっているが、肝心の「見方・考え方」の定義も内容の記述もない。これでは、その定義と説明は、学習指導要領解説（以下、「解説」）で行うことにならざるをえない。

法的拘束力のない「解説」が教科書・教育を規制

日本では教科書は指導要領に準拠して編集することが義務付けられている。指導要領は中教審答申に基づいて文科省が作成し、官報に告示して「法的拘束力」があると主張しているものである。現在、文科省は指導要領をより詳細にした教員向けの「解説」を発行しており、例えば、中学校社会の「解説」は指導要領より一〇倍近くも分量が多く詳しい。「解説」は文科省の解釈を「唯一」正しい解釈だとしたものである。指導要領と違い、「解説」には「法的拘束力」はないとしているが、教科書は「解説」を参考にして編集するように教科書調査官に指示され、現場の教育も「解説」によって規制されている。

文科省が「法的拘束力がある」と主張する指導要領の重要な内容を法的拘束力のない「解説」で具体化するのは不当であるうえ、教育内容をこれまで以上に統制するものである。

「道徳教育の充実」を担う「科目」等を明記

総則に「道徳教育に関する配慮事項」（第七款）を新設した。その中で「人間としての在り方生き方に関する中核的な指導の場面」として、「公民」科に新たに設置された必履修科目の「公共」、さらに「倫理」と「特別活動」を位置づけた。そして、「道徳教育推進教師」を導入し、道徳が教科化された小・中学校と同じように「伝統と文化を尊重し、それらを育んできた我が国と郷土を愛する」などを中心とした価値（徳目）を強調した道徳教育を強化しようとしている。

指導要領が、学校教育のすべてを統制するものへと変質

指導要領が「教育課程」に関することにとどまらず、「総則」の中で「学習評価」や「生徒の発達の支援」「学校運営上の留意事項」（カリキュラム・マネジメントなど）等について細かく内容・方向性を示した。このことは、指導要領が、教育内容だけではなく、学校教育のすべてを管理・統制するものに変質したととらえられる。力量不足の教員への支援を口実に教員の教育の自由を奪うものであり、ILO・ユネスコの「教員の地位に関する勧告」（一九六六年）に反している。

教員の負担増と予想される教員・生徒のストレス増

新指導要領は、理数系では教科の新設があり、また芸術と保健体育を除くすべての教科で科目の変更がある。教え方・評価の仕方についても新たに複雑な指示が出されている。教科・科目の変更にあたって必須の教材研究等、授業準備にかける十分な時間の保障はされていない。

一方で新指導要領は、「学校運営上の留意事項」の中で、「校長の方針の下に、校務分掌に基づき教職員が適切に役割を分担しつつ、相互に連携しながら、各学校の特色を生かしたカリキュラム・マネジメントを行うよう努める」ことを強調し、さらに「（部活動など）

教育課程外の学校教育活動と教育課程の関連が図られる」ことや「家庭や地域社会との連携及び協働と学校間の連携」を奨励している。これでは教員の長時間労働の軽減に逆行するのではないか。

全教科で「対話」が加わって学習方法が似てきたり、「思考力・判断力・表現力」に加えて、「学びに向かう力や人間性等」や、さらに数値による評価ではないとはいえ道徳でも評価されるなど、生徒は評価の目にさらされることになる。生徒も教員もストレスが増えることは必至である。

教科「理数」の新設――科学技術大国の復活をめざす

新設された教科「理数」の科目には「理数探究基礎」（一単位）と「理数探究」（二〜五単位）が設置されている。「理数探究」は必履修科目ではないものの、「体育」（必履修七〜八単位）の次に多い単位が当てられている。この科目は文科省の「高等学校学習指導要領の改訂のポイント」で「将来、学術研究を通じた知の創出をもたらすことができる創造性豊かな人材の育成を目指し」と記されているように、科学技術大国の復活をめざす、政府・財界の意図がみてとれる。

「国語」「外国語」「情報」などの共通の問題

「地理歴史」と「公民」については後述するが、「国語」「外国語」「情報」などでも、近年にはなかった大幅な科目の変更があった。ここでは、主に、前記の「改訂のポイント」の「教育内容の改善事項」で取り上げている変更点について記す。

「国語」や「外国語」、「情報」でも、経済界が求める即戦力の期待から、実用主義的内容へ傾斜している。実際に東京都教育委員会は新学習指導要領の説明会で、「国語」の選択科目中の「現代国語」と「論理国語」では実用的な文章のみを扱い、「文化的に価値のある文章は扱わない」と説明している。文学が排除され、生徒は実用的な味気ない文章だけを学ぶことになってしまう。

また「伝統や文化に関する教育の充実」を求めている。それは「国語」の「言語文化」「文学国語」「古典探究」、「保健体育」における武道、「家庭」における伝統的な「生活文化」などの事項にみてとることができる。これは、国家が国民統合の視点から、伝統や文化に関する教育を求めているといえる。

「改訂のポイント」の「その他の重要事項」では、「主権者教育、消費者教育、防災・安全教育などの充実」という項があり、その中では、主権者としての政治参加、租税の役割と社会保障、消費者の権利と責任、自然災害と防災、オリンピックとパラリンピック、領土国土に関する指導の充実など七項目が記述されている。おおむね、政権側が強く関心を寄せている課題ともいえる。

（2）「地理歴史」「公民」の問題

「愛国心」育成の強化

前文を受け、「地歴」の目標に「日本国民としての自覚」に加え、「我が国の国土や歴史に対する愛情、他国や他国の文化を尊重することの大切さについての自覚などを深める」ことが、また「公民」の科目「公共」の目標にも「自国を愛し、その平和と繁栄を図ることや、各国が相互に主権を尊重し、各国民が協力し合うことの大切さについての自覚などを深める」が入っている。これらは生徒の内心に踏み込むことにつながりかねず、重大である。二〇一八年四月施行・適用の、「国旗」「国歌」に親しむことを指示した「幼稚園教育要領」や「保育所保育指針」（厚生労働省所管）から高校まで、「愛国心」育成が一貫することになる。「日本人の自覚」をもった「愛国心」旺盛なグローバル「人材」の育成をめざすものといえよう。

政府見解を押しつける領土問題

領土問題については「尖閣諸島については我が国の固有の領土であり、領土問題は存在しない」（「地理総合」）、「我が国が、固有の領土である竹島や北方領土に関し残されている問題の平和的な手段による解決に向けて努力していることや、尖閣諸島をめぐり解決すべき領有権の問題は存在していないことなどを取り上げること」（「公共」）としている。同様の記述を「公民」の「倫理」を除くすべての科目に入れるという異常ともいえる事態である。

それまでの指導要領では「日本の領域をめぐる問題にも触れること」（「地理A」）、「領土問題の現状や動向を扱う際に日本の領土問題にも触れること」（「地理B」）とあるだけであった。政府見解の押しつけというべきこの変更で、「事実を基に多面的・多角的に考察し公正に判断する力を養う」（「公共」など）ことができるのか、きわめて疑問であるといわねばならない。

新たな記述は、二〇一四年一月の中学校社会科および高校「地歴」「公民」の指導要領解説の一部改訂とほぼ同じであり、それは第二次安倍政権の「教育再生」の一環として、新指導要領を待たずに前倒しで強行されたものである。

一面的な見解を取り上げるなどの口実で教育・教科書を規制

「地歴」「公民」とも、各科目にわたる内容の取扱いについての項目で、「多様な見解のある事柄、未確定な事柄を取り上げる場合」には「特定の事柄を強調し過ぎたり、一面的な見解を十分な配慮なく取り上げたり」することのないように、という文が追加された。これは二〇一四年に中学「社会」、高校「地歴」「公民」の教科書検定基準に追加された内容だが、それを指導要領本文に格上げしたもので、すべての教育内容に適用されるものになった。教科書への規制強化はもちろんだが、現場での教育実践にも適用するねらいである。

特定の観点で近代史を裁断する「歴史総合」

「歴史総合」では「近代化と私たち」「国際秩序の変化や大衆化と私たち」「グローバル化と私たち」の三つの概念で近現代史を教えるとしているが、これらの概念は、これまでの歴史学や歴史教育がつくり上げてきた近現代史学習とは大きく異なっているため、中央教育審議会で設置が発表されて以来、現場の戸惑いや批判が表明されてきたところである。

ここでも目標に「日本国民としての自覚、我が国の歴史に対する愛情」を盛り込み、愛国心の育成を図る内容となっている。「国民国家と明治維新」の項の内容の取扱いでは、「日本の近代化や日露戦争の結果が、アジア諸民族の独立や近代化の運動に与えた影響」

などに気付くようにするとあり、「戦後七〇年の安倍談話」（二〇一五年八月一四日、安倍内閣の閣議決定を経て発表）と同様の一面的な記述となっている。同様に、「日本の近代化への諸政策」を「日本の国際的地位を欧米諸国と対等に引き上げようとするものであったことに気付くようにすること」としている。

憲法がないがしろにされた「公共」と「政治・経済」

野党時代の自民党のマニフェストとしてつくられた「自民党政策集Jファイル二〇一〇」は「道徳教育や市民教育、消費者教育等の推進を図るため、新科目『公共』を設置します」とうたっていた。「公民」の新科目「公共」は、この方針をもとに導入されたと疑わざるをえない、政治主導そのものの科目である。

「現代社会」に盛り込まれていた、憲法自体を理解させる主題の項は削除された。逆に強調されるのは「公共の精神」であり、「人間の尊厳と平等」も、「公共的な空間」での「協働の利益と社会の安定性」とセットにされている。基本的人権の尊重よりも「公共」の名による国家への貢献が優先されるべき価値となりかねない。現実の社会における課題の解決で強調されるのは「自助、共助及び公助などによる社会基盤の強化」などの新自由主義的理念であり、「公民」唯一の必履修科目であるにもかかわらず、憲法はもちろん、いま重要な核兵器廃絶や軍縮など国際平和の問題には全く言及がない。

「公共」が前提とする日本・世界の社会は「公共的な空間」と名付けられ、そこにおける基本原理は、「幸福、正義、公正」であるが、何を根拠にしたのか不明である。公共的空間の基本原理には人間の尊厳と平等、民主主義などが書き込まれてはいるが、それならばそれらの原理の基本としてあげるべきはまず日本国憲法そのものではないか。ところが「公民」唯一の必履修科目であるにもかかわらず、なぜか日本国憲法そのものを学ぶということは新指導要領にはいっさい書かれていない。わずかに「公共的な空間における基本的原理」を学ぶときに、「日本国憲法との関わりに留意して指導すること」と「内容の取扱い」に書かれているだけである。

「政治・経済」でも、日本国憲法そのものを順序立てて学ぶ内容は登場しない。政治と法の意義と機能、基本的人権の保障と法の支配などに関連する項目の「内容の取扱い」で、基本的人権の尊重、国民主権など憲法の内容との関連性に「留意して指導すること」と書かれているだけである。高校では憲法そのものをほとんど学ばないことになる。

4　学習指導要領解説の改訂とその問題点

文科省は二〇一四年（平成二六）一月、学習指導要領解説（「解説」）のうちの領土問題など一部を改訂し、さらに学習指導要領の改訂（前述）にともない、「解説」も小・中学校は一七年、高校は一八年にそれぞれ新たな改訂がされている。

領土問題は政府の見解そのまま

領土問題について改訂されたのは、小学校と中学校の社会編、高校の地歴編、公民編で、学習指導要領の改訂内容と連動しており、その記述は次のようなものである。

……我が国が当面する領土問題については、竹島や北方領土について、それぞれの位置と範囲を確認するとともに、我が国の固有の領土であるが、それぞれ現在韓国とロシア連邦によって不法に占拠されているため、竹島については韓国に対して累次にわたり抗議を行っていること、北方領土についてはロシア連邦にその返還を求めていること、これらの領土問題における我が国の立場が歴史的にも国際法上も正当であることなどについて的確に扱い、我が国の領土・領域について理解を深めることも必要である。その際、尖閣諸島については、「我が国の固有の領土であり、領土問題は存在しないことも扱う」とあることから、現に我が国がこれを有効に支配しており、解決すべき領有権の問題は存在していないこと、我が国の立場が歴史的にも国際法上も正当であることを、その位置や範囲とともに理解することが必要である（高等学校学習

指導要領［平成三〇年告示］解説 地理歴史編）。

見たとおり、政府の見解そのままである。これによって領土問題については政府見解をそのまま書くように要求できるようになり、教科書は限りなく「国定教科書」に近づいてしまう。

「解説」の改訂について、中学・高校の社会科を発行する教科書会社の編集者は「教科書に書かなければならない内容の最低ラインが上がった」「教科書執筆の自由度が低下する」と心配していると、『朝日新聞』（二〇一四年一月二九日）が報じていた。

文科省は、すでに検定基準を改悪して教科書には政府見解を書くよう義務づけている。これによって、領土問題は政府見解を書かされることになるが、それを徹底するために指導要領解説を改訂したといえる。二重三重のしつこさである。

小学校の「解説」社会編では、領土問題については五学年から学習対象とするとして、「内容の取扱い」には中学と高校の「解説」とほぼ同様の記述がある。二〇二〇年から使用の小学校社会科教科書の五学年と六学年用には、領土問題がこの解説に則して記述された。教科書出版社の忖度（自主規制）以外の何物でもない。

領土問題について、日本政府の一方的な考えだけを教科書に書いて生徒たちに教え込むというのは教育にとってはマイナスである。日本政府の見解と韓国や中国などの見解を両方示して、生徒たちに考えさせる、討論させることこそが必要であり「対話的で深い学び」になると思われるが、今回の解説の一部改訂にはそうした視点はなく、偏狭な領土ナショナリズムを煽り、植え付ける結果になることが危惧される。

なお、中学の地理的分野、高校の地理総合の自然災害に関する部分で、消防、警察、海上保安庁と並んで自衛隊を明記し、「地域の人々の生命や安全の確保のために活動していることなどにも触れることが必要である」という記述を新たに加えた。これも、政府が解釈によって憲法九条を壊し、集団的自衛権の行使を可能にしようとしていることと深く関係している。

5　文部省の三〇年来の「野望」が「教育再生」で実現

文部省・文科省は指導要領に忠実な教科書をつくらせ、その教科書を忠実に教えることで指導要領の内容を現場に徹底させる、それによって教育の国家統制を貫徹することを追求してきた。その「野望」が政府・自民党の「教育再生」政策によって実現・完成したといえる。その例証を一つみておきたい。

文部官僚の「正直な告白」

一九九三年（平成五）に雑誌『文教』六四号で、文部省OBなどによる「教科書検定制度の現状と今後の展望」と題する座談会が掲載されたことは第八章で紹介したが、その座談会の中で、清水潔文部省教科書課長は、新制度下の教科書検定について次のように語っていた。

……今年（九二年度。九四年から使用される高校の主に低学年用教科書の検定が行われた――引用者）、検定意見の総数が二万二千ですが、マスコミで説明を聞かせてもらいたいと言ったのはそのうち約二百程度なんです。ある記者が私のところに来て言うのは、「課長、文部省の検定意見がついたのは、八割は文部省の言うとおりだよ。あとの二割はちょっと説明を聞かせてもらわないとよく分からないけど」と。二百の八割というと百六十、要するに、単純に言えば二万二千のうちの四十ヵ所程度マスコミでいろいろな問題事例として指摘をうける可能性があるということだろうと思います。

……多様化に逆向きだと言われたり、生物とか地理の教科をめぐって、かなり厳しい検定だ、あるいは指導要領準拠が強まったという言い方がされます。これは私も、その通りであると思っております。（中略）指導要領の範囲を、例えば今までですと、参考・解説みたいな形で事項レベルとしては指導要領を越えたものまで許容してきた面があったわけですけれども、それを今回はもう許容しないという検定を行いました。教科書で受け止めない限り、指導要領でどういう方向性を打ち出しても、現実に現場が変わっていかないということも考え合わせると、一方での多様性の許容と、一方では準拠性を強めるということは決して矛盾するものではないと私は受け止めております。

ここには、官僚独特の「ごまかし」と、文部省が新検定制度による教科書検定で何をねらいとしているかについての「正直な告白」がみられる。

検定実態に関する「ごまかし」の数字

まず、「ごまかし」の点であるが、文部省の検定公開について、「マスコミ」（ここでは文部省記者クラブの記者たち）が関心をもっているのはもっぱら社会科（特に歴史）についてであり、記者たちが二万二〇〇〇の検定意見全体について調べて、文部省に質問し説明を求めたわけではない。工業の教科書で「原発について良いところを書け」という検定意見を付けられて書きようがなくて困った、という執筆者の例などを除き、理科や数学・英語などの検定実態については、記者たちは通常ほとんど質問していない。

九二年度の高校「社会」（地歴科・公民科）の教科書は全部で六六点が検定を受け、「社会科でいえば……意見数は平均四〇～六〇の間ぐらい」（清水教科書課長）であるから、社会全体の検定意見数は三〇〇〇前後と推測される。その中で、約二〇〇の検定事例を記者たちは問題にして文部省に質問をし、説明を求めている。そして、文部省は記者レク（記者団へのレクチャー付き発表）において、百数十か所の検定事例について資料（申請本の記述・検定意見の趣旨・見本本の記述）を配付して検定公開を行っている。つまり、マスコミが問題にしたのは「二万二千のうちの四十ヵ所程度」ではなく、三〇〇〇のうち二〇〇か所なのである。

「教科書で教える」から「教科書を教える」へ

次に、清水課長の後段の主張には、文部省が指導要領や検定にどんな役割をもたせようとしているかが読みとれる。清水は、理科や地理で検定が強化されている実態を認めた上で、この検定強化の意図・ねらいについて、指導要領が変わっても教育現場が変わらない、現場の教員が指導要領どおりの教育を実践しない、そんな教育現場を変えるためには、教科書を変える必要がある（教科書によって現場の教育の方法・あり方を変える）、そのために教科書検定を強化して指導要領に忠実な教科書をつくらせる必要がある、としているのである。

このことを、当時、ある教科書調査官は検定の場面で、「現場の教師が実践している『教科書で教える』を『教科書を教える』に変えたい。そのためには教科書を変える必要がある。教え方についても教科書に記述せよ」などとより正直に語り、その意図を明確にあらわしていた。

文部省は、検定によって指導要領を忠実に具現化した教科書をつくらせ、それによって現場の教育のあり方や教育方法まで変えていこうとしていた。ある調査官は、教科書に教師の指導法についても書き込めと要求していた。本来、教師の自主性にまかされるべき指導方法・教育方法にまで介入して、指導要領を現場の教育に貫こうとしているのである。そして、その道具として教科書を使うために、まず、指導要領に忠実な教科書づくりをめざし、検定を強化してきたのである。

「教科書で教える」か「教科書を教える」かについては、従来から論争があった。「教科書で教える」のは、教科書を一つの教材として扱い教えることであり、本来の教育のあり方だといえよう。「教科書を教える」というのは、内容を忠実に教え込むことで、教員の創意や工夫はなく、教員をティーチング・マシーンにするものである。かつては、「教科書で教える」教員が多くいたが、近年、特に若い教員の中には「教科書を教える」教員が多くなったという残念な報告がある。

第一四章　日本の教科書制度は何が問題か

日本の教科書制度は世界でも例をみないとても遅れた制度であり、教科書検定制度については国連の機関からもたびたび勧告を受けてきた。日本国憲法の理念や近代民主主義の立場からみても重大な問題を多く内包していることは、これまで日本の戦後の教科書の歴史をたどりながら明らかにしてきたが、本章では、筆者が大学で講義した内容をもとにして代表執筆した『最良の「教科書」を求めて』（前掲）に基づいて、検定制度、調査官制度、広域採択制度の問題点についてまとめてみることにしよう。

1　教科書が子どもの手に渡るまで

日本の教科書会社は、教科書が子どもの手に渡るまでに三回教科書をつくる。教科書は学習指導要領（以下、指導要領）に準拠して編集しなければならないことになっており、近年では、文科省は法的な根拠のない指導要領の「解説」にも基づいて書くよう求めている。したがって、教科書の執筆者・編集者は、指導要領をもとにし、その「解説」を参考にして、まず、検定に申請する図書をつくる。

この検定申請図書は、出版社や執筆者名がわからないようにして検定の公平性・公正性を確保するという名目で、表紙には例えば「中学校　社会科　歴史的分野」としか書かれておらず、奥付にも出版社名や執筆者名などは印刷されていない。そのため、教科書業界ではこの申請図書を「白表紙本」と呼んでいる。

教科書会社は検定が行われる年の四月にこの白表紙本を文部科学省に検定申請する。あまり知られていないことであるが、検定を受けるのは無料ではなく、検定審査料を文科省に支払わなければならない。審査料は、小学校用が一ページ二七〇円、中学校用が四四〇円、高校用は五四〇円で、しかも、最低料金が一件五万四〇〇〇円となっている。

検定は一年間かけて行われ、翌年の三月末に検定の合否が決まる。検定に合格すると出版社は、採択のための「見本本」をつくる。採択は検定周期と同様に、小・中学校の場合は四年に一回、検定の翌年に行われ、高校は毎年採択が行われる。教科書の採択は四月から八月にかけて行われる。教科書会社は、見本本作成後に教科書を点検し、再度誤りやミスがないかを調べる。また、見本本を見た教員や保護者、市民、研究者などから間違いなどが指摘されることもある。白表紙本をつくったときから一定の時間がたっているので、統計資料などが古くなっている場合や、この間に新しい発見などがあった場合には、それらを更新する必要がある。さらに、「学習上の支障」となる記述・内容が明らかになった場合にも訂正する必要がある。

これもあまり知られていないことであるが、教科書は単純なミスでも出版社が勝手に訂正することはできない。必ず文科省の許可を得てからでなければ訂正はできないしくみである。したがって、出版社は、上記のような訂正を「正誤訂正」という手続きによって文科省に申請し、文科省の承認が得られたら、それらの訂正を行った教科書をつくり、それが実際に子どもに渡されることになる。これを「供給本」という。

こうして完成した教科書が、各都道府県にある教科書・一般書籍供給会社（特約供給所。全国五三か所）から教科書取扱書店（取次供給所。全国二八一四か所）を経て、学校（生徒・教員）に届けられるのである（数字は一般社団法人教科書協会による二〇一九年現在のもの）。

このように、教科書会社は、教科書が子どもの手に渡るまでに、白表紙本、見本本、供給本と三回の本づくり（編集作業）を行っている。

2　現行の検定制度の主な問題点

①合格留保

一九八〇年代までは、「条件付合格」という制度で、「合格」を前提にして、合格の条件として「修正意見」「改善意見」が付けられていた。現行制度は、検定「合格」が最後まで保留されたまま検定意見が付けられ、これに従って「修正」が強制される。検定意見の強制力が非常に強くなっている。出版社は、最後の最後に不合格になるかもしれない、という危機感から、文科省のいうとおりに検定意見に従って修正することを余儀なくされている。さらに、これと次の②が出版社の「自主規制」を生み出す梃子にもなっている。

②修正期間の制限で文科省の思いどおりに修正

出版社は検定意見に基づいて修正した「修正表」を提出して再度審査を受けるが、提出期間が「第一次修正表」は検定意見の通知から三五日以内、「第二次（最終）修正表」は「第一次修正表」提出日の翌日から三五日以内である。八〇年代までは四～五か月あった修正期間が二か月半に短縮されている。そのため、十分な編集会議もてず、文科省の指示どおりに修正せざるを得ないのが実情である。反論権を行使していると修正期間がなくなるので、反論もできにくい実態がある。また、短期間で修正するために、検定意見が多く付かないようにあらかじめ忖度して、出版社の自主規制が進むことになる。

③改訂検定の廃止

八〇年代までは改訂検定（教科書の総ページ数の四分の一以内の改訂）時には、改訂箇所だけが検定の対象だったが、現行制度では部分改訂（たとえ一行の改訂）であっても、教科書の全記述・内容が検定の対象になる。すでに、前回の検定で「合格」していた記述なども、次の検定時には、検定意見を付けて「修正」を要求できるしくみである。実際に、前回に検定合格した記述などが、指導要領の変更はもちろん、学説状況や客観的事情の変更がないのに、検定意見が付いて修正・削除を要求されている例が数多く報告されている。

④文部科学大臣の訂正勧告権

八〇年代まではなかった規定であるが、検定済教科書について、文部科学大臣が訂正申請を勧告できるという制度がある。政府・自民党・財界・右翼勢力などからの教科書攻撃の内容を、文科相の「訂正勧告」として実現することを可能にしたもので、検定済教科書に政府・文科省が権力的に介入できるようにしている。ただし、制度ができてから約三〇年間、これが発動されたことはない。

⑤学習指導要領の「内容の取扱い」が検定基準に

指導要領は「目標」「内容」「内容の取扱い」で構成されている。「内容の取扱い」は内容をより詳細に説明したものである。八〇年代までは、指導要領の「目標」「内容」だけが検定基準だったが、現行制度は「内容の取扱い」までが検定基準になっている。さらに、この三つについて、「不足なく取り上げていること」「不必要なものは取り上げていないこと」という文言が検定基準にある。これによって、より細かく検定ができるようになり、学習指導要領による教科書内容のしばり（規制）が強化され、さらにこの規定が、教科書調査官の恣意的検定の温床にもなっている。この検定基準によって、指導要領の細部まで忠実な教科書づくりが強制されることになる。

⑥検定基準に「創意・工夫」の規定がない

八〇年代までの検定基準にあった教科書づくりにおける「創意・工夫しなければならな

い」という規定がなくなっている。一九九九年(平成一一)当時、文部省は「創意・工夫」や「現場のニーズ」を大切にすることよりも、「学習指導要領に忠実な教科書」づくりをめざせと教科書会社に説明していた。「個性豊かで多様な教科書」(臨教審答申)、児童・生徒や教員のための教科書の実現よりも、学習指導要領に忠実な、画一的で規格化された、政府・文科省の意のままの教科書づくりをねらうものである。

⑦申請図書(白表紙本)の非公開

「静ひつな検定環境の確保」を理由に、出版社は申請図書の内容や検定意見などを公開してはならないという規則を、「つくる会」などの要求に基づいて二〇〇二年に新設した。

⑧検定意見の通知時間の制限

検定規則の実施細則にはないのに、文科省は、検定意見の伝達の時間を二時間に制限している。通常、最初の一時間で検定意見通知書を読んでどこを質問するかを相談し、残りの一時間で教科書調査官に質問して回答・説明を受けるようになっている。このために、執筆者・出版社は検定意見について十分な質問や調査官とのやりとりができないのである。

以上のほか、「教科用図書検定審査要綱」の改悪によって、申請図書が検定不合格となる条件が新たに設けられ、「一発不合格」などの問題が発生することは、第一二章で述べたとおりである。

3　教科書調査官制度の重大な欠陥

①教育の経験も免許もない「先生」

教科書調査官（検定官）の多くが教育現場の経験がないだけでなく、教職免許ももっていない人が少なくない。文科省の常勤の職員＝国家公務員であるのに国家公務員試験に合格していることは採用条件になっていない。しかも、文科省内では、他の事務方の職員が「先生」と呼ぶ特別な存在である。この教育現場を知らない調査官が「教育的配慮」をふりかざして教科書記述の修正や削除を要求するという奇妙なことが検定では行われているのである。

②学問的知識と水準への疑問

調査官の学問的な知識や水準が教科書執筆者と比較してどうなのかということが、これまでも執筆者から指摘されている。例えば、自然科学分野で、日本でそのテーマの研究では第一人者が書いた原稿を「間違っている」といって削除・修正を求めた、などである。

③絶大な権力による恣意的な検定

検定意見は、教科書調査官が原案をつくり、これを審議する検定審議会に調査官も参加するので、調査官の意見が強く反映する。前述の沖縄戦検定で明らかにしたように、調査官の調査意見がそのまま検定意見になっているケースがほとんどである。しかも、原案から決定した検定意見に至るまでの過程はすべて非公開で、議事録も作成されていない。このような調査官が、検定の合否という出版社にとっては社運にかかわるような行政処分を行う絶大な権力をにぎり、これまで述べてきたような恣意的な検定を行っているのである。

④不透明な任命のあり方

教科書調査官の任命のあり方も問題である。誰が、どのような基準で調査官を選んでいるのか、きわめて不透明である。例えば、社会科ではある時期まで、「つくる会」理事で育鵬社歴史教科書編集の代表者を務める伊藤隆（東京大学名誉教授）の推薦で、その弟子たちが調査官になっていた。

4　教員が教科書を選べない広域採択

ここでは、今日の教科書採択制度の問題点、つまり広域採択制度について明らかにする。広域採択とは、学校ごとに教科書を選ぶのではなく、全国を一市二郡程度（二〇〇四年の無償措置法の一部改定によって「市町村の区域又はこれらの区域を併せた地域に改めた」ので、市町村単独でも一採択地区が実現した）の規模の採択地区に分け、地区内の教育委員会が同じ教科書を採択するしかたである。二〇二〇年の中学校の採択では全国の採択地区数は五八一だった。複数の教育委員会が共同して同一の教科書に決めるので、統一採択、共同採択と呼ぶこともある。

最初に広域採択制度の主な問題点を箇条書きで紹介し、文科省や教育委員会、「つくる会」などが主張する「教科書採択権は教育委員会にある」という主張の問題点、誤りを明らかにしていく。それに基づく提言は第一五章にまとめている。

①使う側が、教科書を選べない

このために現場教職員の教科書に対する関心が低下することにもつながる。

②広域地区別採択では各学校、子ども、地域の実情が反映できない

同じ地区内でも自然環境や地域社会の実情が違い、行事や指導方法は学校単位である。文科省は、広域採択は教科書の共同研究に便利という理由を強調しているが、これまで教科書の共同研究を教員に保障したことも指示したこともない。

③教科書発行者の寡占化

広域になればなるほど、採択されれば多部数が四年間売れつづけ、不採択になればこの間一冊も売れない。そのため資本力のある大手出版社しか生き残れない。広域採択になって発行者数は激減し、現在も撤退がつづいている。寡占化と深い関係にある「県定」教科書化（県内で各教科一種類の教科書を使う）が進んでおり、実質的な国定化（準国定教科書化）につながりかねない。その中で、学校ごとに採択している国立・私立中学校に関しては教科書の寡占化は生じていない。学校採択制で毎年採択替えも可能な高校教科書の場合は種類も多く、発行者は小学校・中学校ほど減っていない。

④寡占化による記述内容の画一化

広域採択で全国展開するために、内容は個性を欠き、どの社も似たり寄ったりとなる。ただでさえ検定によって内容が画一化しているが、たとえ検定合格した個性的な教科書があっても広域採択制度が原因で使われない場合もある。最近では、現場の教員たちが中心になって編集した学び舎の中学校歴史教科書は、現場の教員の支持が高く、学校ごとに採択する国立や私立で多く使われているが、教育委員会が採択を決める公立学校の採択地区では一地区も採択されていない。

⑤内容よりも営業力

広域採択で実質的に決定権を握るのは、採択協議会の委員や調査員で、その人選は審議に影響力をもつ有力者などに絞られていた。そのため営業活動はそれらの人びとに集中して行われるようになる（執筆陣に地区の有力者を入れる、教育委員会への便宜供与、息のかかった人物を委員や調査員に送り込む等）。学校採択では内容中心の営業活動が可能になる。これに関連して、近年、「つくる会」などの要求で教育委員会による採択が強調され、次の⑥のような問題点が生まれている。

⑥教育委員が採択する問題点

文科省が教育委員会の責任と権限で採択せよ、と指導しているために、各地区で教育委員の投票などによる採択が行われている。教育委員は必ずしも教育の専門家ではなく、仮に教員出身の教育委員であってもすべての教科に精通しているわけではない。教科書は小学校だけでも数百種類ある。非常勤の教育委員が短期間に教科書を調べて選ばなければならないので、内容よりも見かけで選んだり、右翼勢力が「自虐史観」などと攻撃する教科書は敬遠して、あまり問題になっていない無難な教科書を選ぶ傾向になりがちである。

このため教科書会社は、教育委員のうけがよくなるように、内容よりも見栄えのよい教科書づくりに力を入れるようになり、見栄えのよい教科書をつくるのは原価がかさむので、ここでも資金力のある会社が有利になる。また、教育委員は首長が議会の承認をえて任命するために、東京都や愛媛県、横浜市、大阪市の教育委員会のように、政治家や行政の影響が採択に直接的に及ぶ危険性がある。

⑦密室採択

学校採択では採択決定までの過程は教員間で明らかだが、広域採択では不当な働きかけを防ぐためとして調査員などが非公開で、誰が、どのようにして調べ、選んだかは公開されていないケースが多い。しかし、教科書発行者は採択関係者を探り出しているため、不正の温床にもなっている。近年は、教育委員が投票などで教科書を採択するケースが増えているが、採択を行う教育委員会を非公開にしているところがまだ多くある。市民の運動の成果によって、採択する教育委員会の審議を傍聴できるところが少しずつ増えてきているが、まだまだ非公開のところが多いのが実情である。

5　教科書採択の権限を明記した法律はない

文科省や「つくる会」などは、教育委員会の採択権限について、地方教育行政の組織及び運営に関する法律（「地教行法」）第二一条第六項と教科書の発行に関する臨時措置法（「教科書発行法」）第七条第一項を法的根拠として主張している。文科省が毎年発行している『教科書制度の概要』では、教科書採択の権限は、公立学校で使用される教科書については、その学校を設置する市町村や都道府県の教育委員会にあり、また、国立・私立学校で使用される教科書の決定の権限は校長にあるとし、「主な根拠法令」として「地教行法第二一条第六項」と「教科書発行法第七条第一項」をあげている。また、教育委員会などでは、「教科書無償措置法」も根拠にされている。

地教行法第二一条は、「教育委員会は、当該地方公共団体が処理する教育に関する事務で、次に掲げるものを管理し、及び執行する」とあり、その第六項は、「教科書その他の教材の取扱いに関すること」とある。これは、教育委員会が、教科書の「取扱いに関する」事務を「管理し、執行する」こと、つまり、教科書採択に関する教育委員会の事務処理権限を決めているに過ぎず、教育委員会が教科書を採択するということも採択権限についても明示されていない。

また、教科書発行法第七条第一項は、「市町村の教育委員会並びに……国立学校、公立学校及び私立学校の長は、採択した教科書の需要数を、都道府県の教育委員会に報告しなければならない」という規定である。これは、採択した教科書とその需要数の報告義務を定めたものに過ぎない。同様に、「教科書無償措置法」にいう市区町村教育委員会の採択に関する権限も、無償給与する事務を処理する権限にほかならない。

以上のように、文科省などが根拠にしている法律には、教育委員会の教科書採択の権限は明記されていない。日本の法律には教科書の採択権限を明記した法律はないのである。

6　採択の権限はどのように考えるべきか

「法的に言えば、教科書の選定・採択は、各学校の教育課程編成や教師の授業内容編成と密接に関連する教育専門的事項ですから、原則として教師の教育権に属している、と解されます」（教科書検定訴訟を支援する全国連絡会教科書制度検討委員会編『教科書制度改革への提言』あずみの書房、一九八九年）というのが、教育法学者の多くが主張するところであろう。にもかかわらず、教科書採択の現状はそうなっていない。

教員の採択権限の否定は不自然

旧教育基本法第一〇条は、「教育は、不当な支配に服することなく、国民全体に対し直接に責任を負って行われるべきものである」（第一項）、「教育行政は、この自覚のもとに、教育の目的を遂行するに必要な諸条件の整備確立を目標として行われなければならない」（第二項）と規定していた。旧教育基本法は二〇〇六年（平成一八）に改悪されたが、「教育は、不当な支配に服することなく」という規定は残っている（第一六条）。また、学校教育法第二八条にあった「教諭は、児童の教育をつかさどる」という規定は、二〇〇七年改定の学校教育法でも三七条第一一項にそのまま残っている。

この二つの法律の条理解釈からすれば、教員の教科書採択権限を否定することの方が不自然であり、むしろ、「採択権は教育委員会にある」という解釈は、教員の教育権に介入するものであり、教育基本法や学校教育法に違反するものといえる。

また、教育条理、つまり憲法や教育基本法が規定する人間（個人）のための教育のあり方から考えた場合、教科書を選ぶのは誰が一番適しているかという面からみても、日々子どもと向き合っている教職員が採択することがもっともふさわしいといえる。一九四六年（昭和二一）に教育基本法が施行された直後は、文部省も教員の採択権限を認めていたことは、第二章で紹介したとおりである。

こうした観点から、日本教育学会は一九五六年、「教科書の採択は、教科書がそれぞれの教師、学校の独自の教育計画のなかで活用されるものである以上、とうぜん教師および学校の自主的判断によってなされるべきであり、選択権は個々の教師または学校にあるべきである」（日本教育学会「教育二法案に対する意見」）と宣言している。

日本の採択制度は時代錯誤

さらに、日本も賛成して採択されたＩＬＯ・ユネスコ共同の「教員の地位に関する勧告」（一九六六年）六一項では「教育職は専門職としての職務の遂行にあたって学問上の自由を享受すべきである。教員は生徒に最も適した教材および方法を判断するための格別の資格を認められたものであるから、承認された計画の枠内で、教育当局の援助を受けて教材の選択と採用、教科書の選択、教育方法の採用などについて不可欠な役割を与えられるべきである」（永井憲一監修・国際教育法研究会編『教育条約集』三省堂、一九八七年）と、教科書採択における教員の不可欠な役割を指摘している。

この勧告や子どもの権利条約（一九八九年）、教育の実際などからみれば、教科書は教員が採択するのが自然であり、採択権限は教員および学校にあると解すべきである。世界的にも、ヨーロッパやアメリカでは学校ごとの採択があたりまえであり、このＩＬＯ・ユネスコ共同勧告はきちんと実行されている。また、アジアでみても、中国や韓国（国定教科書を除く。韓国は二〇一〇年に国定制を廃止し検定に移行）でも学校ごとの採択が実施されている。日本の採択制度は、国際的にみてもきわめて遅れた、時代錯誤の制度だといえる。

7　「教育委員会の採択権」は文部科学大臣の検定権限と同じ性質

文科省や都道府県の教育委員会、「つくる会」などが主張している「教育委員会の採択権」について、仮に百歩譲って「教育委員会に採択権がある」とした場合はどうだろうか。その場合でも、それは文部科学大臣の検定権限と同様の性質と考えるべきである。文部科学大臣に検定権限があっても文科相が自分で教科書を調べて検定を行うわけではない。そんなことは不可能である。

制度上検定は、教科用図書検定調査審議会が行い、文科相は、その検定審議会の結論を承認して合否の決定をする。沖縄戦検定をめぐって、検定審議会を隠れ蓑にして、文科省の常勤・専任の職員である教科書調査官が実質的に検定を行っていることが明らかになったが、その場合でも、文科相が自分で教科書を調べて検定を行っているわけではない。文科相の「検定権限」というのはそのような性質のものではないだろうか。

教育委員会の「採択権」も採択地区協議会や採択委員会などの結論を承認する役割にすぎないと考えるのが自然である。前述したように、必ずしも教育の専門家ではない教育委員が自分ですべての教科書を調べることは、内容的にも物理的にも無理があるし、まして や票決などによって教科書を採択するのは、「教育委員会の採択権」を逸脱するものだといえよう。

日本において教科書は、学校教育法によって「主要な教材」と位置づけられている。子どもや教員、教育にとってそれほど重要な役割をもつ教科書の選定を、必ずしも教育の専門家ではない教育委員が短期間にみて決めるというのは、教育にとって重大なマイナスだということは、誰の目にも明らかである。

第一五章　私たちの求める子どものための教科書制度

前章では日本の教科書制度の問題点について分析と批判をしてきたが、それに代わるどのような教科書制度が、子どもたちの学習権を保障することになるのだろうか。筆者らが考えている具体案を、ここで提案しておきたい。

ただし、改革すべき点は多岐かつ細部にわたるので、ここでも『最良の「教科書」を求めて』（前掲）の「第三部　教科書制度改善に向けた提言」をもとに根幹の部分を述べることにする。

1　市民的合意をつくりながら、教科書検定制度を段階的に廃止する

一九九七年（平成九）八月の家永教科書裁判・最高裁判決や九八年四月の高嶋教科書裁判・横浜地裁判決で、教科書検定に違法があることが明確になった。すでにみてきたように日本の検定制度は、今も国家が教育内容に権力的に介入するための道具となっており、世界でも例をみない時代遅れの制度であるから、このような検定制度は、早晩廃止する必要がある。

しかし、長年つづいてきた制度でもあり、それを廃止すると「まともな教科書」ができないのではないか、と危惧する人びとも少なくないのは事実である。したがって、検定制

度廃止に向けて大多数の人びとが合意できるような道筋を、多くの人びとの間で議論を重ねて、練り上げていくことがどうしても必要である。

ここでは、そのためのいくつかの方法を提案し、これからの議論のたたき台にしていただければと思う。

段階的に検定を廃止していく

義務教育制でない高校の教科書の全教科や、小・中学校教科書でも検定が不要だということが合意できる（あまり政治的・思想的な問題が派生しないことが想定される）教科・科目について、可能なところから検定を廃止していくことである。

高校教科書から検定をなくすというのは、自民党が一九九六年の総選挙の際に、選挙政策に掲げようとしたことがあった。この時は党内の文教族を中心とした右派議員や文部省の強い反対で立ち消えになったが、自民党は二〇〇五年総選挙の際のマニフェスト（政権公約）に「高校教科書検定の必要性の有無の検討」を掲げていた。

高校の検定をなくせというのは、〇六年に『朝日新聞』（四月七日「教科書検定　高校はもうやめたら」）や『日本経済新聞』（四月五日「まず高校で教科書自由化を」）が、〇八年には『毎日新聞』（三月八日「透明化に積極的に取り組め」）が、それぞれの社説で主張している。

部分的に検定を廃止し、それでもきちんと教科書がつくれることを社会的にも明らかにして、教員・保護者・市民の安心と合意ができれば、次のステップとして小・中学校の全教科の検定廃止、自由発行に踏み出すことができる。

国家検定を廃止して民間検定に移行する

文科省から独立した公正で民主的な第三者機関をつくり、その機関が申請図書を審査することにする。この民間検定については、次のようなことが考えられる。

①この機関の委員は関係学会などからの推薦によって選任する。

②検定機関は、申請図書について、指導・助言を文書によって行うが、これは強制力をもたない参考意見とする。

③この参考意見に従うかどうかは、執筆者・出版社の自由とする。従わないときには、執筆者・出版社は反論を申し立てることができ、また、検定機関は、修正を拒否された指導・助言のうち、重要と考えるものについては、執筆者・出版社の反論とともにその内容を公開し、世論に問うことができるようにする。執筆者・出版社にあたっては、この公開された指導・助言と反論が参考資料とされるようにする。こうすれば、検定制度といっても国家による教育内容への介入を排除できる。

2　当面、現行検定制度の下でも可能な制度改革を追求する

当面の制度改革の具体案としては、次のようなことが考えられる。

検定審議会・教科書調査官に関すること

①教科書調査官の権限は、検定申請された教科書を調査し、それについて検定審議会に報告するだけにとどめ、検定意見の決定は、検定審議会が行う。
②検定審議会は、政府・文部科学省から独立した機関にする。
③教科書調査官および検定審議会委員の人選については、学会の推薦を義務づけるなど透明化・公正化する。
④常勤の教科書調査官は近い将来廃止し、検定申請図書の調査は、一九五六年までのように非常勤の現場教員や研究者が行うようにする。

検定手続きなどに関すること

①検定意見は、「誤解するおそれがある」などの抽象的な文書ではなく、従来口頭で伝達されていた部分も含め、意見の内容が正確に読みとれるように完全に文章化する。

②検定決定留保（合格保留）の制度をやめ、一九八九年までのように、不合格以外で検定意見を付ける場合は、「条件付き合格」とする。

③検定により記述内容の修正を求める検定意見を付けるさいは、その学問的根拠を文書によって示す。

④検定決定後に検定意見の誤りが明らかになったときに、検定意見撤回ができるようにする。そのための条項を検定規則に設ける。

⑤学習指導要領は大綱的基準であるはずなので、教科書作成の参考基準にとどめる。そのために、学習指導要領の「内容の取扱い」を検定基準から削除する。

検定の公開に関すること

①検定申請図書（白表紙本）を申請時から公開し、広く意見を聞いて検定に反映させるようにする。

②検定審議会の審議については、中央教育審議会同様に傍聴を認め、部会・小委員会も含めて、経過や関係資料などをすべて公開する。

③検定中であっても検定申請図書（白表紙本）や検定意見など検定に関する資料を公開するか、または出版社が公開することを妨げない。

3　小・中学校の教科書の広域採択をやめて、学校単位の採択に戻す

家永教科書訴訟の東京地裁・杉本判決や旭川学テ事件最高裁大法廷判決は、憲法二六条が求めているものは何よりも子どもの学習権の保障だと指摘した。子どもの学習権や発達権の保障については、個々の教員のみでなく学校全体で責任をもつべきである。それぞれの学校には地域や子どもの実情をふまえた教育目標があり、それに基づいて教育課程が編成される。各学校の教育課程にもっとも適した教科書・教材の選択が行われなければならない。その意味で、教科書の採択は学校単位（できれば教室単位）に行うのが当然である。

何度も述べたように、ILO・ユネスコ共同の「教員の地位に関する勧告」（前述）も「教員は……教科書の選択、教育方法の採用について不可欠な役割を与えられるべきである」としている。一九九六年、九七年の政府の行政改革委員会報告も、それを受けた九七年以降の閣議決定も、学校単位の採択実現の方向性を打ち出している。

あらゆる面から考えて、教科書の採択は少なくとも学校単位で行われるべきである。そのためには、教科書無償措置法などの改正が必要である。

学校採択を実施するさいの前提として、次のようなことが必要であり、文科省・教育委員会は、このための条件整備を十分に行う必要がある。

①各学校の教職員集団は教科書の比較検討のための資料を作成し、保護者・子どもの意見を聞いた上で、職員会議での民主的な討議を経て、採択を決定する。
②教職員には、教科書研究のための十分な時間の保障が必要である。そのため、現在の多忙化の解消、教職員の増加が求められる。
③教科書展示会場の数を増やし、閲覧期間と休日・夜間も含めた閲覧時間の延長を行い、教員・保護者・市民の教科書の比較検討と研究の便宜をはかる。
④各学校には、公費負担による見本本の配布または巡回方式の見本本の配置を行う。

4 現行の広域採択制度のもとでも、当面可能な採択制度の改善を進める

①現在、採択の最終決定は教育委員会が行っているが、子ども・保護者の意見もできるだけ反映させせつつ、基本的には教員・学校による教科書の調査研究結果と採択希望についての意見の集約に基づいて採択を行うようにする。
②教科書展示会場の数を増やし、閲覧期間と休日・夜間も含めた閲覧時間の延長を行う。展示会への教員の参加は公務として出張扱いにする。会場にはアンケート箱など保護

者や市民の意見を聞く機会を設ける。また、可能な限り教科書見本本の学校巡回方式を併用し、教員が教科書の比較検討をやりやすくする。そのための見本本の費用は公費負担とする。

③採択地区内の学校では、教員集団による教科書の調査研究・検討に基づいて、職員会議での民主的な討議を経て、各教科書の特徴が明確にわかる調査資料を作成して、採択を希望する教科書を理由と順位をつけて一～二種類程度決定し、教育委員会などに提出する。教科書の調査・研究と調査資料作成のための時間の保障や一定の地域での共同研究の時間保障を行う。

④教育委員会は、調査委員会を設置する（複数の市町村が共同採択する場合は共同の調査委員会なども）。調査委員会は、各学校から一教科一名の代表による教科ごとの委員会を構成し、協議する。調査委員会は、学校・教員の意見を尊重し、保護者や市民の意見（展示会場のアンケートなど）を参考にして、採択すべき教科書を一教科一～二種程度決定し、順位をつけて教育委員会に報告する。教育委員会は、それに基づいて採択教科書を決定する。

⑤採択決定の過程についての公開性を高めるため、教育委員会の審議は必ず公開し、希望者全員が傍聴できるようにする。その際、傍聴者全員に審議のための資料を配布するようにする。また、採択した理由が住民にもよく理解できるように、公開の場で採

択理由についての審議を十分に行うようにする。
⑥採択地区協議会についても、教育委員会と同様に公開する。
⑦選定委員、調査委員などの氏名、選定資料、審議経過、教育委員会議事録、採択理由書など、採択関係資料をすべて公開する。
⑧採択地区をさらに細分化し、原則として教育委員会単位とする。特別区・政令指定都市は区単位とする。
⑨都道府県立の中高一貫校については、当該校の教員集団の意見に基づいて教科書を採択する。教育委員会が選定委員会や調査委員会を設ける場合には、当該校の現場教職員を必ず参加させ、当該校の教員の意見が反映・尊重されるようにする。

5　教科書価格を適正化し、多様な教科書が発行されるようにする

文科省・財務省は教科書の価格をきわめて低くおさえる政策をとっている。このことは、多種類で多様な教科書をつくることを困難にしている。これは、教科書業界やそこで働く出版労働者の問題であるだけでなく、子どもや教育にとっても緊急に改善する必要のある課題である。教科書は安ければよいということではなく、よりよい教科書を実現するため

には、適正な教科書価格を実現することが必要である。そのためには、最低限、次のようなことを実行することが求められている。

①現行の教科書価格算定基準を見直し、大判化・カラー化の現状をふまえた算定基準にする。

②教科書価格の算定基準策定にあたっては、小・中学校教科書の採算点二〇万冊を五万冊以下、高校教科書の採算点五万冊を二万冊以下にする。

③当面、最新の設置科目であるため最も新しく原価計算が行われた小学校生活科教科書の価格を最低基準とし、それにあわせて他の教科書の価格を緊急に引き上げる。

あとがき

二〇二〇年は、全世界が新型コロナウイルス禍に見舞われる苦難の年となった。多くの研究者が、ウイルスの蔓延には、「弱肉強食」の資本主義による自然破壊に原因の一つがあると主張している。私が学生時代に読んだカール・マルクスの『資本論』には、資本の論理の象徴として「我が亡き後に洪水よ来たれ！」という言葉が引用されていた。これは、日本流にいえば、「あとは野となれ山となれ！」という意味であり、今日的には「我が亡き後にコロナよ来たれ！」ということになろう。コロナ禍の中で、資本主義というシステムそのものが問われる時代となったのである。

本書の編集作業をすすめていた八月二八日、安倍晋三首相が、健康上の理由で突然辞意を表明した。岸信介元首相を祖父に、自民党幹事長や閣僚を務めた安倍晋太郎を父にもちながら普通の「おぼっちゃま」だった安倍晋三は、世襲によって政治家になった。サラリーマン時代の彼は、「凡庸だが真面目で要領がよく、みなにかわいがられていた子犬」のような人間だったというが、政治家になってからは、文字どおりの「右翼政治家」に変身した。政治の世界に入り、「子犬が狼の子と群れているうち、まるで狼のようになってしまった」（青木理『安倍三代』朝日文庫、二〇一九年）のである。

そのような人物が政権を率いた八年八か月（第一次内閣を含む）は、日本の国と社会にとって、きわめて重大な意味をもつ時代だった。第一次安倍内閣で教育基本法の改悪を果たし、政権復帰後の第二次安倍内閣以降は、日本を「戦争する国」にする安保法制（「戦争法」）や秘密保護法、共謀罪を強行成立させ、自分の政権で憲法「改正」を行うと主張してきた。「教育再生」政策による道徳の教科化、教科書検定制度や学習指導要領の改悪も行われている。また、自身が深くかかわった「森友学園」「加計学園」「桜を見る会」などの重大な疑惑にも蓋をし、問題は未解決のままである。しかし、民主主義を破壊する検察庁法改正案の成立は、広範な国民の反対の声によって阻止された。

安倍首相は辞意表明の記者会見で、任期中に憲法「改正」ができなかったことを悔やんで、後継者に改憲を実行するようにいい残した。そして九月一四日の自民党総裁選では、第二次安倍内閣以降、一貫して官房長官を務めた菅義偉が選出され、一六日の臨時国会で総理大臣に指名された。菅は、改憲など安倍政治の継承を表明し、めざす社会像として「自助・共助・公助」を強調した。しかし、国民にまず求めるのが「自助」すなわち「自己責任」であるなら政治はいらないし、国民の「生存権」の保障を定めた憲法第二五条を否定することになる。憲法擁護と平和・民主主義・人権を守る運動は、これからもいっそう重要性を増していくだろう。

政権交代と時を同じくして、二〇二一年四月から使用される中学校教科書の採択結果が、九月初めにほぼ確定した。特記すべきは、自民党や右翼勢力が全面的に支援していた、「日本教育再生機構」がかかわる育鵬社版教科書＝史実を歪曲する歴史教科書と改憲へ誘導する公民教科書は、これまで採択していた全国の地区・学校での不採択が相次いだことである。

東京都の中高一貫校で不採択となったのをはじめ、最大部数の横浜市（二万六八〇〇冊）や大阪市（一万八五〇〇冊）、東京都武蔵村山市、神奈川県藤沢市、大阪府東大阪市・河内長野市・四條畷市、広島県呉市、山口県防府市、愛媛県松山市・新居浜市・四国中央市など、さらに神奈川県・愛媛県・福岡県（一部を除く）などの中高一貫校が採択を止めた（以上、歴史のみ、公民のみの不採択も含む）。その結果、それまで歴史で六・四％、公民で五・八％あった育鵬社版の採択率は、公立では歴史で約〇・九％、公民で約〇・三％に激減した。

これは、教科書採択の民主化・透明性をめざして教育委員会での議論の公開・傍聴を求め、教職員や市民の教科書に対する意見を尊重させようと取り組んできた全国の人びとの運動の成果にほかならない。さらに、学校現場での育鵬社教科書の使いにくさへの批判や、戦前回帰的な旧い価値観が問題視されるようになったこともあげられよう。これによって、二〇〇一年に育鵬社版の前身である扶桑社版が登場して以来の、教科書採択をめぐるたたかいに一つの区切りがつけられ、私たちの教科書運動をさらに前進させる足がかりができたといえる。

人生を捧げた私自身の教科書運動も一つの節目を迎えたといえるが、今年二〇二〇年は、家永教科書裁判の「杉本判決」が出されてから五〇周年にあたる年でもあった。その年に私のライフワークのまとめともいうべき本書を刊行できたのは、とても意義のあることであり、名誉なことでもある。本書は、家永教科書裁判運動にともに取り組んできたすべての人に捧げたいと思う。

本書の原稿執筆の最終段階にさしかかった六月に私は脳梗塞を患い、治療とリハビリで一か月以上入院することとなった。原稿の完成が危ぶまれたが、本書の企画と編集を担当した元平凡社の編集者土居秀夫さんが、引用・参考文献のチェックなどさまざまにカバーして下さり、発刊にこぎつけることができた。感謝にたえない。

また、石山久男さん（元歴史教育者協議会事務局長）と笠原十九司さん（歴史学者・都留文科大学名誉教授）は入院した私を気遣って原稿に目を通して下さり、お二人からは編集者を通じて有益な助言をいただくことができた。深く感謝したい。また、鈴木敏夫さんをはじめ「子どもと教科書全国ネット21」の事務局には、編集に必要な資料の閲覧など、いろいろとお世話になったことを感謝とともに記しておきたい。

本文でも触れたように、日本の教科書制度は世界的にも時代遅れの制度である。多くの人に本書を一読していただき、それによって教科書への関心が高まり、教科書制度の改善につながることを期待したい。

二〇二〇年一〇月

俵 義文

戦後教科書運動史関連年表

子どもと教科書全国ネット21編著『最良の「教科書」を求めて』(つなん出版)に収録の俵義文作成の年表、および子どもと教科書全国ネット21「創立20周年記念DVD」に収録の「20年のあゆみ(年表)」をもとにして編集部で作成した。

年(西暦)	月・日	主要事項
一九四五	八・一五	昭和天皇、終戦の詔勅で「国体護持」(天皇制の存続)を強調。
	八	太田耕造文相訓令「国体護持の一念に徹し教育に従事する者をして克く学徒を薫化啓導し……」。
	八・一七	**東久邇宮稔彦内閣**(~一〇・九)
	八	東久邇宮首相が「一億総懺悔」論発言。
	九	文部省の新日本建設の教育方針「今後の教育は益々国体の護持に努むる」。
	九	文部省、戦時教材の削除(教科書の墨ぬり)を通達。
	一〇・九	**幣原喜重郎内閣**(~一九四六・五・二二)
	一〇~一二	GHQ(連合国軍最高司令官総司令部)が「教育に関する四大指令」。
一九四六	一	GHQがアメリカ教育使節団に協力させる目的で「日本教育家の委員会」を設置。
	三	アメリカ教育使節団がGHQに報告書提出。教科書の自由発行・採択を示唆。
	五	東京裁判(極東国際軍事裁判)開始。
	五	文部省「新教育指針」、教育制度の民主化、教員の民主的修養の必要性を提唱。
	五・二二	**第一次吉田茂内閣**(~一九四七・五・二四)

	七	文部省、旧教科書の使用を八月以降禁止する通達。
	八	「日本教育家の委員会」を拡充して教育刷新委員会が発足。
	九	文部省、国民学校用国定歴史教科書『くにのあゆみ』発行。
一九四七	三	文部省、学習指導要領試案を発表。五月に学習指導要領社会科編試案を発表。
	三	教育基本法および学校教育法を公布・施行。
	三	文部省、GHQの勧告に基づき教科書制度改善協議会を設置。
	五・三	日本国憲法施行（公布は前年一一月）。
	五・二四	**片山哲内閣**（〜一九四八・三・一〇）
	八	文部省、中学校社会科教科書として『あたらしい憲法のはなし』を発行。
	九	教科書制度改善協議会が教科書制度のあり方について文部大臣に答申。
一九四八	三	教科用図書委員会、四九年度より教科書検定を開始し、五〇年度に国定全廃を決定。
	三・一〇	**芦田均内閣**（〜一〇・一五）
	四	文部省、新検定規則を公布。実質的な自由採択による教育の自立を啓蒙。
	六	衆議院「教育勅語等の排除」決議、参議院「教育勅語等の失効確認」決議。
	七	教科書の発行に関する臨時措置法（教科書発行法）公布。
	七	教育委員会法制定。一一月に教育委員会制度発足。
	一〇・一五	**第二次吉田茂内閣**（〜第五次・一九五四・一二・一〇）
	一〇	文部省、文部省著作教科書高校用『民主主義（上）』発行。下巻は四九年八月発行。
	一一	東京裁判で判決言い渡し終了。
一九四九	四	検定教科書の使用開始（四九、五〇年度は国定教科書と併用）。
	七	歴史教育者協議会創立。

一九五〇	五	教科用図書検定調査会を教科用図書検定調査審議会に改組。
一九五一	七	文部省、学習指導要領（試案）を改訂。
	九・八	サンフランシスコ講和条約・日米安保条約調印。
	一一	日教組が第一回全国教育研究大会（後の教研集会）を開催。
一九五二	七	文部省設置法が大改定。文部省の権限強化と集中化へ。
一九五三	八	学校教育法、教育委員会法、文部省設置法改定により検定権限を文部大臣に固定化。
	一〇	池田（勇人・特使）・ロバートソン（国務次官補）会談。
一九五四	三	旭丘中学校事件。政府が平和教育を「偏向教育」と攻撃。
	六	教育二法（「義務教育諸学校における教育の政治的中立の確保に関する臨時措置法」「教育公務員特例法一部改正法」）制定。
	一一	自由党の憲法調査会が「日本国憲法改正案要綱」発表。改憲運動の開始。
	一二・一〇	**第一次鳩山一郎内閣**（〜第三次・一九五六・一二・二三）
一九五五	三	民主党（日本民主党）、教科書の「民編国管案・半官半民案」発表。
	四	教科書出版社の労組・労働者を中心に「教科書対策会議」結成。
	六	教科書対策会議がパンフレット『現行教科書制度の諸問題』を発行。
	八	民主党、『うれうべき教科書の問題』第一集発行。第一次教科書「偏向」攻撃開始。
	一一	保守合同で誕生した自由民主党が憲法調査会を設立。
	一二	文部省、小・中学校学習指導要領社会科編と高校学習指導要領を改訂告示。
	一二〜	「F項パージ」で中学・高校の社会科教科書八種が不合格になり、問題化。
一九五六	三	政府が教科書法案を国会に提出。教科書の国家統制をめざすが、六月に廃案。
	六	地方教育行政の組織及び運営に関する法律が強行成立。教育委員会が任命制に。

	一〇	文部省、省令で教科書調査官制度を導入。
	一一	愛媛県教育委員会、教職員の勤務評定実施を決定。勤評闘争はじまる。
	一二・二三	**石橋湛山内閣**（〜一九五七・二・二五）
一九五七	二	教科書対策会議が日教組教研集会に報告書『教科書問題の意味するもの』を提出。
	二・二五	**第一次岸信介内閣**（〜第二次・一九六〇・七・一九）
	七	文部省、「教科書の採択権は教育委員会にある」と通達。
一九五八	三	文部省、小・中学校の道徳教育実施要綱を通達。
	一〇	文部省、小・中学校学習指導要領を改訂告示。官報告示で法的拘束力を主張。
一九六〇	七・一九	**第一次池田勇人内閣**（〜第三次・一九六四・一一・九）
	一〇	文部省、高校学習指導要領を改訂告示。
一九六一	一〇	文部省、中学二、三年生を対象に全国一斉学力テスト実施。
一九六二	三	義務教育諸学校の教科用図書の無償に関する法律公布。
一九六三	一二	義務教育諸学校の教科用図書の無償措置に関する法律が成立。広域採択が可能に。
一九六四	一一・九	**第一次佐藤栄作内閣**（〜第三次・一九七二・七・七）
一九六五	三	日本学術会議の「学問・思想の自由委員会」が「教科書問題に関するシンポジウム」を開催。
	六	家永三郎が教科書検定を違憲・違法として提訴。家永教科書裁判（第一次訴訟）の開始。
	一〇	教科書検定訴訟を支援する全国連絡会（「教科書全国連」）、同出版労働者の会発足。
一九六六	一〇	中央教育審議会、「期待される人間像」最終答申。
一九六七	六	家永教科書裁判（第二次訴訟）提訴。

一九六八	六	「日本の教育と教科書裁判 全国学生シンポジウム」に一二〇〇名が参加。
	七	文部省、小学校学習指導要領を改訂告示。小学校道徳に愛国心の趣旨を初めて明記。中学校は六九年、高校は七〇年に改訂告示。
	一〇	家永教科書裁判（第二次訴訟）、京都出張法廷。
一九六九	一一	「教科書裁判第一審勝利をめざす一一・八中央総決起集会（東京・日比谷）に全国から七〇〇〇人が参加。
一九七〇	七	家永教科書裁判（第二次訴訟）、東京地裁で全面勝訴の判決（杉本判決）。
一九七一	一二	最高裁、家永教科書裁判（第一次訴訟）で検定関連文書提出命令決定。
一九七二	三	文部省、家永教科書検定関連の極秘文書を裁判所に提出。
	七・七	**第一次田中角栄内閣**（～第二次・一九七四・一二・九）
一九七四	七	家永教科書裁判（第一次訴訟）、東京地裁が杉本判決に真っ向から反する判決（高津判決）。
	一二・九	**三木武夫内閣**（～一九七六・一二・二四）
一九七五	一二	家永教科書裁判（第二次訴訟）、東京高裁で勝訴の判決（畔上判決）。
一九七六	五	旭川学力テスト事件で最高裁大法廷判決。
	一二・二四	**福田赳夫内閣**（～一九七八・一二・七）
一九七七	一	検定審議会、「教科書検定制度の運用の改善について」を「建議」。
	四	教科書執筆者二三二名の代表、文部事務次官と会見し、検定制度の改善を要求。
	七	文部省、小学校学習指導要領・中学校学習指導要領を改訂告示。
	九	文部省、検定規則・検定基準を改定告示、改定検定規則実施細則を通知。
一九七八	八	文部省、高校学習指導要領を改訂告示。

	一二・七	**第一次大平正芳内閣**（〜第二次・一九八〇・六・一二）
一九七九	六	元号法制化法案成立。
	一〇	『じゅん刊・世界と日本』に石井一朝の「新・憂うべき教科書の問題」を掲載。第二次教科書「偏向」攻撃開始。
一九八〇	一	自民党機関紙『自由新報』に「いま教科書は——教育正常化への提言」を連載開始。
	七・一七	**鈴木善幸内閣**（〜一九八二・一一・二七）
	一一	自民党調査局、『憂うべき教科書の問題』発行。
	一一	自民党政調会文教部会、教科書問題小委員会設置。
		文部省、教科書「偏向」攻撃を背景に検定を強化。「削る検定から書かせる検定」へ。
一九八一	一	「教科書全国連」や日教組などによるパンフレット『教科書が危ない！』発行。
	二	衆議院予算委員会で民社党塚本三郎議員が教科書「偏向」攻撃質問。
	三	自民党教科書問題小委員会、教科書制度の抜本的見直し推進を確認。
	六	自民党の文教部会・文教制度調査会合同会議、新たな教科書統制法案の検討を決める。
	一〇	右翼勢力が「日本を守る国民会議」結成。
	一一	大集会「いま戦争の足音が聞こえる 教科書に真実を！言論に自由を！そして平和を！」に一万八〇〇〇人が参加（日本武道館）。
一九八二	四	家永教科書裁判（第二次訴訟）、最高裁判決（中村判決）。東京高裁に差し戻し。
	六	文部省、高校教科書の検定を一部公開。侵略戦争記述の修正と沖縄戦の検定が判明。
	七	中国政府、歴史を歪曲する教科書検定問題で日本政府に抗議。外交問題に。

	八	韓国政府、教科書記述の是正を求めて日本政府に抗議。
	八	政府・宮沢喜一官房長官談話「教科書問題は政府の責任で是正する」と表明。
	一一	文部省、検定基準に「近隣諸国条項」追加を告示。沖縄戦「日本軍の住民殺害」記述も認める。
	一一	出版労連が『「日本史」「世界史」検定資料集』を刊行。
	一一・二七	**第一次中曽根康弘内閣**（〜第三次・一九八七・一一・六）
	一二	教科書問題を考える音楽と文化の集い（日本武道館）を開催。
一九八三	六	中教審、「教科書の在り方について」答申。
	一二	右翼勢力が「教科書正常化国民会議」を結成。
一九八四	一	家永教科書裁判（第三次訴訟）提訴。
	八	臨時教育審議会（臨教審）発足。
一九八六	三	家永教科書裁判（第一次訴訟）、東京高裁で全面敗訴の判決（鈴木判決）。
	七	「日本を守る国民会議」が編集した『新編日本史』（原書房）が検定合格。
一九八七	四	臨教審、第三次答申「教科書の在り方について」発表。検定制度の維持強化の方策。
	一一・六	**竹下登内閣**（〜一九八九・六・三）
一九八八	二	家永教科書裁判（第三次訴訟）、沖縄出張法廷。
	九	検定審議会、「教科書検定改善の骨子」発表。
一九八九	三	文部省、小・中・高校学習指導要領改訂告示。
	四	文部省、教科書新検定規則・基準を公示。検定制度が改悪される。
	六・三	**宇野宗佑内閣**（〜八・一〇）
	六	家永教科書裁判（第二次訴訟）、東京高裁差し戻し審判決（丹野判決）。

一九九一	八・一〇	**第一次海部俊樹内閣**（〜第二次・一九九一・一一・五）
	一〇	家永教科書裁判（第三次訴訟）、東京地裁で一部勝訴の判決（加藤判決）。
	一一・五	**宮沢喜一内閣**（〜一九九三・八・九）
	一二	韓国の元日本軍「慰安婦」らが日本政府に対する補償要求訴訟を東京地裁に提訴。
一九九二	一	政府・加藤紘一官房長官、日本軍「慰安婦」問題で謝罪談話。
	一	宮沢首相、韓国で「慰安婦」問題で謝罪。
	六	文部省、中学校教科書の検定を一部公開。暉峻淑子の著作コラム削除問題。
一九九三	三	家永教科書裁判（第一次訴訟）、最高裁で全面敗訴の判決（可部判決）。
	六	高嶋伸欣、「現代社会」教科書の検定を違法として横浜地裁に国家賠償訴訟を提訴。
	八	政府・河野洋平官房長官が「慰安婦」の調査結果を公表、政府・軍の関与を認め謝罪（河野談話）。
	八・九	**細川護熙内閣**（〜一九九四・四・二八）
	八	細川首相、「日本の戦争は侵略戦争だった」と言明。
	八	自民党が細川発言に反発、党内に「歴史・検討委員会」を設置。
	一〇	家永教科書裁判（第三次訴訟）、東京高裁で一部勝訴の判決（川上判決）。
一九九四	三	「子どもの権利条約」（児童の権利に関する条約）、国会で批准（発効は五月）。
	四・二八	**羽田孜内閣**（〜六・三〇）
	六・三〇	**村山富市内閣**（〜一九九六・一・一一）
一九九五	一	藤岡信勝らの自由主義史観研究会発足。
	一・一七	阪神・淡路大震災。
	八	戦後五〇年村山首相談話。アジア諸国民への「植民地支配と侵略」に反省と謝罪。

一九九六	一・一一	**第一次橋本龍太郎内閣**（〜第二次・一九九八・七・三〇）
	六	文部省、中学校教科書の検定を一部公開。歴史教科書に「慰安婦」の記述。
	七	「慰安婦」「南京」などの削除を求める地方議会請願等、第三次教科書「偏向」攻撃開始。
	七	文部省、暉峻淑子の著作を誤りとした九一年中学校検定の間違いを認め、暉峻に謝罪。
一九九七	一	新しい歴史教科書をつくる会（「つくる会」）発足。
	二	中川昭一・安倍晋三議員ら、日本の前途と歴史教育を考える若手議員の会結成。
	五	日本を守る国民会議と日本を守る会が組織統一し、日本会議発足。
	八	家永教科書裁判（第三次訴訟）、最高裁で一部勝訴の判決（大野判決）。
一九九八	四	高嶋教科書裁判で横浜地裁が検定の違法を認める原告一部勝訴の判決。
	六	「子どもと教科書全国ネット21」結成。
	七・三〇	**小渕恵三内閣**（〜二〇〇〇・四・五）
	一一	有馬朗人文相、福地惇教科書調査官を解任。雑誌の対談で検定中の教科書の内容をもらし、「教科書は贖罪のパンフレット」と誹謗したため。
	一二	文部省、小・中学校学習指導要領改訂告示（高校は九九年三月）。
一九九九	一	文部省、検定基準と検定規則の改定告示。
	八	国旗国歌法成立。
	八	中学校歴史教科書、二社が「慰安婦」記述を訂正。
	九	文部省、検定規則実施細則を改定。検定意見の文書化、検定意見書での通知など。
	一〇	「つくる会」が歴史教科書のパイロット版『国民の歴史』（扶桑社）を刊行。

二〇〇〇	一	首相の私的諮問機関「21世紀日本の構想」懇談会が「国家の教育権」を唱える最終報告書。
	四	「つくる会」が歴史・公民教科書を扶桑社から検定申請。
	四・五	**第一次森喜朗内閣**（～第二次・二〇〇一・四・二六）
	四	森首相が教育基本法見直しを推し進めるとの国会答弁。
	五	森首相が「日本は神の国」発言。
	九	「子どもと教科書全国ネット21」など五団体声明で「つくる会」教科書の問題点と既存七社教科書の改悪実態を明示。
	一二	首相の私的諮問機関「教育改革国民会議」が最終報告書「教育を変える一七の提案」で教育基本法の「改正」を主張。
	一二	「徹底批判『つくる会』歴史・公民教科書」シンポジウム。
二〇〇一	四	文科省、中学校教科書の検定を一部公開。「つくる会」教科書（扶桑社版）が合格。
	四	一二団体が「つくる会」教科書批判の共同アピール。記者会見に内外の一〇〇人近い記者が参加。
	四・二六	**第一次小泉純一郎内閣**（～第三次・二〇〇六・九・二六）
	八	「つくる会」教科書の採択は、歴史〇・〇四%、公民〇・一%に終わる。
	九	歴史教科書アジアネットワーク発足。
	一一	遠山敦子文科相が中教審に教育基本法見直しを諮問。
二〇〇二	三	日韓両政府が「日韓歴史共同研究推進計画」を発表。
	四	文科省、『心のノート』を全小・中学生に配布。
	五	教育基本法全国ネットワーク発足。

	五	高嶋教科書裁判、東京高裁で全面敗訴。
	七	検定審議会、「教科書制度の改善について（検討のまとめ）」答申。
	八	文科省、検定規則・検定基準を一部改定公示。検定資料の非公開など。
	九	文科省、検定規則実施細則を改定。
	一一	教育基本法「改正」に反対する市民連絡会発足。一二月に集会。
二〇〇三	三	中教審答申「新しい時代にふさわしい教育基本法と教育振興計画の在り方について」。
	一〇	東京都教育委員会、学校での「日の丸・君が代」強制の通達。
	一二	教育基本法改悪反対一二・二三全国集会に四〇〇〇人。
二〇〇四	二	超党派議連「教育基本法改正促進委員会」が設立。
	四	「つくる会」が歴史・公民教科書の改訂版を扶桑社から検定申請。
	四	「教育基本法の改悪をとめよう！全国連絡会」発足。
	六	「九条の会」発足。
	六	自民党が教科書採択の取り組みを地方組織へ通達。
二〇〇五	四	文科省、中学校教科書の検定を一部公開。「つくる会」教科書（扶桑社版）が合格。
	八	元座間味島戦隊長らが大阪地裁に大江・岩波沖縄戦裁判提訴。
	八	「つくる会」教科書の採択は、歴史〇・三九％、公民〇・一九％に終わる。
	一二	高嶋教科書裁判、最高裁が原告（高嶋）全面敗訴の判決。
	一二	「教育基本法の改悪をとめよう！全国連絡会」全国集会開催。
二〇〇六	四	政府、教育基本法改正法案を国会上程。
	四	加藤周一・辻井喬ら文化人が教育基本法改正法案上程に反対する緊急声明。

	四	「つくる会」から八木秀次前会長などが退会し、会は事実上分裂。
	五	日本教育法学会、教育基本法改正法案の廃案を求める声明。
	九・二六	**第一次安倍晋三内閣**（〜二〇〇七・九・二六）
	一〇	八木秀次らの日本教育再生機構（「再生機構」）が発足。
	一二	参考人質疑や公聴会参加の参考人・公述人が教育基本法改悪反対のアピール。
	一二	教育基本法改正法案を国会で強行採決。
二〇〇七	三	検定公開で沖縄戦の「集団自決」記述で「軍の強制」の削除・修正が判明。
	七	「再生機構」が「教科書改善の会」を発足させる。
	八	扶桑社が教科書発行の子会社・育鵬社を設立。
	九・二六	**福田康夫内閣**（〜二〇〇八・九・二四）
	九	沖縄戦「集団自決」の検定意見撤回、軍強制記述の復活を求める沖縄県民大会。
	一二	文科省・検定審議会が沖縄戦「集団自決」で不法・不当な「指針」を決定。
	一二	文科省、沖縄戦記述の訂正申請を認めるが、検定意見の撤回、「軍強制」は拒否。
二〇〇八	三	文科省、幼稚園・小学校・中学校の学習指導要領を改訂告示。
	三	大阪地裁が大江・岩波沖縄戦裁判で軍の強制を認め、大江・岩波側勝訴の判決。
	四	「つくる会」、自由社から『新しい歴史教科書三訂版』を検定申請。
	四	「子どもと教科書全国ネット21」など四団体が「教科書検定制度の抜本的な改革を求める要請」を文科相に提出。
	九・二四	**麻生太郎内閣**（〜二〇〇九・九・一六）
	一〇	大江・岩波沖縄戦裁判、大阪高裁で原告敗訴。
二〇〇九	三	文科省、教科書検定制度改定告示。

	三	文科省、高校・特別支援学校等の学習指導要領改訂告示。
	四	「つくる会」の自由社版中学校歴史教科書が新規検定合格。
	九・一六	**鳩山由紀夫内閣**（〜二〇一〇・六・八）
二〇一〇	三	文科省、小学校教科書検定結果公表。
	四	高校授業料無償化実施、朝鮮学校は保留。
	六・八	**菅直人内閣**（〜二〇一一・九・二）
	八	「慰安婦」記述復活を求める市民連絡会発足。
二〇一一	三・一一	東日本大震災。
	三	育鵬社・自由社含む中学校教科書検定結果公表。
	四	大江・岩波沖縄戦裁判、最高裁上告受理せず原告敗訴確定。
	五	自民党、教科書採択の取り組みで通知発出。
	八	横浜市、東大阪市、東京都中高一貫校などが育鵬社版中学校教科書を採択。
	九・二	**野田佳彦内閣**（〜二〇一二・一二・二六）
二〇一二	一	最高裁が「君が代」不起立による教員の減給・停職処分一部取消の判決。
	二	「再生機構」による中学生向けパイロット版『13歳からの道徳教科書』刊行。
	三	新学習指導要領による高校教科書検定結果公表、明成社版『最新日本史』も合格。
	四	都教委、実教出版『高校日本史』の採択を妨害。
	四	自民党、「日本国憲法改正草案」発表。
	一〇	自民党教育再生実行本部発足。
	一二・二六	**第二次安倍晋三内閣**（〜第四次・二〇二〇・九・一六）
二〇一三	一	首相直属の「教育再生実行会議」設置。

	一	都教委の高校教科書採択妨害を許さない大集会。
	四	安倍首相、「侵略の定義は定まっていない」と発言。
	四	総務省、「教育ICT化利用のための技術ガイドライン」公表。
	七	『心のノート』配布を再開。
	八	家永三郎生誕一〇〇年記念シンポジウム。
	一二	特定秘密保護法公布、国家安全保障会議設置、中期防衛力整備計画。
二〇一四	一	文科省、社会・地理歴史・公民検定基準改定を告示。
	一	文科省、学習指導要領解説を改訂し、領土問題の政府見解を詳説。
	四	文科省、『私たちの道徳』を全小・中学生に配布。
	四	無償措置法改定で郡を町村単位に分割した採択地区も可能に。
	六	教育委員会制度の改変が含まれた地方教育行政法改定成立。
	六	学校教育法・国立大学法人法改定、教授会の権限剥奪、学長・理事長の権限強化。
	七	集団的自衛権容認を閣議決定。
	一〇	中教審、一八年度からの道徳教科化を答申。
二〇一五	三	文科省、学校教育法施行規則を改定し、「道徳の時間」を「特別の教科 道徳」に。
		小・中学校「道徳」学習指導要領告示。
	四	育鵬社・自由社検定合格、学び舎も合格。
	六	学校教育法改正により小中一貫校（義務教育学校）制度化。
	七	戦後七〇年安倍首相談話。植民地支配と侵略を認めた「村山談話」を事実上破棄。
	七	文科省、「道徳」学習指導要領解説・検定基準発表。
	八	全市を一つの採択地区にした大阪市が育鵬社版中学校教科書を採択。

	九	安保法制（戦争法）強行成立。
	一二	日韓外相会談「慰安婦」問題で「合意」。
二〇一六		白表紙本閲覧謝礼問題。
	三	一四年改定検定基準により領土問題・南京事件・関東大震災などに検定意見。
	六	都教委、実教出版『高校日本史』排除せずと決定。
	一二	中教審、学習指導要領等の改善および必要な方策について答申。
二〇一七	三	小学校道徳教科書、八社が検定合格。
	三	文科省、小・中学校学習指導要領告示、幼稚園教育要領、保育所保育指針（厚労省）も改訂告示。
	三	教育勅語使用肯定の閣議決定。
	四	文科省、教職員勤務実態調査結果発表。過労死ライン超の過重労働問題化。
	五	安倍首相、九条に自衛隊明記など新改憲案発表。
二〇一八	三	文科省、高校学習指導要領告示。
	三	中学校道徳教科書検定で八社合格、「再生機構」の日本教科書版も合格。
	四	小学校で道徳教科化開始。
	五	改正学校教育法の成立でデジタル教科書が正規の教科書に。
	八	中学校道徳教科書の採択終わる。日本教科書の採択率は〇・二％。
二〇一九	一	中教審の「学校における働き方改革」答申で教員の「変形労働時間制」を提唱。
	一	日本文芸家協会、声明で高校新指導要領・国語での「実学重視、小説軽視」を危惧。
	三	検定結果発表で、次年度からの小学校教科書での領土問題明記が明らかに。
	四	中学校で道徳教科化開始。

	四	柴山昌彦文科相が教員免許制見直し、小学五、六年の「教科担任制」などを中教審へ諮問。
	五	政府の「教育再生実行会議」が高校普通科の見直しなどを提言。
	一〇	幼児教育・保育の「無償化」実施。
	一二	国会で教職員給与特措法（教員の変形労働時間制案）を可決。
	一二	文科省が教育のICT化のために打ち出した「GIGAスクール構想の実現」に予算計上。
二〇二〇	二	「つくる会」が自由社版中学校歴史教科書の検定不合格を公表。
	二	安倍首相が新型コロナウイルス対策で小・中・高校の臨時休校を要請。
	三	東京高裁、都教委による「君が代」不起立での停職処分を取り消す逆転勝訴判決。
	四	小学校で英語教科化開始。
	四	政府がコロナ休校に関連付けて「九月入学」の検討に着手。
	五	日本教育学会が「九月入学」を拙速に決定しないよう求める声明。
	七	都教委が中高一貫校などで育鵬社版中学校教科書を不採択。
	八	横浜市、大阪市、愛媛県など全国で育鵬社版中学校教科書が不採択となり、採択率激減。
	八	安倍首相、健康上の理由で辞意を表明。
	九・一六	**菅義偉内閣**
	一〇	菅首相が日本学術会議の人事に介入し、新任会員六名の任命を拒否。
	一〇	「杉本判決50年、家永教科書裁判を今に生かす！大集会」開催。

主な参考・引用文献（五十音順。教科書および文部省・文部科学省、政党などによる文書、新聞記事を除く）

本文中でも文献名を示したが、それ以外の文献も含めて掲げておく。ほかに教科書問題や家永裁判を扱った雑誌・パンフレットが多数あるが、ページ数の制約で割愛した。

青木理『安倍三代』朝日文庫、二〇一九年

家永教科書訴訟弁護団編『家永教科書裁判――三二年にわたる弁護団活動の総括』日本評論社、一九九八年

家永三郎『一歴史学者の歩み』岩波現代文庫、二〇〇三年

家永三郎『「密室」検定の記録――80年代家永日本史の検定』（歴史学叢書）名著刊行会、一九九三年

家永三郎・金沢嘉一「教科書裁判の核心は何か」『中央公論』一九七〇年九月号、中央公論社

家永三郎生誕100年記念実行委員会編『家永三郎生誕100年――憲法・歴史学・教科書裁判』日本評論社、二〇一四年

家永三郎・高嶋伸欣『教科書裁判はつづく』岩波ブックレット、一九九八年

石山久男『教科書検定――沖縄戦「集団自決」問題から考える』岩波ブックレット、二〇〇八年

市川昭午「中教審は本当に議論したのか」『世界』二〇〇三年五月号、岩波書店

大江健三郎ほか『憲法九条、いまこそ旬』岩波ブックレット、二〇〇四年

大槻健監修、労働者教育協会編『資料集「教育臨調」の構図』学習の友社、一九八三年

大槻健・尾山宏・徳武敏夫編『教科書黒書』労働旬報社、一九六九年

大日方純夫『はじめて学ぶ日本近代史・下』大月書店、二〇〇三年

笠原十九司『南京事件論争史——日本人は史実をどう認識してきたか』平凡社新書、二〇〇七年／平凡社ライブラリー・増補版、二〇一八年
『季刊 教育法』九四号 エイデル研究所、一九九三年
岸本重陳『私の受けた教科書検定——「官許の思想」を強制するもの』東研出版、一九八一年
君島和彦『日韓歴史教科書の軌跡——歴史の共通認識を求めて』すずさわ書店、二〇〇九年
『教育再生』二〇一一年六月号、日本教育再生機構
『教育再生』二〇一二年三月号、日本教育再生機構
『教育再生』二〇一二年四月号、日本教育再生機構
教科書検定訴訟を支援する全国連絡会『全国連絡会ニュース』『教科書裁判ニュース』（改題）各号、教科書検定訴訟を支援する全国連絡会、一九六五年〜一九九八年
教科書検定訴訟を支援する全国連絡会編『家永・教科書裁判——裁かれる日本の歴史』第一部・判決篇ほか各巻、総合図書、一九七〇年
教科書検定訴訟を支援する全国連絡会編『よい教科書を子どもたちに——教科書裁判入門』教科書検定訴訟を支援する全国連絡会、一九七八年
教科書検定訴訟を支援する全国連絡会編『教科書から消せない戦争の真実——歴史を歪める藤岡信勝氏らへの批判』教科書検定訴訟を支援する全国連絡会、青木書店発売、一九九六年
教科書検定訴訟を支援する全国連絡会編『家永教科書裁判のすべて——32年の運動とこれから』民衆社、一九九八年
教科書検定訴訟を支援する全国連絡会・日教組ほか編『教科書が危ない！——自民党の偏向キャンペーンに反論する』教科書検定訴訟を支援する全国連絡会、一九八一年
教科書検定訴訟を支援する全国連絡会・日教組ほか編『続・教科書が危ない！——自民党の偏向キャンペーン

に反論する』教科書検定訴訟を支援する全国連絡会、一九八一年

教科書検定訴訟を支援する全国連絡会・日教組ほか編『続々・教科書が危ない！——自民党の偏向キャンペーンに反論する』教科書検定訴訟を支援する全国連絡会、一九八一年

教科書検定訴訟を支援する全国連絡会教科書制度検討委員会編、浪本勝年・大槻健・永井憲一ほか編著『教科書制度改革への提言』あずみの書房、一九八九年

教科書国家統制粉砕推進会議編『わたしたちのくらしと教科書』教科書国家統制粉砕推進会議、一九六三年

「教科書に真実と自由を」連絡会編『徹底批判「国民の歴史」』大月書店、二〇〇〇年

子どもと教科書全国ネット21編『こんな教科書子どもにわたせますか』大月書店、二〇〇一年

子どもと教科書全国ネット21編『あぶない教科書・高校版　徹底批判「最新日本史」』学習の友社、二〇〇二年

子どもと教科書全国ネット21編、小森陽一・三宅晶子・俵義文・斎藤晴雄・古野博明『ちょっとまったぁ！教育基本法「改正」——「愛国心教育」「たくましい日本人」「心のノート」のねらいを斬る』学習の友社、二〇〇三年

子どもと教科書全国ネット21編著『ここが問題「つくる会」教科書——「つくる会」新版歴史・公民教科書批判』大月書店、二〇〇五年

子どもと教科書全国ネット21編著『最良の「教科書」を求めて——「教科書制度」への新しい提言』つなん出版、二〇〇八年

子どもと教科書全国ネット21編『徹底批判!!「私たちの道徳」——道徳の教科化でゆがめられる子どもたち』合同出版、二〇一四年

子どもと教科書全国ネット21・創立20周年記念事業実行委員会企画・制作『創立20周年記念DVD　子どもと教育の未来を考え市民ネットワークとしての20年の歩み』子どもと教科書全国ネット21、二〇一八年

小森陽一『天皇の玉音放送』五月書房、二〇〇三年／朝日文庫、二〇〇八年

小森陽一・坂本義和・安丸良夫編『歴史教科書　何が問題か――徹底検証Q＆A』岩波書店、二〇〇一年
斉加尚代・毎日放送映像取材班『教育と愛国――誰が教室を窒息させるのか』岩波書店、二〇一九年
斎藤貴男『機会不平等』文藝春秋、二〇〇〇年
斎藤貴男「構造改革とグローバル資本」『現代思想』二〇〇一年六月号、青土社
佐藤広美・藤森毅『教育勅語を読んだことのないあなたへ――なぜ何度も話題になるのか』新日本出版社、二〇一七年
出版労働組合懇談会編『現行教科書制度の諸問題――固定化をめぐる動き』出版労働組合懇談会、一九五五年
出版労連三〇年史刊行委員会・太田良作・橋本進・森下昭平『出版労働者が歩いてきた道』高文研、一九八八年
戦後日本教育史料集成編集委員会編『戦後日本教育史料集成』第五巻、三一書房、一九八三年
高嶋伸欣『教科書はこう書き直された！』講談社、一九九四年
高橋磌一・星野安三郎監修『教科書がねらわれている――再びくるか国定化の時代』あゆみ出版、一九八一年
高橋磌一・星野安三郎監修『よい教科書を子どもの手に――教科書攻撃に抗して』あゆみ出版、一九八一年
俵義文『教科書はどう変えられたか――子どもたちがねらわれている』学習の友社、一九九二年
俵義文編著『検証・一五年戦争と中・高歴史教科書――新・旧教科書記述の比較』学習の友社、一九九四年
俵義文『教科書攻撃の深層――「慰安婦」問題と「自由主義史観」の詐術』学習の友社、一九九七年
俵義文『ドキュメント「慰安婦」問題と教科書攻撃』高文研、一九九七年
俵義文「歴史教科書検定にアジアは猛反発」『週刊20世紀』四一号、朝日新聞社、一九九九年
俵義文『徹底検証　あぶない教科書――「戦争ができる国」をめざす「つくる会」の実態』学習の友社、二〇〇一年
俵義文『〈つくる会〉分裂と歴史偽造の深層――正念場の歴史教科書問題』花伝社、二〇〇八年
俵義文『日本会議の全貌――知られざる巨大組織の実態』花伝社、二〇一六年

俵義文『日本会議の野望――極右組織が目論む「この国のかたち」』花伝社、二〇一八年
俵義文・石山久男『中学教科書はどう変えられたか――続・子どもたちがねらわれている』学習の友社、一九九三年
俵義文・石山久男『高校教科書検定と今日の教科書問題の焦点――子どもたちがねらわれているパートIII』学習の友社、一九九五年
俵義文・横田一・佐高信ほか『安倍晋三の本性』金曜日、二〇〇六年
譚汝謙編『反日改史怒吼集』香港・明報出版社、一九九一年
辻井喬、藤田英典、喜多明人編『なぜ変える？ 教育基本法』岩波書店、二〇〇六年
暉峻淑子『豊かさとは何か』岩波新書、一九八九年
徳武敏夫『家永裁判運動小史』新日本新書、一九九九年
永井憲一『教科書問題を考える』総合労働研究所、一九八一年
永井憲一監修、国際教育法研究会編『教育条約集』三省堂、一九八七年
中村紀久二『教科書の社会史――明治維新から敗戦まで』岩波新書、一九九二年
浪本勝年「日本における教科書採択制度の歴史的変遷」『立正大学心理学研究年報』第三号、二〇一二年
浪本勝年・荒牧重人・教科書裁判国際委員会編『世界が報じた家永教科書裁判』エイデル研究所、一九九八年
南原繁「日本における教育改革」『南原繁著作集』第八巻、岩波書店、一九七三年
「21世紀日本の構想」懇談会最終報告書「日本のフロンティアは日本の中にある――自立と協治で築く新世紀」二〇〇〇年
日中韓3国共通歴史教材委員会編著『未来をひらく歴史――日本・中国・韓国＝共同編集 東アジア3国の近現代史』高文研、二〇〇五年（日本委員会の代表は大日方純夫、笠原十九司、俵義文）
日本教育法学会教育基本法研究特別委員会編『憲法改正の途をひらく教育の国家統制法――教育基本法改正政

府案と民主党案の逐条批判』母と子社、二〇〇六年
日本教職員組合編『最高裁学テ判決と教育運動——今日の学力問題・教育権確立のために』労働旬報社、一九七六年
日本教職員組合編『日教組50年史』日本教職員組合、一九九七年
日本児童文学者協会編『国語教科書攻撃と児童文学』青木書店、一九八一年
日本出版労働組合協議会『第一五次日教組・第一二次日高組教育研究集会への報告書 教育・文化の国家統制と軍国主義化——「日韓」ベトナム情勢下の教科書と児童雑誌の問題を中心として』（前記『教科書レポート』の前身）日本出版労働組合協議会、一九六六年
日本出版労働組合連合会教科書対策委員会編『教科書レポート』各号、日本出版労働組合連合会、一九五七年〜二〇二〇年（出版労懇、出版労協の時期のものを含み、編集担当部門名の変更もある。『教科書レポート』と題するのは七一年版以降）
日本出版労働組合連合会教科書対策委員会編『「日本史」「世界史」検定資料集——復活する日本軍国主義と歴史教科書』日本出版労働組合連合会、一九八二年
日本出版労働組合連合会教科書対策委員会編『教科書レポート八二別冊［現代社会］検定資料集——ゆがめられた教科書内容の実態報告』日本出版労働組合連合会、一九八二年
日本出版労働組合連合会教科書対策部「教科書制度改革の提言——「教科書に真実と自由を」実現するために（案）」日本出版労働組合連合会、二〇一六年六月。
『日本の息吹』創刊号・第二号、日本会議、一九八四年
日本の前途と歴史教育を考える若手議員の会編『歴史教科書への疑問——若手国会議員による歴史教科書問題の総括』日本の前途と歴史教育を考える若手議員の会、展転社発売、一九九七年
沼田稲次郎「最高裁学テ判決の功罪——権利闘争と教育運動の必要性」日本教職員組合編『最高裁学テ判決と

教育運動』労働旬報社、一九七六年
服部龍二『外交ドキュメント 歴史認識』岩波新書、二〇一五年
林博史・俵義文・渡辺美奈『「村山・河野談話」見直しの錯誤――歴史認識と「慰安婦」問題をめぐって』かもがわ出版、二〇一三年
原武史・吉田裕編『岩波 天皇・皇室辞典』岩波書店、二〇〇五年
藤原彰「教科書問題で問われているもの」歴史学研究会編『歴史家はなぜ〝侵略〟にこだわるのか』歴史学研究会、青木書店発売、一九八二年
『文教――日本の教育を考える・提案する・討論する教育誌』六四号、教育問題研究会、一九九三年
『別冊 世界 歴史教科書問題 未来への回答――東アジア共通の歴史観は可能か』六九六号、岩波書店、二〇〇一年
堀尾輝久・浪本勝年・石山久男『今、なぜ変える 教育基本法Q&A』大月書店、二〇〇三年
文部省編『学制百二十年史』ぎょうせい、一九九二年
文部省編『学制百年史』帝国地方行政学会、一九七二年
山住正己『戦争と教育――四つの戦後と三つの戦前』岩波セミナーブックス、一九九七年
吉見義明『従軍慰安婦』岩波新書、一九九五年
歴史・検討委員会編、中村粲・江藤淳・西部邁ほか『大東亜戦争の総括』歴史・検討委員会、展転社発売、一九九五年
渡辺国男『ドキュメント「森友事件」の真相――首相夫妻の野望と破綻、そして野党共闘』日本機関紙出版センター、二〇二〇年

【著者】
俵義文（たわら よしふみ）
1941年福岡県生まれ。中央大学法学部卒業。教科書出版社在職時および退職後、出版労連教科書対策部長・同事務局長、教科書検定訴訟を支援する全国連絡会常任委員、子どもと教科書全国ネット21事務局長・同代表委員、日朝協会事務局長、和光大学・立正大学非常勤講師などを歴任。著書に『教科書攻撃の深層』『徹底検証 あぶない教科書』（以上、学習の友社）、『日本会議の全貌』『日本会議の野望』（以上、花伝社）、『最良の「教科書」を求めて』（代表執筆、つなん出版）、『家永三郎生誕100年』（共著、日本評論社）など。

平 凡 社 新 書 9 6 3

戦後教科書運動史

発行日――2020年12月15日 初版第1刷

著者――俵義文

発行者――下中美都

発行所――株式会社平凡社
東京都千代田区神田神保町3-29 〒101-0051
電話 東京（03）3230-6580［編集］
東京（03）3230-6573［営業］
振替 00180-0-29639

印刷・製本―株式会社東京印書館

装幀――菊地信義

ISBN978-4-582-85963-8
NDC分類番号375.9 新書判（17.2cm） 総ページ448
平凡社ホームページ https://www.heibonsha.co.jp/